挑战与突围

新时代民办高校的发展与管理创新之路

王义宁 著

版权所有　翻印必究

图书在版编目（CIP）数据

挑战与突围：新时代民办高校的发展与管理创新之路/王义宁著．—广州：中山大学出版社，2020.6
ISBN 978-7-306-06891-0

Ⅰ．①挑… Ⅱ．①王… Ⅲ．①民办高校—发展—研究—中国 ②民办高校—学校管理—研究—中国　Ⅳ．①G648.7

中国版本图书馆 CIP 数据核字（2020）第 106835 号

出 版 人：	王天琪
策划编辑：	熊锡源
责任编辑：	熊锡源
封面设计：	曾　斌
责任校对：	苏深梅
责任技编：	何雅涛
出版发行：	中山大学出版社
电　　话：	编辑部 020-84111997，84110283，84110771
	发行部 020-84111998，84111981，84111160
地　　址：	广州市新港西路 135 号
邮　　编：	510275　传　真：020-84036565
网　　址：	http://www.zsup.com.cn　E-mail：zdcbs@mail.sysu.edu.cn
印 刷 者：	广东虎彩云印刷有限公司
规　　格：	787mm×1092mm　1/32　12 印张　270 千字
版次印次：	2020 年 6 月第 1 版　2020 年 6 月第 1 次印刷
定　　价：	38.00 元

如发现本书因印装质量影响阅读，请与出版社发行部联系调换

序

　　新时代，随着我国高等教育从大众化向普及化的快速迈进，我国成为世界高等教育大国，但高等教育的质量问题日益突出。党的十九大提出加快"双一流"建设，实现高等教育内涵式发展，表明国家全面开启建设高等教育强国的新征程，高等教育进入以质量提升为主要特征的内涵式发展的新时代。民办高等教育是我国高等教育的重要组成部分，自然也步入了发展的新阶段。尤其是新修订的《中华人民共和国民办教育促进法》（2017年9月1日）开始实施，民办高校的发展进入了分类管理的新格局。在新阶段、新格局下，各民办高校都要将自己的办学属性在非营利性和营利性之间做出选择。无论做出何种选择，每一所民办高校都将面临办学思路的调整。因为新时代的到来，意味着民办高校由以规模扩张发展为主转向以内涵式发展为主，意味着民办高校内部治理结构由出资者单边治理模式转向学校内部利益相关者共同治理模式。在这样的情势下，对近40年民办高校的发展进行系统梳理和理论总结，探讨民办高校可持续发展之路，应该是十分必要的。所以说，王义宁的新作《挑战与突围：新时代民办高校的发展与管理创新之路》可谓是恰逢其时。

　　民办高校的管理涉及方方面面。《挑战与突围：新时代民办高校的发展与管理创新之路》一书聚焦了影响民办高校管理创新与发展的六个关键问题，即民办高校分类管理的制度创新、民办高校的内涵式发展、民办高校应用型人才培养体系的建构、民办高校的教师专业发展、民办高校的组织文化建设、民办高校的风险管理。这些问题虽然未能涵盖民办高校管理的全部内容，但其内在的关联构成了一条逻辑的链条，其核心是在民办高校实行分类管理的新形势下，应该如何提升民办高校的办学自主权。

高等教育界对"高校办学自主权"已经讨论很多年了，这个问题对民办高校来说显得尤为重要。从表面来看，民办高校的办学自主权似乎不构成问题，实则不然。因为民办高校办学自主权的享有与否取决于两方面的作用力：一方面是来自外部的作用力，即政府、社会对民办高校的政策与支持；另一方面的作用力则来自内部，即民办高校举办者、管理者的行动能力。如果一所民办高校缺乏依法行使权利和承担义务的行动能力，缺乏办学的主观能动性和主体精神，这样的学校依然不能享有办学自主权。只有通过各自行为能力的实施，民办高校才能相应地生成不同的办学自主权，进而形成各具特色、彰显个性的办学风格。从这个意义上讲，民办高校要提升自身的办学自主权，关键要走好自己的路，要走出一条体现民办高校自身发展逻辑的内部治理之路。

怎样才能在办学过程中体现出民办高校自身发展的逻辑？《挑战与突围：新时代民办高校的发展与管理创新之路》一书给我们的第一个启示是，在民办教育分类管理的新形势下，民办高校首先要认清方向，找准定位。就民办教育的特质而言，民办高校的发展受制于教育规律与经济规律的共同作用。在遵循教育的公益性原则和市场经济原则的同时，民办高校的举办者应该坚持教育公益性优先原则。坚持教育的公益性，不仅应是民办教育投入的最初动机，也应是民办教育投入的最终目的。在办学属性上无论是选择非营利性还是选择营利性，民办高校都需要对国家分类管理的目标价值进行认知，都需要认真审视自己的办学目的和社会价值。正如作者在书中所表达的，"就教育的根本属性而论，民办高等教育不是举办者私人的事业，而是社会公益事业"。国家教育发展的意义与价值才是引领民办高校前进的方向，作者通过对历史的回顾与对现实的考量，论证了民办教育分类管理是我国民办教育长期发展的必然结果，也预示了民办高校的未来发展必然会表现为高等教育内在规律的充分展现。作者据此强调，在面临办学定位的选择时，民办高校只有基于政府提供的政策进行权衡，才能找到自己要走的路，才能构建与举办目的相适应的内部治理结构，从而凝聚起体现民办高校自身发展逻辑的办学特色，实现民办高校的可持续发展。

但是，民办高校在办学过程中要体现出自身发展的逻辑，困难还真不少。客观来说，相比公办高校，民办高校的办学历史时间短，办学积淀少，教学资源基础薄弱，因而其存在不符合自身发展逻辑的问题也相对比较多。民办高校要提升自己的行动能力，就要面对现实，正视困境。只有明晰民办高校的发展困境，才能有针对性地提升办学自主权。正是在这一点上，我们从书中可以感受到作者强烈的问题意识。面对民办高校忽视内涵式发展的倾向，作者严肃指出："如果民办高校不注重创新发展方式，不从以规模增长为主的外延式发展向以质量提升为核心的内涵式发展转换，民办高校的办学水平将会长期在低位徘徊，这样就会逐渐失去社会公众对民办高校的信任，民办高校将会面临越来越严重的生存危机。"面对民办高校教学质量的困境，作者直指其弊端所在："目前民办高校应用型人才培养目标普遍存在表述空泛、随意、趋同度高，特色不鲜明，专门性和个性化程度不高，课程设置与人才培养目标的关联度低等问题。"面对民办高校管理上的短板，作者一针见血地道出其缘由："一些民办高校的内部治理机制并没有适时地顺势而变，反而出现了家族化管理愈演愈烈的现象。"作者的问题意识来源于她的忧患意识，来源于她对民办高校自身发展逻辑的追寻。书中讨论的每个问题，都有对民办高校发展困境的分析，都能从教师队伍建设、办学资金、生源、管理等方面查找问题。例如，对内涵式发展所面临的困境，作者就指出，民办高校存在着"发展的历史积淀不厚""发展的基础条件薄弱""发展的环境挑战严峻"三大困境。通过分析民办高校组织文化建设的现实困境，作者指出，民办高校正经历"民办精神流失的风险""组织的行动力被削弱""组织文化的传续遭遇危机"三大困境。敢于揭示问题，是面对挑战的第一步，也是寻求突破的新起点。这是本书给我们的第二个启示。

本书给我们的第三个启示是，作者在指出民办高校发展的问题与困境后，能够从理论与实践的结合上提出相应的对策。当然，作者在书中并没有给民办高校提供一个应付挑战的万全之策，但其提出对策的思路能给人以启迪。例如，作者善于通过厘清概念、追溯历史、比较数据等方式，从理论层面深入探讨，从而为民办高校发展提供对策。作者在谈到

序

民办高校的内涵式发展时,从对高等教育内涵式发展概念的解读入手,指出我们平日所说的"内涵式发展"是一个简化了的表达方式,完整的表达应是"以增加或充实内涵的方式发展"或"以重视或加强内涵建设的方式发展"。这样,就从理论上将人们的认识引向了对学校发展的内部因素予以充实或加强的发展思路,然后,作者从发展内容和发展形态两方面论证了民办高校内涵式发展的独特之路。另外,作者也善于从实践的层面思考对策,围绕民办高校的特殊校情,寻找符合民办高校自身发展逻辑的发展之路。例如,在任用干部方面,民办高校多聘请公办高校的退休教授,而且多让这些人担任各级领导。这些人虽然多有专业特长,对引领民办高校的专业教学具有积极作用,但也存在不利的一面,即这些人在事业上难再有更高的追求,对民办高校工作的投入难以达到退休前在公办高校的状态。因此,民办高校要永续发展,还是要注重培养自己的年轻干部,让伴随民办高校成长的年轻干部多挑重担,老龄化的领导班子只能作为一种学校特殊发展阶段的过渡。这个观点很有见地。又比如,作者介绍了广东中山火炬职业技术学院等组建产业学院的做法,主张积极推进以产业学院为重点的校企合作平台建设,作者认为:"民办高校由于与市场有着天然的紧密的联系,学校管理的自主性和灵活性高,在构建和创新产业学院的体制机制方面,有着得天独厚的优势,应更进一步加大产业学院的建设,培养更多更高质量的应用型人才,为区域经济社会发展做出更大的贡献。"

由于作者本人亲历民办高校的创办与管理,在民办高校工作了20多年,对民办高校的教学与管理有着丰富的实践体验，加之作者长期重视高等教育理论的学习与研究，所以本书很明显的特点就是教育理论与实践的结合。书中围绕新时代民办高校管理创新与发展的重点、难点问题展开探讨，解读发展理论，明晰发展困境，提出发展对策，指导发展实践。作者论述问题，善于从理论高度出发，从全局着眼，借鉴世界各国的教育经验，总结全国各民办高校的经验，最后落实到民办高校的具体问题，层层递进，资料翔实，论据充分，演绎细致，归纳到位，读来令人信服。

正是由于长期工作和生活在民办教育第一线，所以作者在讨论问题、思考发展困境和指出改进对策时，始终有一种忧患意识、危机意识，这在"民办高校的组织文化建设"部分体现得尤为突出。作者十分关注民办高校创校精神的铸造，强调民办高校创校之时所盛行的责任心、奉献精神，以及追求大学文化与企业文化的融合。作者认为，对师生员工充满人文关怀的创校精神是民办高校持续发展壮大的永恒动力和源泉，是民办高校组织文化发展的滥觞，对民办高校组织文化的塑造具有深远影响。

但是随着时间的推移，这种创校精神在渐渐流失。作者尖锐地指出，随着民办高校规模的日益扩大，有些办学者单纯追求利润的倾向抬头，忽视民办高校办学质量的提高，以致如何维护教育的公益性，如何秉持"为国育才，艰苦奋斗"的民办精神已成为民办高等教育发展实践中的一个难题。又比如，民办高校简单地移植公办高校的运作模式，导致学校管理重视行政等级的秩序，对师生员工缺少亲和力，使教师与学校领导的关系不再显得那么"平等"，多了些"等级"的色彩，管理上缺少了民主、平等、和谐的氛围；

序

管理方式上习惯按部就班，上班时理事不多事，下班后诸事不闻不问，缺失了民办体制下员工应有的勤奋、高效和奉献精神，使"平等和谐""艰苦奋斗"这一民办高校独特的文化品格受到弱化和淡化。

  作者的这些忧虑，给了我们更深层次的思考。新中国的民办教育已经发展了近40年，在大浪淘沙的历史进程中，始终有一种价值信念在引导着投身于民办教育事业的人们，这就是为民解忧、为国奉献、为教育闯新路的精神。尽管征程坎坷，困难重重，但靠着这种精神，民办教育事业在中国这片土地上打开了新天地。伴随着新时代的到来，民办高校应该展示其自身的文化特征，适时地提炼、弘扬自身的精神，我们不妨称之为"民办教育精神"。一项事业的成功与希望，关键靠的是一种精神。有了精神，才有了价值的坐标。按照制度主义的观点，价值观念内隐于制度规范之中，对制度中内含的价值观念的正确理解有助于对制度的正向内化和形塑。所以作者强调，国家分类管理目标的实现需要正确的价值观念来支撑。这应该是民办高校面对新时代挑战的根本回应，也是《挑战与突围：新时代民办高校的发展与管理创新之路》一书给我们的最重要的启示。

  是为序。

卢晓中
（华南师范大学粤港澳大湾区高等研究院院长，教授）

目 录

引 言 …………………………………………………… 1

第一章 民办高校分类管理 …………………………… 7
  第一节 民办高校分类管理的历史必然性 ………… 8
  第二节 分类管理制度下民办高校的行动选择 …… 21
  第三节 分类管理制度下民办高校的可持续发展 … 47

第二章 民办高校内涵式发展 ………………………… 66
  第一节 民办高校内涵式发展的必要性 …………… 67
  第二节 民办高校内涵式发展面临的问题与挑战 … 85
  第三节 民办高校实现内涵式发展的现实路径 …… 99

第三章 民办高校应用型人才培养体系的建构 ………… 113
  第一节 民办高校应用型人才培养目标定位 ……… 114
  第二节 民办高校应用型人才培养方案的设计 …… 130
  第三节 民办高校应用型人才培养的行动路径 …… 147

第四章 民办高校教师专业发展 ……………………… 167
  第一节 民办高校教师专业发展的内涵及其特征 …… 168

第二节　民办高校教师专业发展的实现机理 ……… 187
　　第三节　民办高校教师专业发展的实践路径 ……… 201

第五章　民办高校组织文化建设 …………………… 218
　　第一节　民办高校组织文化的基本内涵及其特征
　　　　　………………………………………………… 219
　　第二节　民办高校组织文化建设的意义及现实困境
　　　　　………………………………………………… 238
　　第三节　民办高校组织文化建设的路径探索 ……… 251

第六章　民办高校风险管理 …………………………… 274
　　第一节　民办高校风险防控的必要性 ……………… 275
　　第二节　民办高校面临的办学风险 ………………… 282
　　第三节　民办高校风险防控体系的构建 …………… 335

结　语 ………………………………………………… 347

参考文献 ……………………………………………… 359

后　记 ………………………………………………… 368

引　言

自中华社会大学于 1982 年 3 月在北京成立伊始，中国民办高校已经走过近 40 年的发展历程，站在了一个新的历史起点。回眸过往，展望未来，在新的发展阶段，民办高校正面临着发展环境的重大改变。

我国高等教育发展进入了以质量提升为核心的关键阶段。伴随着以信息技术革命为特征的工业 4.0 时代的到来，高等教育作为国家竞争力的地位比以往任何时候都更为重要。习近平总书记说："党和国家事业发展对高等教育的需要，对科学知识和优秀人才的需要，比以往任何时候都更为迫切。"[①] 但在我国高等教育从大众化迈入普及化的当下，由于规模扩张所带来的质量问题也日益凸显。由此，党的十八大报告提出"推动高等教育内涵式发展"，党的十九大报告中再次提出"实现高等教育内涵式发展"，从"推动"到"实现"，喻示着国家把"内涵式发展"作为发展方式的要求提升为"发展方式与目标实现相统一"的要求。这是党和国家针对高等教育发展做出的重大战略部署，在其实施方略

---

① 习近平：《在北京大学师生座谈上的讲话》，载《人民日报》2018 年 5 月 3 日第 2 版。

上或呈现出了两个基本走向：面向高水平研究型大学，提出加快推进"双一流"建设；面向地方高校，提出向应用型建设转型。

面对国家全面建设高等教育强国的战略要求，作为地方梯队的民办高校不能"置身事外"。2018年全国教育事业发展统计公报显示，我国包含独立学院在内的民办普通本科高校有419所，在校生为417.086万人，占全国普通本科高校在校生人数的24.57%；民办专科学校有330所，在校生为232.514万人，占全国专科学校在校生人数的20.51%[①]。数据足以证明民办高等教育的质量对整个高等教育的质量将产生重要影响，如果占据高等教育超过20%的民办高校不强起来，高等教育的强国梦就很难真正实现。因此，走内涵式发展道路是民办高校服务国家高等教育发展战略的必然要求。

实现内涵式发展是民办高校发展面临的新课题、新挑战。民办高校如何打破以规模求扩张的发展惯性？民办高校如何通过管理创新以重塑新的发展模式？民办高校推进创新发展的实践路径又该如何设计？这些问题的解决，有赖于民办高等教育的理论创新和实践探索。然而，首先，最明显的短板是对民办高等教育的研究不足。如《中国高教研究》编辑部对全国高校高等教育科研论文的统计发现，从2015年至2018年，在全国18家高等教育研究最具影响力的期刊上，占全国高校总数20%以上的民办高校的发文量占全国高

---

① 参见2018年教育统计数据：《全国基本情况》，见中华人民共和国教育部政府门户网站(http://www.moe.gov.cn/s78/A03/moe_560/jytjsj_2018/qg/)。

引 言

校总发文量的比例却不足3%，2018年更低，只占1.70%。高等教育研究最具影响力的期刊通常会通过各自独特的视角汇集高等教育领域内高质量的科研成果，民办高校的发文数据表明，民办高校的发展呼唤高质量、高水平的研究引领。其次，研究者身份与研究对象疏离。通过文献梳理发现，学术造诣较高的民办高等教育研究者，其职业身份一般非民办高校人员，虽然他们在开展研究的过程中会进行专门的调研，对民办高校的实际情况也会有不同程度的了解，但与我国民办高校的复杂性和多样性的现实相比，他们对真实情况的了解是有限的，因而其研究成果的实践性价值会受到某种程度的质疑。

2017年9月1日，新修订的《中华人民共和国民办教育促进法》开始实施，标志着民办高校发展进入新的历史时期。在这个历史关口，笔者尝试从一个"身处其中"的民办高校管理者的视角探索新时代民办高校管理创新与发展的问题。在多年的民办高校管理实践中，笔者的所思、所行、所研总结凝练为若干相关问题，并进而形成了本研究的成果。

实现内涵式发展是民办高校管理创新的核心目标，也是本书论述的主线。高等学校内涵式发展是以高等学校内部诸因素的充实或加强为动力，旨在提高高等学校办学质量的可持续发展模式。围绕高等学校办学质量提高的内部诸因素，主要涉及人才培养体系改革、学科专业建设、教师发展、教学科研条件建设、学校治理机制的完善和优化、组织文化建设等。民办高校相较公办高校，发展环境和发展的历史阶段不同，因而其内涵式发展的目标、面临的困境和挑战、发展的路径皆有差异。民办高校实现内涵式发展的管理创新议题，或涵盖以下六个方面。

第一，民办高校分类管理。根据2017年9月1日实施的新的《民办教育促进法》，民办高校的举办者可以自主选择设立非营利性或营利性民办高校。这是我国民办教育史上一次重大的制度突破，民办高校的发展进入了分类管理的新时代。在分类管理制度下，民办高校的举办者面临着"非营利性"和"营利性"的两难抉择，这一抉择关涉学校设立的目的及其内部治理机制，关乎学校将会获得政府和社会资源支持的多少，关系学校的前途。这理所当然应是民办高校实现内涵式发展需要首先探讨的问题，因而被列入本书的第一章予以讨论，主要包括分类管理思想在民办教育制度变迁中的发展脉络、分类管理对民办高校发展的价值意义、分类管理制度下民办高校的行动选择，以及在分类管理制度下民办高校如何实现可持续发展。

第二，民办高校内涵式发展。对民办高校内涵式发展的问题与解决之道进行探讨，是将内涵式发展落实到行动层面的必要的理性前提，也是贯彻从理论到实践的逻辑展现。民办高校的内涵式发展有其特定的内涵，面临着特有的深层问题与实现挑战，更有其独特的实现路径，这是本书第二章要展开讨论的问题。

第三，民办高校应用型人才培养体系的建构。民办高校实现内涵式发展关键要有一个具体的实施方案，人才培养是高等学校的根本任务，因而这个具体的实施方案最直接的表现就是人才培养体系的确立。民办高校属于国家高等教育发展战略中要求进行应用型建设的地方院校，但应用型人才培养体系的建构还很不成熟。围绕实现内涵式发展的目标，对

引 言

民办高校应用型人才培养目标的基本内涵、生成机理，不同层次高校人才培养目标的定位、培养方案的设计、人才培养的行动路径进行探讨尤为必要。

第四，民办高校教师专业发展。教师是学校内涵建设任务的承担者，是学校人才培养方案的实施者。教师专业发展为民办高校内涵建设提供动力支撑。民办高校教师队伍建设薄弱，整体水平不高，这几乎是不争的事实，因而探讨民办高校教师专业发展的理论与实践成为学校进行管理创新、实现学校内涵式发展十分必要的问题。本书第四章所涉猎的问题有：民办高校教师专业发展的基本内涵、主要特征，专业发展的目标指向、规律表征和逻辑过程，专业发展的实践路径等。

第五，民办高校组织文化建设。组织文化是学校发展的软实力，是民办高校实现内涵式发展的价值追求和精神动力。民办高校在内涵建设上的差异归根结底体现为组织文化的差异。民办高校要实现内涵式发展，就必须以组织文化的创新来引领和推动。本书的第五章主要阐述民办高校组织文化的概念、表征、结构及功能，民办高校组织文化的一般性和独特性，民办高校组织文化建设的意涵，民办高校组织文化建设面临的现实困境，并在此基础上探讨民办高校组织文化传承和创新的可行路径。

第六，民办高校风险管理。民办高校实现内涵式发展需要有一个相对稳定的发展环境。民办高校是自筹经费、自负盈亏的顾客支持型高等教育机构。相比公办高校，民办高校办学面临着更多的不确定性，处于一种风险叠加的状态，尤其是生源不足或资金链断裂等情况，将会直接导致民办高校陷入生存危机。因此，强化风险管理也是民办高校管理创新的重要组成部分。本书第六章对民办高校风险管理做了论述，主要内容有：在对民办高校风险防控的必要性进行论述的基础上，主要阐述民办高校办学面临的战略决策风险、教育质量风险、招生就业风险、财务风险等，重点论述分类管理制度下营利性民办高校的办学风险，并就民办高校风险防控体系的构建提出对策建议。

对民办高校管理创新和发展中面临的这六个重点问题的研判，有助于民办高校的各级各类管理者更深切地认识民办高校的办学规律，更深入地思考新时代民办高校创新发展面临的问题和困境，并以问题为导向持续不断地进行实践探索。后文即是针对这几个问题的展开论述。

第一章　民办高校①分类管理

民办教育分类管理是我国民办教育长期发展的必然结果。2017年9月1日开始实施的新《中华人民共和国民办教育促进法》（以下简称新《民促法》）明确指出：民办学校举办者可以自主选择设立非营利性或者营利性民办学校，并对两类民办学校实行分类管理。这是我国民办教育制度的一次重大创新，宣告我国民办教育发展进入了新的历史时期。从我国民办教育发展的制度变迁来看，"分类管理"是一个"由来已久"的议题，我们在对分类管理的新格局满怀希望和憧憬的同时又心存不安。因此，对"分类管理"思想在国家民办教育法律制度建构过程中的发展脉络进行回顾和思考，既有助于从思想上深刻认识分类管理对民办高校健康可持续发展的意义，更有助于民办高校分类管理实践的推进和完善。

---

① 本书中的民办高校指具有普通高等学历教育资格的民办高校，但不包括西交利物浦大学、宁波诺丁汉大学、上海纽约大学等中外（境外）合作办学院校，亦不包括刚刚兴建的西湖大学等民办高校。

第一节　民办高校分类管理的历史必然性

一、民办教育能否营利？——立法中分类管理思想的端倪（1996—2002年）

2002年12月28日第九届全国人民代表大会常务委员会第三十一次会议通过了《中华人民共和国民办教育促进法》（以下简称旧《民促法》）。旧《民促法》的立法从1996年开始启动至2002年结束，前后经历了7个年头，立法之难、时间之长，源于意见的对立分歧以及难以协调。我国民办教育诞生于我国经济社会由计划经济向市场经济转型的过渡中，一开始就打上了市场经济的烙印，在本质上与国外私立教育捐资办学的情况相左。我国民办教育多起步于举办者的"白手起家"，"以学养学"的滚动式发展模式是其主要特征，因而民办高校的举办者多有利益回报的诉求。由此，在旧《民促法》的立法过程中形成了两类对峙的意见：一类站在举办者的立场，赞成民办学校营利，认为应该从我国民办教育的实际出发，对民办教育机构的举办者的辛勤付出和利益诉求予以承认并给予保护；一类站在公共利益的角度，反对民办学校营利，其反对意见基于修订前的《中华人民共和国教育法》（以下简称《教育法》）中"任何组织和个人不得以营利为目的举办学校及其他教育机构"的规定以及发达国家的实践经验，坚持民办教育应该符合公益性原则，不允许民办学校举办者在办学过程中牟取个人经济利益。2002年的中国仍处于"穷国办大教育"的状态，在教育经费严重短缺的情况下，国家需要在不增加财政经费的情况下扩大教育供给，民办教育的发展壮大回应了国家的需要。作为两种对立意见的折中，"合理回报"写入旧《民促法》第七章"扶持与奖励"中的第五十一条，条款为："民办学校在扣除办学成本、预留发展基金以及按照国家有关规定提取其他的必需的费用后，出资人可以从办学结余中取得合理回报。取得合理回报的具体办法由国务院规定。"

在立法过程中，有学者提出：考虑中国民办教育的办学实际，可以借鉴国外经验，将民办学校分为营利性和非营利性两种类型。由于当时"合理回报的提法占了上风"，这一建议未被采纳，但这一建议作为制度建构过程的一个发端，为此后的《国家中长期教育改革和发展规划纲要（2010—2020年）》中关于民办教育的改革思路的确定提供了方向。

在观念对立和意见分歧的情况下，旧《民促法》虽然最终通过了全国人大常委会的表决，但是，其中所蕴含的背景的复杂性和问题的不可预知性为此后民办教育法律精神不能得以完全贯彻埋下了伏笔。

二、民办教育处世不顺——办学实践对分类管理的呼唤（2003—2009年）

旧《民促法》肩负了"规范"和"促进"的双重责任，在旧《民促法》的制度框架下，民办教育得到了一定程度的发展。然而，由于法律法规及行政规章的衔接和配套问题，旧《民促法》中的一些条款形同虚设，其实施并未实现人们希冀的"促进民办教育大发展"的预期，反而在实践中出现了不少难以解决的问题。

（一）民办学校法人的属性不清

由于国家原有法律制度体系的不完备，我国民办学校作为在市场经济体制运行中诞生的新型组织，从一开始就面临着身份的合法性问题。旧《民促法》第九条规定："民办学校应当具备法人条件。"但民办学校是什么类型的法人，在当时却难以从相关法律文件中找到准确答案。

我国 1986 年颁布、1987 年执行的《中华人民共和国民法通则》将法人分为：企业法人、政府机关法人、事业单位法人和社会团体法人四种。经相关法理分析，民办学校不属于其中任何一种。首要的理由是，民办学校不能归为以营利为目的的企业法人，因为其与《中华人民共和国教育法》[①]所规定的"教育机构不能营利"的条款相冲突。再者，民办教育机构也不能归为政府机关法人，因其不是"主要从事国家行政管理活动"的组织。进而，将民办学校归为事业单位组织也不符合法规，《事业单位登记管理暂行条例》已将事业单位的举办主体或经费来源规定为国家机关或其他组织利用国有资产举办，民办学校显然不具备事业单位法人的基本

---

① 《中华人民共和国教育法》1995 年 3 月 18 日经第八届全国人民代表大会第三次会议通过。2009 年 8 月 27 日，根据第十一届全国人民代表大会常务委员会第十次会议《关于修改部分法律的决定》第一次修正，其第二十五条规定"任何组织和个人不得以营利为目的举办学校及其他教育机构"。2015 年 12 月 27 日，根据第十二届全国人民代表大会常务委员会第十八次会议《关于修改〈中华人民共和国教育法〉的决定》第二次修正，修正后第二十六条规定"以财政性经费、捐赠资产举办或者参与举办的学校及其他教育机构不得设立为营利性组织"。

特征。最后，根据《社会团体登记管理条例》的界定，虽有极少数民办学校具备"社会团体"的部分特征，但显然不能以少数代替整体而将其归类为社会团体。在当时的背景下，民办学校的身份在《中华人民共和国民法通则》里一直找不到对应的位置而处于游离状态。

1998年，国务院出台《民办非企业单位登记管理暂行条例》，条例提出了"民办非企业"的概念，将"企业事业单位、社会团体和其他社会力量以及公民个人利用非国有资产举办的，从事非营利社会服务活动的组织"界定为"民办非企业单位"。据此，民办学校似可归为"民办非企业单位"，民办学校在现代教育中似已有"安身立命"的位置，但问题是，将民办学校归为民办非企业单位，社会按此知晓民办学校绝非企业法人——"不是什么"，但民办学校的归属——"是什么"依然不得而知，因为它不能是机关法人，不能是事业单位法人，也不能完全套进社会团体法人的框架里。

民办学校的身份尴尬和归属模糊导致2002年出台的旧《民促法》所规定的"民办学校与公办学校具有同等的法律地位"的法律规定难以在实践中得到真正落实，并由此引发一系列的问题，其中最关键的问题是，虽然民办学校是非企业单位法人，但究竟是何种类型的法人却无法找到相应的规定，制度的空白使现实中的民办学校往往被当作企业对待，在用地、校园建设和信贷融资、税收优惠等方面不能享受与公办学校同等的待遇，由此影响了举办者办学的积极性。与此同时，由于民办学校被按企业对待，民办学校的教师身份下降，且退休保障只能按企业员工对待，无法享受与公办学校教师同等的待遇，因此极大地挫伤了优秀教师投身民办教育事业的热情。

(二) 民办学校产权制度缺损

产权（property right），按照法理的理解，指与财产有关的权利。《牛津法律大辞典》将产权界定为：存在于任何客体之中或之上的完全权利，它包括占有权、使用权、借出权、转让权、用尽权、消费权和其他与财产有关的权利。[①] 因此，产权是实现权利或利益的基础，产权的缺失会使权利或利益失去保障。旧《民促法》对学校终止后剩余财产的去向未做明确且具体的说明，只规定"按照有关法律、行政法规的规定处理"[②]，然而，所提"有关的规定"也一直迟迟未能出台，产权制度的缺失使举办者对学校财产的最终归属一直充满疑虑，极大地影响了举办者投资民办教育事业的信心和热情。

(三) 获取合理回报遭遇尴尬

合理回报在立法过程中是作为两种利益集团博弈的折中被写入法律条款的，但在实践中的遭遇颇为尴尬。一方面，民办教育不能违背《教育法》的规定，即"以营利为目的"，学校是形式上的"非营利法人"，但同时旧《民促法》又允许举办者从办学过程中取得合理回报，这是相互矛盾的。另一方面，所取"回报"的比例多少才算"合理"？进而，"合理"与"不合理"的切割线在哪里？对其进行界定

---

① 参见戴维·沃克：《牛津法律大辞典》，光明日报出版社 1988 年版，第 729 页。

② 参见旧《民促法》第五十九条的规定。

的主体是市场还是政府？这些问题一直被搁置，有待澄清。在探寻解决方案的过程中，有关人士曾试图以银行利率的倍数作为合理回报的参考依据，但显然缺乏合理性，更缺乏法律条款支撑。由于法律规定的缺失，合理回报的这一条款形同虚设。在此情况下，民办学校举办者受逐利动机的驱使，往往通过虚置法人财产、虚报办学成本和利用对学校的控制权来获取经济回报，这严重损害了民办教育的健康发展。

三、民办教育的破冰之旅——分类管理改革试点（2010—2015年）

不进则退，不变则亡。为促进民办教育的健康发展，民办学校法人属性不明这一根本问题迫切需要得到破解。于是，在《国家中长期教育改革和发展规划纲要（2010—2020年)》（以下简称《纲要》）制定的前期调研阶段，民办学校分为营利性和非营利性两类法人（分类管理）的思路重回人们的视野。按照制度主义的理论，制度的重构涉及利益的调整和权益的重新分配，即在制度建构和重构中，会产生利益各方的博弈。分类管理的思想受到了民办学校举办者的反对，他们从自身利益出发，希望回到落实《民促法》"促进"的内容上来，维护举办者从办学中获取经济利益的诉求。最终，经过多方论证和协调，《纲要》以"探索"的意义表达来部署分类管理改革，提出"积极探索营利性和非营利性民办学校分类管理"，并在随后发布的《国家教育事业发展第十二个五年规划》中得到进一步明确："逐步建立民办学校分类管理制度"，按照"学校自愿选择，政府分类管理"的原则，进行营利性和非营利性民办学校分类管理改革试点，以逐步建立分类管理制度和监督机制。在国家的总体部署下，分类管理改革试点首先在经济发达的浙江等地展开，但试验未达到理想的效果。在总的形势不够明朗的前提下，多数民办学校举办者宁愿待在非营利组织的范畴内享受国家的各种优惠和道德上的自我欣赏，而不敢冒风险选择营利性办学。试点的结果是举办者选择非营利性办学的居多，仅有极少数选择了营利性办学。这其中，问题的关键不在于举办者对机构属性的选择，而在于缺乏对两类学校的办学行为进行严格监督和区别对待的制度供给。在制度缺失和监管不力的情况下，民办学校分类和不分类的效果差别不明显。①

民办教育分类管理对我国民办教育的发展来说需要一个制度层面的革新，但民办教育制度的变革无法孤立进行，它必须与相应的教育制度体系相连接而寻求支撑。为推进营利性与非营利性民办学校分类管理改革的试点，2011年，国家有关部门启动了教育法律的修订工作。几经周折和反复研讨，2015年12月27日，全国人大常委会第十八次会议审议通过了《教育法》和《中华人民共和国高等教育法》（以下简称《高等教育法》）修订案。修订后的《教育法》将原第二十五条"任何组织和个人不得以营利为目的举办学校及其他教育机构"修改为第二十六条"以财政性经费、捐赠资产举办或者参与举办的学校及其他教育机构不得设立为营利性组织"，这一修改为探索营利性和非营利性民办学校扫清了

---

① 阎凤桥：《民办教育政策推进为何缓慢？——基于组织行为决策视角的考察》，载《华东师范大学学报（教育科学版）》2017年第6期，第11–17页。

法律上的障碍。

四、民办教育的新起点——分类管理框架形成（2016年至今）

（一）分类管理改革制度和实施体系的确立

就民办教育的发展而言，2016年是极具意义的一年，值此一年，民办教育分类管理的制度框架基本形成。2016年3月，第十二届全国人大第四次会议审议通过的《中华人民共和国国民经济和社会发展第十三个五年规划纲要》中提出："建立分类管理、差异化扶持的政策体系，鼓励社会力量和民间资本提供多样化的教育服务。"2016年4月18日，中央深化改革领导小组第二十三次会议审议通过了《民办学校分类登记实施细则》和《营利性民办学校监督管理实施细则》。《教育部2016年工作要点》（教政法〔2016〕6号）亦明确提出："推进民办教育分类改革……有序实施民办学校分类管理。"（教育部，2016）至此，民办教育分类管理改革在政策上已积聚了足够的理由和强劲的动力，于是，根据国家对民办学校实施分类管理改革的精神，第十二届全国人大常委会第二十四次会议于2016年11月7日审议通过了《关于修改〈中华人民共和国民办教育促进法〉的决定》[①]，从而从法律层面确立了营利性与非营利性民办学校分类管理的制度框架，正式宣告我国民办教育进入分类管理的新格局。

---

① 董圣足：《我国民办教育治理制度：变革与创新》，载《华东师范大学学报（教育科学版）》2017年第6期，第20页。

2017年9月1日新《民促法》开始实施，新《民促法》从法律层面破解了我国民办教育发展面临的关键问题，对促进民办教育健康和可持续发展具有重大意义。新《民促法》的亮点体现在六个方面①。一是加强党的领导。民办学校要加强党组织建设，发挥党组织的政治核心作用，坚持社会主义的办学方向。二是确立国家民办教育分类管理的制度框架②。民办学校的举办者可以根据意愿自主选择设立非营利性或营利性民办学校，国家对非营利性和营利性民办学校采用不同的管理和扶持政策。三是保护举办者的合法权益。民办学校的举办者可以根据学校章程规定的权限和程序参与学校的管理。现存民办学校选择继续举办非营利性学校的，在办学终止后国家会根据在新法实施前举办者的投入、学校的产出效益等情况给予举办者一定的补偿或奖励。四是确立国家对两类民办学校差异化的政策扶持体系。非营利性民办学校将在土地、税收、财政资金资助、捐资激励等方面获得国家政策更大的扶持，营利性民办学校在土地、税收等方面将获得一定的政策支持。五是完善师生权益的保障机制。对于教师，新法提出民办学校应依法保障教职工的工资、福利和其他合法权益，依法为教职工购买社会保险，并鼓励民办学校为教职工购买补充养老保险。对于学生，新法提出各级人

---

① 徐绪卿：《贯彻落实〈民办教育促进法〉的若干思考》，载《复旦教育论坛》2017年第2期，第29－30页。

② 中华人民共和国第十二届全国人民代表大会第五次会议2017年3月15日表决通过了《中华人民共和国民法总则》，将我国法人的类型分为营利法人、非营利法人和特别法人，这为民办学校法人属性的厘清提供了法律的支撑。

民政府可以采用助学贷款和奖励助学金的形式来保障学生的权益。六是健全民办学校的法人内部治理机制。新法规定民办学校应当设立董事会、理事会等形式的决策机构，并要求建设相应的监督机制。对董事会或理事会的人员构成进行了原则性的规定。要求教育行政部门及相关部门建立民办学校信息公示和信用档案制度。

在新《民促法》精神的指导下，国家层面出台了一系列文件。2016年12月29日，中共中央办公厅印发了《关于加强民办学校党的建设工作的意见（试行）》，对民办学校党的建设提出新的要求。同日，国务院印发了《关于鼓励社会力量兴办教育 促进民办教育健康发展的若干意见》（国发〔2016〕81号，以下简称"国务院三十条"），对民办教育分类管理改革做出了全面部署。2016年12月30日，教育部、人力资源社会保障部、民政部、中央编办、国家工商总局联合下发了《关于印发〈民办学校分类登记实施细则〉的通知》。教育部、人力资源社会保障部、工商总局还联合下发了《关于印发〈营利性民办学校监督管理实施细则〉的通知》。2017年8月31日，工商总局和教育部联合下发了《关于营利性民办学校名称登记管理有关工作的通知》等一系列文件。这些法律法规及相关政策构成了保障和规范我国民办教育发展的主要制度体系，是新形势下我国民办学校办学的纲领性文件。

新《民促法》规定了地方政府在促进民办教育发展中应承担的责任，给予地方政府更大的政策创新空间。新法中涉及县级以上人民政府（以下简称各级政府）对民办教育职责的一共有十四条十八款。内容主要有：在各级政府国民经济和社会发展规划中，应将发展民办教育事业纳入其中；各级教育行政部门主管本区域内的民办教育工作，并会同相关部门对民办学校的教育教学、教师培训等工作进行指导；各级政府设立专项资金，用以资助民办教育的发展，表彰和奖励在民办教育领域有突出贡献的个人和集体；规定各级政府扶持民办学校的方式包括助学贷款、奖助学金、购买服务以及出租或转让闲置国有资产等，特别是对非营利性民办学校，强调要实行政府补贴、基金奖励和捐资激励等；对于受政府委托承担义务教育的民办学校，政府要拨付相应的教育经费等。

"国务院三十条"中有关各地、各级党组织、政府须进一步完善、细化的政策共有十三条十七款（占比高达43.3%），主要规定民办高校党的建设、民办高校的准入和退出、依法自主办学、财务监管、教师队伍建设、政府管理方式等方面。对于民办学校的党的建设工作，要求选配好民办学校党组织负责人，进一步完善党的组织，理顺党组织的隶属关系，建立健全党组织开展工作的保障机制；对于民办学校办学的准入，要求以有利于吸引更多的社会资源进入民办教育领域为目标，重新梳理办学的准入条件和准入程序；对于民办学校的退出机制，新政规定各级各地政府要制定民办学校退出的相关政策规定，以保护利益相关方的合法权益；对于自主办学，新政鼓励民办学校依法自主办学，要求不得对民办学校跨区域招生设置障碍；对于财务监管，要求完善民办学校的资产管理和财务会计制度，各级各地政府要积极探索并制定符合民办学校办学特点和发展要求的财务管理办法，完善民办学校的年度财务报告、预算报告、决算报告和报备制度；对于教师队伍建设，要求重视民办学校教师队伍建设，提高民办学校办学质量，在各级各地政府的教师队伍建设整体规划里，要把民办学校教师队伍建设纳入其中；对于政府管理，要求政府改进管理方式，转变管理职能，提高管理服务水平，事前审批要减少，事中、事后监管要加强。

在新《民促法》和国家有关部门系列政策文件的要求下，31个省级政府也在积极着手研制本地的"1+X"文件系列（即地方实施意见+配套文件），截至2019年7月，已有28个省（市、自治区）出台了关于本省（市、自治区）的实施意见和部分配套文件。国家和地方政策的不断制定与完善，表明我国民办教育分类管理的制度框架和实施体系已基本确立。

（二）"分类管理"为民办高校带来了新的发展机遇

分类管理是我国民办教育史上重大的制度创新。分类管理制度允许营利性民办学校的设立，打破了长期以来人们认为教育不能营利的惯性思维，在我国教育制度变迁上是一次重大突破。因此，我们有必要对分类管理的意义予以探讨。

就第一层意义而言，分类管理破解了长期以来制约民办高校发展的根本性问题，即法人属性不清、产权不明这一问题。分类管理制度将民办学校分为非营利性和营利性两种类型，前者为非营利法人，取得的办学收益全部用于办学，适用非营利组织的相关制度规定；后者为营利法人，可以取得办学收益并进行分配，适用《中华人民共和国公司法》（以下简称《公司法》）等相关法律法规。这一规定使民办高校的法人属性得以明晰，产权归属得以确定。

依第二层意义而言，分类管理有利于国家对民办教育的扶持。分类管理制度在财政资助、税收优惠、校园用地购置等方面对营利性民办学校和非营利性民办学校实行差异化的扶持政策。分类管理前设立的民办高校，理论上都是非营利性办学，但实际上仍有许多举办者通过各种暗箱操作获取了办学收益，这种情况阻碍了政府对实质上的非营利性学校进行积极有效的扶持，也阻碍了对实质为营利性的学校予以区别对待，使政府的扶持很大程度上滞留在制度文本上，实际上的扶持力度远远不能满足民办高校实际发展的需要。实行分类管理后，政府的政策走向表现为对非营利性学校的积极鼓励和大力扶持，对营利性学校的鼓励和支持。相较而言，国家财政资金流向非营利性学校的力度将大大超过营利性学校。非营利性民办学校还将在税收和校园用地方面享受与公办高校同等的优惠政策，在人才引进、教职工社会保障以及生均拨款方面将得到政府财政资助。营利性学校则在税收和用地上享受国家规定的优惠政策，在政府购买服务、助学贷款、奖助学金和土地出租等方面享受与非营利性学校同样的待遇，但在财政资助方面将会远远少于以公益为唯一办学目标的非营利性学校。

就第三层意义而言，分类管理有利于拓展民办教育发展的空间。在分类管理下，非营利性民办学校将会获得政府更多的扶持，有利于非营利性民办学校加大办学投入，改善办学条件，不断提高教师队伍的素质和水平，从而提高办学质量。营利性民办学校则利用市场机制，发展优势特色教育。未来社会对教育的需求在层次、类别方面将越来越个性化、多样化，这一发展态势为营利性民办学校的发展提供了机遇和可能。

第二节 分类管理制度下民办高校的行动选择

国家民办教育分类管理改革对我国民办教育发展具有十分重大的积极意义，必将使民办高校的发展步入新的更高的阶段。但不容忽视的是，我国民办高等教育有着特殊的发展历程，分类管理改革是一项复杂的、全局性的制度创新，无论是国家层面的政策构建还是院校层面的实践探索，都缺少现成的可供模仿的经验和做法。创新环境的不完善和创新资源的不足，迫使我们需要审慎思考民办高校在分类管理制度下应有的行动选择，以便在新的起点上实现民办高等教育的健康和可持续发展。

一、价值重构——建立"分类管理"的正确认知

国家分类管理目标的实现需要正确的价值观念的支撑。按照制度主义的观点，价值观念内隐于制度规范之中，对制度中内含的价值观念的正确理解有助于对制度的正向内化和形塑。因此，在分类管理制度下，民办高校首先需要对国家分类管理的目标价值进行认知。

（一）分类管理的目标价值是维护教育的公益性

从教育固有的特征来看，立德树人是教育的根本任务，教育利及国家和民族的发展，影响社会公平和公众福祉，因而公益性是现代教育最基本的特征。新《民促法》第三条明确规定："民办教育事业属于公益性事业，是社会主义教育

事业的重要组成部分。""国务院三十条"指出：民办教育要"坚持教育的公益属性，无论是非营利性民办学校还是营利性民办学校都要始终把社会效益放在首位"。《营利性民办学校监督管理实施细则》第三条要求："营利性民办学校应当坚持教育的公益性，始终把培养高素质人才、服务经济社会发展放在首位，实现社会效益与经济效益相统一。"可见，教育的公益性这一基本属性并不会因为民办高校选择"营利"或"非营利"而改变。无论是哪种类型的教育，不管公办还是民办，非营利性还是营利性，都需要遵循和维持教育的公益性。

（二）分类管理是国家教育事业发展的需要

在国家民办教育的立法进程中，分类管理的呼声持续未断的原因就在于两种利益诉求的冲突和博弈。一类代表国家利益，主张民办教育要坚持公益性；另一类以举办者的利益为代表，坚持从办学中获得利益回报。在国家经济实力较弱、教育经费短缺、教育供给严重不足的情况下，国家需要依靠民办教育的发展来增加教育的供给，对民办教育举办者的利益诉求持宽容态度，允许其在办学过程中获得回报。但随着国家经济实力的增强，各种公共投入的力度不断加大，国家更有能力对民办教育的办学进行干预，从而引导和维护其公益性，以体现国家发展教育事业的价值导向。因此，在国家经济社会发展和民办教育发展的一定阶段，国家实行民办教育分类管理，以使国家财政能更有效地扶持民办教育，提高民办学校的办学质量，这是国家发展教育事业的需要，也是社会对更高质量、更加公平教育的需求。

（三）非营利性不等同于公办性，营利性不等同于公司制

非营利性民办学校不等同于公办学校。就此而言，虽二者都是为公共目标而设立的非营利法人，举办者都不得从办学中获取收益并分配办学结余，但二者的举办主体不同，办学的主要经费来源不同，所以，将非营利性民办学校等同于公办学校，容易忽视民营主体和民营资本的独立性，在办学实践中极有可能造成国家对非营利性民办学校的不恰当的干预。当然，营利性民办学校也不能等同于公司，虽然二者都可以取得利润并分配结余，但公司趋于追求股东利益的最大化，而营利性民办学校是教育机构，在追求利润的同时，必须兼顾教育的公益性，不能因追求利润而背离和损害教育的公益性。

二、明确选择方向——基于制度供给之上的权衡

分类管理制度下，民办高校的举办者必须对学校未来的法人类型做出选择，而这种选择应是基于对政府提供的政策权衡利弊的结果。

（一）国家层面的制度参照

新《民促法》及相关配套文件对营利性和非营利性民办学校在政策扶持、税收优惠、教师待遇、用地政策以及财产清算等方面做出了原则性的规定，这对民办学校的举办者选择学校的办学性质提供了最基本的参照。从现有政策内容和精神看，选择营利性办学，可以合法地取得办学收益（新《民促法》第十九条）。学校可根据市场变化，自主决定学费标准（新《民促法》第三十八条）。学校办学的剩余财产

可依据《公司法》进行清算，产权为举办者所有。但存在诸多不利因素，如办学成本提高，学校用地成本因补缴土地出让金或重新定价而大幅增加。此外，财政扶持少、税费增加等也间接加重了办学的负担（新《民促法》第四十七、第五十一条）。与此同时，教师社会保障得不到与非营利性民办学校教师同等的政府财政资助［《中华人民共和国民办教育促进法实施条例（修订草案）（送审稿）》第五十九条］，导致学校难以留住优秀人才。除此之外，追求利润会导致学费上涨，从而引发生源基数减少等问题。与此相比较，非营利性办学可享受与公办学校同等的用地和税收优惠政策，可获得更多的财政资助，因学费较营利性办学低而拥有更大的生源基数，其人才引进和教师的社会保障也可以得到财政一定程度的支持。但非营利性学校不能营利，学费标准制定受到政府限制和监督（新《民促法》第三十八条）。

（二）地方政府的政策扶持

任何新政的真正落实，"最后一公里"尤为关键。当下，民办学校分类管理在我国绝大部分地区仍处于过渡期，要让民办学校举办者能明辨利弊而做出选择，各级地方政府针对实际操作层面的政策细化和完善十分重要。目前，国家已出台的文件有《民办学校分类登记实施细则》《营利性民办学校监督管理实施细则》《关于营利性民办学校名称登记管理有关工作的通知》等，但针对两类学校办学的具体政策仍欠具体和明确，例如针对营利性民办学校的土地税费、资产清算与过户的程序和标准、学校的转设条件与程序、教师的学历层次、招生和专业设置规定等，针对非营利性民办学校的地方财政资助、税费和土地政策细则与保障机制，新《民促法》实施前资产存量和学校终止清算后剩余财产的补偿奖励等。此外，针对资产存量，学校退出市场后对财产的清算和归属的处理、地方政府对非营利学校财务和人事等关键资源进行监管的实施细则等都应尽快完善。总之，地方政府的政策越明细，举办者的政策预期越明朗，越有利于民办学校举办者权衡利弊，做出选择。

三、实现设立目标——构建与举办目的相适应的内部治理结构[①]

民办高校的治理是法人治理。实现法人设立的目标需要建立起相应的内部治理结构。新《民促法》第十条规定："民办学校应当具备法人条件。"《高等教育法》第三十条规定："高等学校自批准设立之日起取得法人资格。"由此，民办高校的内部治理当属法人治理，其内部治理结构即可称为法人内部治理结构。

（一）民办高校法人治理结构的含义

依照法理的界定，法人是相对于自然人的一类民事主体，是法律制度创设的组织或团体，法人拥有独立的法律人格，其核心特征是拥有不允许被任何自然人或其他法人剥夺或侵占的独立的法人财产，法人依法独立享有民事权利并以其财产来承担民事责任。法人治理（corporate governance）源起于营利性公司，因此也称公司治理。现代公司随着公司规模和经营范围的扩大，公司所有者（股东）由于本人精力

---

① 王义宁：《非营利性与营利性民办高校法人治理结构比较》，载《浙江树人大学学报》2018年第6期，第1—6页。

和专业限制，往往不再自己经营公司，而是委托或聘请专业团队（经营者）来经营，这样就出现了公司的所有权与经营权分离的情况。在两权分离的状况下，公司股东（所有者、委托人）与股东大会产生的董事会（经营者、代理人）之间形成了委托代理关系。在委托代理关系中，委托人追求股东利益的最大化，代理人则追求自身利益的最大化，两者的利益目标不一致。于是，在两者的契约订立或实际的生产经营活动中，代理人可能会利用自身的信息优势订立对自己有利的合同或是损害委托人利益而谋求自身利益的最大化，出现交易中所谓的"逆向选择"或"道德风险"。委托代理关系的核心是代理问题，由于代理人在经营活动中可能偏离委托人的利益而追求自身利益的最大化，于是，需要在委托人与代理人之间签订一个能解决所有问题的合同以约束代理人，防止代理人偏离委托人的目标。但是由于人的有限理性以及各种外部因素的不确定性，在委托人和代理人之间无法签订这样一个合同，或签订这样一个合同将会花费巨大的交易成本时，就需要设计一个治理结构，对委托人与代理人的权力进行分配与制衡，以激励和约束代理人的行为。随着治理理论的不断发展，公司治理的视域从局限于所有者与经营者之间的关系转向关注公司的利益相关者（股东、雇员、顾客、借贷商、债权人和社会等），从追求股东利益最大化转向关注各利益相关者利益的最大化，更加强调公司的社会责任和社会公共利益的实现。随着非营利组织的发展，非营利组织的治理问题也引起社会各界的关注。由于非营利组织同样存在所有权、控制权与受益权的分离而产生的代理问题，因此也需要建构合理的治理结构。①

法人治理结构的含义迄今为止尚无一致解释。综合相关研究，可将其基本内涵归结为三点。第一，法人治理结构存在的前提是法人所有权与控制权等权力的分离，以及各利益主体之间的利益冲突。第二，法人治理结构的目标是制衡各利益主体的权力分配，调和各利益主体之间的利益关系，维护各利益主体的利益以及社会公共利益。第三，法人治理结构的存在形式是法律制度和法人章程对法人组织的机构设置，以及对各组织机构的责任、权力进行规制而形成制度体系。民办高校作为特殊的教育组织和拥有众多利益相关者的独立法人，其治理结构可表述为：在《教育法》《高等教育法》《民促法》等相关法律文件和学校章程的规定下，在举办者（出资人）、决策者（董事会）、管理者和教职工等权益相关人之间建立起有关学校运营与权利配置的一种机制或组织结构，以及通过这种组织结构形成的责权利划分、制衡关系和有关决策、指挥、执行、激励、约束和监督等的机制。

（二）非营利性与营利性民办高校的法人属性

依据法人治理理论，法人属性与法人治理紧密相关，前者是后者的前提和基础。在分类管理制度下，非营利性和营利性民办高校同为高等教育组织，这使其在法人属性方面有一致的地方，但其不同的举办目的也使其在法人属性方面显示了一定的差异。因此，要探索构建两类民办高校的内部治

---

① 董圣足：《我国民办高校法人治理问题研究》（学位论文），华东师范大学2010年，第59－66页。

理结构，需要对两者的法人属性进行明晰。

非营利性民办高校的法人属性。法人属性源于法律的规定，《中华人民共和国民法总则》（以下简称《民法总则》）第八十七条规定，"为公益目的或者其他非营利目的成立，不向出资人、设立人或者会员分配所取得利润的法人，为非营利法人"。新《民促法》第十条规定，"民办学校应当具备法人条件"；第十九条规定，"非营利性民办学校的举办者不得取得办学收益，学校的办学结余全部用于办学"。从以上法律法规中我们可解读出：非营利性民办高校以公益服务为目的而设立，不获取办学收益，具备法律规定的非营利法人的特征，其法律属性为完全公益目的的非营利法人。

营利性民办高校的法人属性。《民法总则》第七十六条规定："以取得利润并分配给股东等出资人为目的成立的法人，为营利法人。营利法人包括有限责任公司、股份有限公司和其他企业法人等。"新《民促法》第十九条规定："营利性民办学校的举办者可以取得办学收益，学校的办学结余依照公司法等有关法律、行政法规的规定处理。"从以上两部法律文件的规定看，营利性民办高校设立的目的为取得办学收益并进行分配，具备法律规定的营利法人的特征，因而其法律属性为营利法人。同时，不可忽视的是，营利性民办高校是不同于企业的高等教育机构，对其法律属性的考量不能脱离或违背教育的基本属性。《教育法》第八条明示："教育活动必须符合国家和社会公共利益。"新《民促法》第三条指出："民办教育事业属于公益性事业，是社会主义教育事业的重要组成部分。""国务院三十条"中指出，民办教育要"坚持教育的公益属性，无论是非营利性民办学校还是营利性民办学校都要始终把社会效益放在首位"。《营利性民办学校监督管理实施细则》第三条要求"营利性民办学校应当坚持教育的公益性，始终把培养高素质人才、服务经济社会发展放在首位，实现社会效益与经济效益相统一"。从以上文件可以确定，营利性民办高校的设立不能仅为获取经济利益，还必须把提高办学水平、为社会培养高素质人才放在首位，以彰显高等教育的公益性。因此可以说，营利性民办高校是兼具营利性与公益性的营利法人。

（三）非营利性与营利性民办高校的内部治理结构

1. 非营利性与营利性民办高校治理结构的共性

对于非营利性与营利性民办高校的内部治理结构，现有法律法规多表现为对其整体的规定，而少有对其进行区分的要求。现有法律法规中涉及民办高校法人治理结构的表述主要见于新《民促法》的规定。该法第二十、第二十一条规定："民办学校应当设立学校理事会、董事会或者其他形式的决策机构并建立相应的监督机制。民办学校的举办者根据学校章程规定的权限和程序参与学校的办学和管理。学校理事会或者董事会由举办者或者其代表、校长、教职工代表等人员组成，其中三分之一以上的理事或者董事应当具有五年以上教育教学经验。学校理事会或者董事会由五人以上组成，设理事长或者董事长一人。"对于董事会和校长行使的职权，该法第二十二条和第二十五条做了相应的规定（见表1-1）。从董事会和校长的职权规定看，董事会是治理结构中的决策机构，校长及其管理团队是执行机构。该法将学校教职工代表大会作为学校治理结构中的重要组成部分进行了

表1-1 董事会和校长的职权

项目	董事会	校长
权力层级	负责学校重大事项决策	执行董事会的决定
人事聘用	聘任和解聘校长；决定教职工的编制定额和工资标准	聘任和解聘学校工作人员，实施奖惩
发展规划	制订发展规划，批准年度工作计划	实施发展规划，拟订年度工作计划
经费筹措使用	筹集办学经费，审核预算、决算	拟订和执行董事会批准的财务预算
组织发展管理	修改学校章程和制定学校的规章制度；决定学校的分立、合并、终止	拟订学校规章制度；组织教育教学、科学研究活动，保证教育教学质量；负责学校日常管理工作
其他	决定其他重大事项	董事会的其他授权

规定，该法第二十七条对此的表述为："民办学校依法通过以教师为主体的教职工代表大会等形式，保障教职工参与民主管理和监督。"对于学校党组织，该法第九条规定："民办学校中的中国共产党基层组织，按照中国共产党章程的规定开展党的活动，加强党的建设。"结合《关于加强民办学校党的建设工作的意见（试行）》（中办发〔2016〕78号）中党组织要发挥政治核心作用、保证和监督办学政治方向、参与学校重大决策、引领校园文化等的要求，党组织是学校治

第一章 民办高校分类管理

理结构中重要的政治领导与监督机构，在学校治理中发挥极其重要的作用。由上以观，在法律政策的规定下，无论是营利性还是非营利性民办高校，其内部治理结构可以概括为：由董事会、校长、党组织、监事会及教职工代表大会等利益主体组成，集决策、执行和监督职能于一体的制度安排（如图1-1所示）。

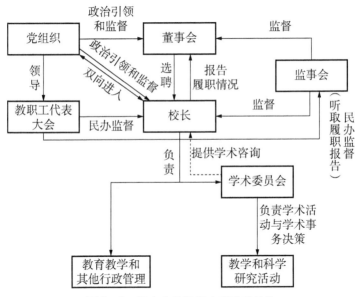

图1-1 民办高校组织内部治理结构

在这一治理框架中，董事会位于治理体系的顶端，是学校重大事项的决策机构，拥有对学校法人财产的支配权和对校长的聘用、奖惩和解雇权。校长受聘于董事会，执行董事会的意志，在法定权限和董事会的授权范围内负责学校的教育教学和行政管理工作。党委会是政治核心，通过党委负责人进入董事会，并以校长领导的团队人员的双向进入和交叉任职等方式参与董事会的决策，在事关办学方向和师生重大权益事项上，对董事会和校长进行引导和监督。监事会独立于董事会和其他机构，对学校财务的运行状况、董事会和执行机构的履职情况进行监督。教职工代表大会在党委会的领导下开展工作，听取和审议事关学校改革发展和涉及教职工切身利益的事项报告，依法参与学校民主管理和监督。从图1-1可看出，民办高校法人治理结构这一制度安排，强调不同权利主体的权责分配和相互制衡，其目的在于保证民办高校运行的效率与公平。

值得一提的是，在民办高校的内部治理中，行政权力和政治权力是两种非常重要的权力，但学术权力也不容忽视。高校作为传承知识、发现知识和生产知识的学术型组织，唯有尊重学术及其运行和发展规律，才能真正提高人才培养、科学研究和社会服务的质量和水平。《高等教育法》第四十二条规定："高等学校设立学术委员会，履行下列职责：（一）审议学科建设、专业设置，教学、科学研究计划方案；（二）评定教学、科学研究成果；（三）调查、处理学术纠纷；（四）调查、认定学术不端行为；（五）按照章程审议、决定有关学术发展、学术评价、学术规范的其他事项。"因此，负责学术活动和学术事务决策的学术委员会应成为民办高校内部治理结构的重要组成部分，并且在事关学术活动和学术事务决策时，学术权力与行政权力应相互协调和制衡，以实现民办高校组织效能的最大化。

2. 非营利性与营利性民办高校法人治理结构的差异性

为保障民办高校办学公益性的充分实现，非营利性和营利性民办高校在构建内部治理结构时应各有侧重。在民办高校的法人治理结构中，董事会是学校发展重大事项的最高决策机构，其职权配置和运行机制对法人目标的实现起决定作用；校长是董事会意志的执行者；监事会对董事会和校长的履职情况实行监督。因此，保障和实现非营利性和营利性民办高校办学公益性的落脚点在董事会成员的构成及产生方式、对校长的要求以及监事会的规定上。

第一，董事会成员的构成。董事会成员的身份构成标志着董事会所代表的利益主体间的权利分配和以及所形成的制衡关系。非营利性民办高校是具有完全公益性的法人，为实现其充分的公益性，相较营利性民办高校，更强调各利益相关者的共同治理，因而其董事会的人员构成应具有身份的广泛性和独立性。在身份的广泛性方面，除新《民促法》规定的"举办者或者其代表、校长、教职工代表"外，还应吸纳学生代表、校友代表和社会公众代表进入董事会，以建立多元主体共治的模式。在身份的独立性方面，可借鉴我国台湾地区《私立学校法》对董事会人员身份的相关规定，如"董事相互间有配偶及三亲等以内血亲、姻亲之关系者，不得超过董事总额的三分之一"等。营利性民办高校是兼具营利性与公益性的营利法人，其组织设立的目的之一是为营利，为了防止营利性民办高校在办学中出现公益性与营利性的失衡，在董事会成员的构成当中，需要有公共利益的代表介入。《营利性民办学校监督管理实施细则》第二十条规定：营利性民办学校的"党组织书记应当通过法定程序进入学校董事会和行政机构"，"在事关学校办学方向、师生重大利益的重要决策中发挥指导、保障和监督作用"。

第二，董事会成员的产生。董事会成员的产生方式决定了代表各方利益的董事能否真正代表其所代表的利益相关者的利益。按我国《公司法》的规定，公司董事会的董事由股东大会选举产生，但从目前的法律规定看，民办高校没有类似公司股东大会的机构，为保障民办高校的公益性和董事表达意志的独立性，应当按照董事代表的利益群体的不同而采用不同的产生方式，例如，举办者或其代表是当然的董事，校长、党组织书记是法定董事，教师代表需要通过教职工代表大会选举产生，外部董事需要通过董事会的聘任产生。①

第三，对校长的要求。对营利性民办高校校长，更强调其要切实履行"良善管理者"的职责。校长要为崇高的道德目标服务，忠诚于党、国家和教育事业，坚持按高等教育规律办学；在事关教育教学投入等涉及师生利益的决策事项中能对董事会施加影响；在学校管理中，能切实维护广大师生的合法权益。

第四，对监事会的规定。为对营利性民办高校办学实施有效监督，防止办学过程中对教育公益性的背离，《营利性民办学校监督管理实施细则》第十八条规定："营利性民办学校监事会中教职工代表不得少于三分之一，主要履行以下职权：（一）检查学校财务。（二）监督董事会和行政机构成员履职情况。（三）向教职工（代表）大会报告履职情况。……"需要强调的是，法律虽然允许营利性民办高校营利，但这只

---

① 参见赵宇宏、王义宁：《结构功能主义视角下两类民办高校董事会制度的差异化设计》，载《浙江树人大学学报》2018年第5期，第25页。

是助推营利性民办高校发展的一种方式，并不是国家允许营利性民办高校设立的价值目标，国家教育事业发展的价值目标是为了公共利益。因此，营利性民办高校在建构法人治理结构时，应当守护公益性以保教育本真，这才是营利性民办高校持续健康发展之道。

四、凸显竞争优势——在准确定位的基础上凝聚办学特色

民办高校的办学定位问题是关系学校可持续发展的关键问题。在分类管理下，民办高校要发展，必须明确自己的发展方向，而发展方向的确定依赖于学校的准确定位。学校准确定位的前提是需要学校举办者和办学者对高等教育分类有一个基本认知，以及对经济社会发展对人才需求状况的把握和对学校办学条件的正确认识。

（一）明晰高等教育分类

随着经济社会发展对人才需求的多样化，高等教育逐渐步入大众化和普及化，并由此而引发高等教育在类型结构和层次结构上呈现日益复杂的趋势，于是出现各种不同类型和层次的高等教育。

1. 国际上的高等教育分类

国际上有影响的高等教育分类方法有三种：一种是被各国普遍认同并采用的国际教育标准分类（ISCED）；一种则是美国卡内基教育促进会对高等学校的分类；还有一种简明易行的分类方法，为日本学者的分类方法。

联合国教科文组织制定的国际教育标准分类（ISCED）最初形成于20世纪70年代，1997年进行了首次修订，2011年进

行了再次修订。国际教育标准分类（ISCED-2011）将教育由低到高划分为1—8级，其中，高等教育位列第5、6、7、8级。第5级为短线高等教育，第6级为学士或相等水平，第7级为硕士或相等水平，第8级为博士或相等水平。第5级的学制一般为2~3年，即相当于我国的高职高专教育，第6级应涵盖我国的应用型本科教育。第5级和第6级教育在人才培养定位上的不同，不仅可以从学制的长短、学位的获得来区分，还可以从国际教育标准与国际标准职业分类的对应来分析。根据不同职业所承担的工作任务或职责的不同，国际劳工组织2008年修订的国际标准职业分类（ISCO-08）将不同职业所需的知识和技能水平从低到高划分为1—4级四个等级，其中，1级对应的职业为简单劳动者，2级为办事员、服务及销售人员、林业和渔业技术人员、工艺、机械机床操作员和装配工，3级为技术员和专业人员助理，4级为专业人员。5级短线高等教育培养人才的知识和技能水平大致对应于3级，即培养技术员和专业人员助理，而6级及以上即学士及以上学位教育则培养专业人员，其知识和技能水平的等级为更高一级的4级。① 因此，民办高校应用型人才培养的定位可以从国际教育标准分类中找到相关依据。

美国卡内基教育促进基金会根据学位授予的类型和层次将全美的高等教育机构分为6个级别，分别为博士、硕士、学士、副学士授予院校——此为前四种类型，再加上如军事

---

① 谢莉花、余小娟、尚美华：《国际职业与教育分类标准视野下我国职业体系与教育体系之间的关系》，载《职业技术教育》2017年第28期，第74-79页。

第一章 民办高校分类管理

学院、宗教学院等层次不明且集中于某一领域的专门机构，以及专为美国原住民提供高等教育培训和社区服务的大学和族群学院这两个类型。[①]

日本学者用根据人才的生产能力和学问的生产能力两个维度，将高等学校划分为 A、B、C、D 四种类型（见表1-2）。A 型为全能型大学，人才生产能力和学问生产能力的水平都很高；B 型为研究偏向型大学，学问生产能力与人才生产能力相较，前者较高，后者较低；C 型为教学偏向型大学，与 B 型相反，人才生产能力较高，而学问生产能力较低；D 型为低能型大学，生产学问和生产人才的能力都很低。

表1-2 日本学者关于人才类型的分类

大学类型	人才生产能力水平	学问生产能力水平
A 型（全能型）	高	高
B 型（研究偏向型）	低	高
C 型（教学偏向型）	高	低
D 型（低能型）	低	低

通常意义而言，日本学者所指的学问生产能力就是指知识的生产和创新能力，人才生产能力则是指学校培养人才的质量和数量。学校类型不同，对两种能力的要求也不同，研究型大学要求具有较强的学问生产能力，同时还要具有人才

---

① 江小明：《关于高等教育分类及应用型大学定位问题的一点认识》，载《高等理科教育》2005年第3期，第7-8页。

生产能力,而教学型大学则要侧重提高人才生产能力。①

2. 我国高等教育的分类

我国目前还没有设计出一个比较权威的高校分类方法,学界基本认同且经常使用的分类方法主要是按照科研在学校中的地位和研究生在整体学生中的比例来划分:② 具有较强的知识生产和创新能力,教学、科研整体实力强,水平高,研究生教育与本科教育并重,这类学校被称为研究型大学;以本科教育为主,兼有研究生教育,这类学校被称为教学研究型大学;以本科教育为主,以教学为主的学校被界定为教学型大学;以培养应用型人才,包括技艺型、职业型人才的高等专科学校、高等职业技术学校属于专业型学院。

为了加快实现高等教育大众化和普及化,满足人民群众对高等教育多层次、多样化发展的需求,同时,也为了适应我国产业结构调整和发展动力转变对高素质应用技术人才和创新人才的需要,应用型高校建设得到了国家层面的高度重视。2015 年 10 月,教育部、国家发展改革委员会、财政部联合发布《关于引导部分地方本科院校向应用型转变的指导意见》,应用型本科院校这个概念逐渐进入人们的视野。综合办学定位、培养目标和服务面向诸因素,应用型本科院校出现了多个类型,如应用技术大学、教学服务型大学、技术型大学、服务型大学、教学型大学、创业型大学等,其中,应用技术大学和教学服务型大学是两个最基本的类型,对其

---

① 胡大白等:《民办高校类型定位和办学特色研究成果报告》,载《黄河科技大学学报》2005 年第 2 期,第 2 页。

② 参见马陆亭、冯厚植、邱菀华:《关于普通高等学校分类问题的思考》,载《上海高教研究》1996 年第 6 期,第 63 – 65 页。

第一章 民办高校分类管理

内涵进行阐释和辨析，有助于民办高校尤其是民办本科院校进行合理定位。

应用技术大学始现于20世纪60年代的欧洲，伴随欧洲各国工业化以及高等教育大众化而产生，以德国为典型代表。从人才培养的社会适用性角度看，应用技术大学培养的人才一般要达到三个方面的要求：一是能够解决生活以及生产过程中的具体的技术问题；二是能够进行科技项目的研发；三是在应用性知识理论、技术研发成果转化进入技术性生产过程中能够使用新工艺、新方法。我国应用技术大学产生较晚，2013年全国应用技术大学（学院）联盟在天津成立，标志着应用技术大学在国家的推动下，在院校层面得到了一定程度的重视和发展。我国应用技术大学的基本使命是"应用"，即重视科学知识和技术成果的应用，使其转化为现实的生产力。与之相应地，学校教学的内容以应用性知识和技术学科为主，重视学生将科学理论知识尤其是应用性知识应用于解决实际技术问题的实践能力的培养，也就是说，应用技术大学最终通过培养高级技术型人才来实现其组织使命。[①]

教学服务型大学源于西方的服务型大学，由我国学者刘献君于2007年首次提出，伴随我国大学服务职能的逐渐增强而产生。刘献君认为，教学服务型大学的办学宗旨和基本使命是"服务"，具体表现为：在办学层次上，以本科教育为主，在实际需要和办学条件允许的情况下可适度发展研究生教育；在组织职能实现上，体现出浓厚的地方性、应用性

[①] 侯长林、罗静、叶丹：《应用型大学视域下新建本科院校办学定位选择》，载《教育研究》2015年第4期，第61–68页。

和服务性,为地方培养应用型人才,教学和科研均以服务地方需要为导向,并在此基础上构建全方位的以满足地方需要为目的服务体系,通过大力开展各种知识和技术的服务活动为地方社会、经济和文化的发展服务。①

应用技术大学与教学服务型大学同为应用型本科院校,两者在办学方面既有共性又存在差异性。共性表现在:在人才培养方面,专业设置都强调以社会需求为导向,都注重学生知识应用能力即实践能力的培养,人才培养的方式都注重采用产教融合、校企协同育人的模式;在教师队伍建设方面,都重视既具有学科理论知识又具有专业实践能力的"双师型"教师的培养;在科学研究方面,都侧重于开展应用技术研究,强调技术的研发和成果的转化;在社会服务方面,都强调办学要融入社会,通过应用技术人才的培养和开展应用技术研究为社会服务。差异性表现在应用技术大学和教学服务型大学履行大学职能的侧重点有所不同,表现为:应用技术大学办学的直接和最终目的是培养应用技术人才,其不论是教学活动还是应用性研究活动,都指向为培养应用技术人才服务;而教学服务型大学的办学宗旨和使命直接体现为服务地方经济社会发展,培养应用技术人才以及开展应用性技术研究,都是为了更好地实现"服务"的目标,都是实现服务地方社会发展目标的重要手段。教学服务型大学非常重视应用研究成果所产出的经济效益和社会效益,强调根据地方经济社会的全方位需要进行应用研究,既包括技术研发、技术传承、

---

① 侯长林、罗静、叶丹:《应用型大学视域下新建本科院校办学定位选择》,载《教育研究》2015年第4期,第61-68页。

技术转让，也包括地方教育服务、管理服务和文艺服务等。①

（二）确立民办高校的办学定位

1. 学校定位的内涵

办学定位是指民办高校对自身在整个社会尤其是高等教育系统中所处位置的辨识、选择与确认，是学校生存的立体空间的表征。办学定位与办学的诸因素联系紧密，决定和影响着办学诸因素，其内涵非常丰富。学校的办学类型、办学层次、服务面向、办学特色、师资队伍建设、人才培养模式、学校发展规划及政策的制定等无不决定于学校的办学定位，无一不与学校的办学定位相适应。办学定位关系着民办高校办学能否坚持正确的方向，能否持续健康地发展。科学合理的办学定位不仅有利于民办高校自身的发展，而且也有利于整个高等教育系统的有序运行。

2. 民办高校科学定位的方略

民办高校身处高等教育系统中，其建设和发展不仅会受到来自外部社会因素的影响，而且会受到学校内部的各种因素的制约，同时也面临着同行竞争的各种压力。学校定位的确立实质上是对学校未来发展方向和发展目标的科学判断，而这种科学的判断建立在对影响学校发展诸因素的全面考量之上。因此，在确立学校的办学定位时，民办高校必须遵循以下三个阶段。

第一阶段是对影响学校发展的内外部信息进行搜集。首先是影响学校发展的外部因素。对于民办高校来说，外部因素信

---

① 侯长林、罗静、叶丹：《应用型大学视域下新建本科院校办学定位选择》，载《教育研究》2015年第4期，第61-68页。

息主要包括：国家民办教育分类管理的价值取向，相关政策措施；整个高等教育发展的态势以及现阶段国家发展高等教育的目标；地方产业结构调整、科技进步及发展动力转变所带来的劳动力市场对人才类型和层次的需求变化状况等。与此同时，结合外部信息分析内部因素。内部因素主要是指学校的办学历史和文化传统、办学条件、学科专业发展的优势与特色。其中，也应对同行因素予以关注。同行因素主要考虑其他民办高校的办学条件、学科专业的设置与发展的优势。

第二阶段是对搜集的信息进行比对分析，明确自身发展的优势，认清自身发展的劣势，发现本校在竞争中的机会，同时厘清本校发展面临的潜在威胁。

第三阶段是进行专业的科学定位。社会对人才的需求是多种多样的，要细分市场需求，找到社会对人才的需求和本校学科专业发展优势的交汇点，以便实现学校的最佳学科专业定位。最佳的学科专业定位体现于学校的学科专业发展既适合自己又不会被同行所替代，学校的发展显示出强劲的生命力。

3. 民办高校的定位选择

改革开放 40 多年来，我国的民办高校获得了长足进步。民办高校的办学涵盖本科教育和专科教育两个层次。2018 年教育统计数据显示，我国民办普通本科学校有 419 所（含独立学院），在校生为 417.086 万人，占全国普通本科高校在校生人数的 24.57%；民办普通专科学校有 330 所，在校生为 232.514 万人，占全国专科学校在校生人数的 20.51%[①]。

---

① 参见 2018 年教育统计数据：《全国基本情况》，见中华人民共和国教育部政府门户网站(http://www.moe.gov.cn/s78/A03/moe_560/jytjsj_2018/qg/)。

第一章 民办高校分类管理

这说明，民办高校在"量"的发展方面是引人注目的。但如何彰显"量"背后的"质"，促进民办高校健康高质量地持续发展，前提是民办高校要对自身办学进行科学合理的定位，其中核心任务是对学科专业和人才培养规格进行准确定位。这可以从本科教育和专科教育两个层次来讨论。

一是本科层次的民办高校。《高等教育法》对本科教育做出这样的规定："本科教育应当使学生比较系统地掌握本学科、专业必需的基础理论、基本知识，掌握本本专业必要的基本技能、方法和相关知识，具有从事本专业实际工作和研究工作的初步能力。"从《高等教育法》中对本科教育学生基础理论、基本知识和专业技能的要求程度，以及民办高校相对公办高校较为薄弱的教学和研究基础来看办学定位，我国民办本科高校应定位于教学服务型院校。在面向地方、了解地方、研究地方、融入地方的过程中，使学科和专业的设置、人才培养规格的设计以及应用技术研究的开展，能够密切结合和服务地方经济社会发展对人才的需要。

二是专科层次的民办职业院校。《高等教育法》规定："专科教育应当使学生掌握本专业必备的基础理论、专门知识，具有从事本专业实际工作的基本技能和初步能力。"从法律规定可看出，在专业基础理论和知识方面，本科层次为"比较系统地掌握""必需的"，专科层次为"掌握""必备的"。相较而言，本科的基础相对宽厚。在能力要求上，本科要求"具有从事本专业实际工作和研究工作的初步能力"，专科为"具有从事本专业实际工作的基本技能和初步能力"，这说明本科教育与专科教育在能力的口径和能力的层次上有一定的区别。因此，专科层次的民办高职院校，其定位应为培养针对岗位或岗位群的技能型人才，其教学活动具有典型的职业性、应用性和技能性，学生在某一项岗位技能方面有可能优于本科层次的学生，但在专业理论和基础知识方面、专业能力的口径、专业能力的可发展性以及解决本专业相对较为复杂的实际问题方面，总体上会逊色于本科层次的学生。

民办高校由于发展历史相对短，办学投入有限，教学和科研基础在初创期较为薄弱，所以，服务面向的地方性和培养目标的应用型是其办学定位的共性。2012年教育部公布的《普通高等学校本科教学工作合格评估指标体系（修订稿）》，将学校定位的内涵分解为总体目标定位、学校类型定位、层次定位、人才培养目标定位、人才类型定位、服务面向定位六个方面，并强调要符合"四个为主"：以服务地方为主，专业布局合理；以本科教育为主，但比例要适当；以应用型人才培养为主；以教学教研为主。办学定位能体现学校对服务区域（行业）经济和社会发展的价值追求。此评估指标体系为无论是本科层次还是专科层次的民办高校描述自身的办学定位，提供了一个较为科学的框架。民办高校可以在凝练自身学科和专业建设优势的基础上，参考这一框架，确定自身办学定位的个性描述，以确定具有自身特色的办学定位。

4. 民办高校的办学特色

在准确定位的前提下，民办高校强大的生命力源于学校的办学质量和办学特色。所谓特色，即个性鲜明、别具一格、与众不同。就民办高校办学特色而言，则应当是"人无我有，人有我优，人优我精"，概言之，就是他者不可替代。民办高校要办出特色，就要面向地方经济和社会发展的需

第一章 民办高校分类管理

求,发挥自身在学科、专业方面的优势所形成的某种独特的人才培养目标、培养模式、培养规格等,最终表现为培养成果——毕业生具备的某种专业特长。办学特色的形成是教育实践中的创新过程,是教学质量的突出表现形式,也是学校打造品牌、提高学校社会声誉的前提条件。

民办高校要形成办学特色,首要的是要夯实办学基础。办学特色的本质是办学的特殊性,而这种特殊性产生于一般性之上,是以一般性作为基础的特殊性,特殊性与一般性高度统一。高等教育的一般性就是任何类型和层次的高等学校办学都要遵循高等教育的一般规律,即高等学校是培养高级人才的机构,人才的培养需要有各种精神和物质资源的支持,如先进的办学理念,优秀的制度和文化,科学高效的管理机制,高素质的教师队伍,完善的人才培养体系,良好的教学和实验、实训条件等,这些是高校办学特色形成的前提和基础。因此,在分类管理下,民办高校要形成自己的办学特色,就需要有一个良好的办学基础。这一理念体现在以下三点。一是办学理念的引领。学校的举办者要充分意识到民办高校的发展已不再停留在"以量谋大"的阶段,而是到了"以质图强"的时代,学校要永续发展,就必须以质量求生存、以特色谋发展、以先进的办学理念来引领。二是不断加大教师队伍建设的投入、优化教师队伍结构、提升教师队伍质量,并不断加大教学、实验和实训条件的建设。三是形塑优秀的制度和文化,形成科学高效的管理体制和运行机制,为教学和科研创设良好的软环境。

民办高校要形成学科和专业特色,需要细分市场需求。随着科技革命和产业变革的加快升级,以及我国经济社会发展动能的转换，整个经济社会的结构在不断分化和调整，社会职业和劳动结构也随之不断分化与融合。伴随着一些旧的职业和岗位的消失，更多的新型职业和工作岗位不断涌现。经济社会发展的变化导致对人才层次和类型需求的变化，因而也对高校人才培养提出了更多、更高的要求，要求高校人才培养要紧密结合并服务于经济社会发展对不同层次和类型的人才的需求。面对经济社会发展形势的变化，民办高校不可能走与公办高校相同模式的发展道路，在教学和科研基础与公办高校间存在较大差距的情况下，民办高校在应用型高校建设上要走自己独具特色的办学之路。就办学规律而言，学科和专业是人才培养的载体，办学特色最终体现在学科、专业的特色上。从整体的学术水平看，民办高校在学术建设上难以"冒尖"，但可以在服务地方经济社会发展上"扎根"；难以挤入学科专业建设的"主通道"，但可以不断拓展学科专业建设的范围。因此，民办高校要以服务地方经济社会发展为导向，在纷繁的市场需求中仔细发掘，在研判和辨识自身与同类学校在学科专业发展优劣势态的基础上，进行专业的建设、改造、更新和整合创新，找到自己在学科和专业建设上可能的优势与特长，在满足地方经济社会发展需要的同时，形成与同类型学校差异发展和错位竞争的态势。[1]民办高校的特色学科和优势专业一经确立，就要集中力量，加强建设，扩大影响，提升人才培养质量，引领学校办学水平发生新的跃进。

---

[1] 王和强、李文国、王玉兰：《内涵发展是民办高校的必然选择》，载《中国高等教育》2016年第8期，第28-30页。

第三节　分类管理制度下民办高校的可持续发展

民办学校分类管理制度的确立从根本上破解了民办高校法人属性不清这一制约民办高校发展的根本问题，拓展了民办高校发展的空间。非营利性民办高校可得到更多的政府财政资助，营利性民办高校可利用市场机制自主发展。我国民办高等教育诞生于市场经济，教育规律与经济规律相互交织而共同作用于学校的办学过程，使我国民办高校发展带有一定的投资办学的印记。高等教育是关乎国家发展的重要事业，代表着国家的发展水平和发展潜力。民办高等教育是我国高等教育的重要组成部分，在国家全面开启建设高等教育强国的新时代，伴随分类管理制度的实施，民办高校的未来发展必然表现为高等教育内在规律的充分展现：从重视外延式发展转向内涵式发展，从营利性走向非营利性，逐步摆脱私益性而走向完全的公益性。

一、从外延式扩张走向内涵式发展

（一）民办高等教育的规模体量不断增加

我国民办高等教育在人为中断数十年后，于20世纪80年代开始复兴。关于民办高校复兴的起算时间，存在着不同的说法[①]。一种观点认为是从1978年10月湖南长沙中山业

---

① 刘莉莉：《中国民办高等教育发展的研究》，吉林人民出版社2002年版，第28-29页。

余大学创办补习班开始，另一种观点认为是从1982年3月在北京创办中华社会大学开始。目前比较公允的看法是，把中山业余大学视作我国民办高等教育的雏形，把北京中华社会大学作为我国民办高等教育复兴的标志。严格来说，其实这两所学校当时都只是助学机构，并不具备学历教育资格，还不是现今真正意义上的民办高校，但正是依托这种助学机构，我国民办高等教育顺应经济社会和高等教育自身发展的需求，因势而谋，应势而动，顺势而为，在改革开放40多年里迅速发展壮大。这表现在两个方面。一是绝对体量的增加。以民办普通高校的数量为例，1992年全国仅有6所，在校生为1.21万人，校生均规模为2016人①；而到2018年，全国民办普通高校已近750所（含独立学院265所，成人高校1所），在校生649.6万人，校生均规模8661人。26年间，民办普通高校数量增加125倍，在校生总人数增加537倍，校生均规模增加4.31倍。而同期公办普通高校数仅增加0.81倍，在校人数仅增加8.15倍。二是相对体量在明显提升。在民办高校绝对体量增加的同时，其在高等教育系统中的地位和作用也在显著提升，对高等教育系统的影响也越来越大。数据显示，从1992年到2018年，全国民办普通高校数量占全国高校总数的比例从0.57%跃升到28.58%，在校生人数占全国普通高校在校生总数的比例从0.4%跃升到23.65%。显然，民办高等教育已成为我国高等教育系统不

---

① 李文章：《改革开放40年我国民办高等教育发展：成就、经验与展望》，载《黑龙江高教研究》2018年第10期，第42页。

第一章 民办高校分类管理

可或缺的重要组成部分。①

（二）民办高等教育的办学实力不断增强

在民办高等教育规模体量以蓬勃之势昭示社会时，民办高等教育的办学实力也在这种"大势"下得到一定程度的增强，反映在以下三个方面。

其一表现为办学基础条件改善。经过长期的自主建设和办学积累，民办高校已基本告别过去简陋的"三无"（无自有校园、无宿舍、无图书等办学条件）创业阶段，在占地面积、图书资料、固定资产、教学条件等基础办学条件方面发生了根本性的变化，校园面积大大增加，有相对较为充裕的教学行政用房，教学仪器设备配置齐全，基本能满足教学需要，图书藏量逐渐扩大，固定资产总量显著增加。2010—2015年，民办高校举办者累计投入166.3亿元。截至2015年年底，民办高校校园占地面积（学校产权）达38万亩，校舍总建筑面积（学校产权）达9466万平方米。②

其二表现为教师队伍总体实力增强。现有民办高校已拥有一支数量充足、结构合理、整体素质较高的教师队伍，良好的师资队伍已成为民办高校可持续发展的第一资源。民办

---

① 数据来源：教育部官网（http://www.moe.gov.cn/srcsite/A03/moe_634/201706/t20170614_306900.html；http://www.moe.gov.cn/s78/A03/moe_560/jytjsj_2017/qg/201808/t20180808_344686.html；http://www.moe.gov.cn/s78/A03/moe_560/jytjsj_2017/qg/201808/t20180808_344678.html）。

② 李文章：《改革开放40年我国民办高等教育发展：成就、经验与展望》，载《黑龙江高教研究》2018年第10期，第43页。亩是传统面积单位，1亩=666.7平方米。

高校在初创时期，大多依靠公办高校教师兼职来完成教学任务。经过长期的发展，依靠公办高校教师兼职来支撑学校教学的时代已成为历史，民办高校已有自己的专职教师队伍，外聘兼职教师仅作为某些学科教师缺乏时的补充。民办高校教师队伍的数量日益扩大，结构在逐渐优化。1996年，全国民办高校专任教师总数为887人，其中，教授为106人，占11.95%，副教授为356人，占40.13%，中级职称为237人，占26.72%，无职称教师为33人。① 到2018年，全国普通民办高校专任教师数量已增长到324338人，占全国普通高校教师总数的19.38%，其中，正高级职称教师为28578人，副高职称教师为76481人，中级职称教师为120419人，初级职称教师为53561人，未定职称教师为37135人。②

其三表现为科研竞争能力逐步增强。民办高校办学基础虽较公办高校薄弱，但从设立的意义上来说仍为大学。大学之所以能成立和存在的内在逻辑是它在整个社会系统中担负的人才培养、科学研究和社会服务三大职能。虽然同一高校或不同高校因办学层次、学校类型和发展阶段的不同而在职能选择上有所侧重，但如果失却任何一项职能，大学就丧失存在下去的前提。在人才培养、科学研究和社会服务三项职能中，科学研究（含教研教改）、知识和技术的创新和生产对提升学校人才培养质量和社会服务水平具有重要的意义。

---

① 中华人民共和国教育部发展规划司：《中国教育统计年鉴：2015》，中国统计出版社2016年版，第44-45页。

② 《各级各类民办学校校数、教职工、专任教师情况》，见中华人民共和国教育部政府门户网站（http://www.moe.gov.cn/s78/A03/moe_560/jytjsj_2018/qg/201908/t20190812_394234.html）。

第一章 民办高校分类管理

为弥补科研实力薄弱的短板，近年来，民办高校逐渐重视科研机制的建设，不断加大科研投入，引进高层次人才组建科研团队，科研能力得到明显提升。2012年开始，浙江树人大学中国民办高等教育研究院对中国民办高校的科研竞争力进行跟踪式研究和分析，其研究结果以《中国民办本科高校及独立学院科研竞争力评价研究报告》的形式发布。其2018年的报告的评价对象为教育部公布的735所民办普通高校（时间截至2017年5月31日）中的152所独立设置的民办本科院校和265所独立学院。研究结果显示，我国民办高校科研竞争力第一方阵已逐步形成，在"2017年中国民办本科高校科研竞争力排行榜前30强"中，浙江树人大学、黄河科技学院、西京学院、湖南涉外经济学院、浙江越秀外国语学院和宁波大红鹰学院位列前六；在"2017年中国独立学院科研竞争力排行榜前50强"中，浙江大学宁波理工学院、浙江大学城市学院、北京师范大学珠海分校、电子科技大学中山学院、浙江工业大学之江学院和山西大学商务学院位列前六。该报告数据还显示，民办本科高校的科研工作整体上呈上升趋势：一是科研指标得分率明显提高，2016年共有52.9%的民办高校在SCI、SSCI和A&HCI三大外文检索期刊发表论文，比2015年提高4.6个百分点；二是科研指标均值明显提高，2016年全国民办高校平均在CSSCI来源期刊发表论文3.87篇，比2015年增加1.85篇。另外，部分民办本科院校和独立学院进步较快，发展势头可喜，在某些学科或领域实现了重大突破，形成了鲜明的特色学科或专业优势，如浙江树人大学2015年和2016年均获得国家社科基金重点项目，浙江越秀外国语学院和福州外语外贸学院在文学和语言学等研究领域也取得了较好的成绩，在国内享有一定的知名度。①

（三）走内涵式发展道路日益紧迫

随着办学规模的扩大和办学实力的增强，民办高校在增加高等教育入学概率、促进教育公平方面发挥着积极作用。但迄今为止，仍然没有出现真正高水平、高质量、在国内外享有知名度的民办高校。究其原因，从民办高校发展的内部因素来看，有以下三个方面。

一是办学经费来源单一。高水平、高质量的大学，需要庞大的办学经费和高水平师资的支撑，还需要完善的教学条件和实验条件，而我国大多数民办高校的办学经费主要来源于学生的学费，单一的办学经费来源和举办者谋取办学收益的诉求，使民办高校的办学投入难以适应高质量发展的要求，因而民办高校整体上办学水平不高，仍处于整个高等教育系统的底层。

二是难以吸引和留住高水平的教师。受单位性质、教师身份、工资福利等因素的制约，民办高校在引进和培育高水平人才方面与同类型、同层次公办高校相比缺乏竞争力，导致民办高校难以形成高水平的教学团队和科研团队，民办高校在教学和科研实力上与公办高校存在巨大差距。

三是举办者的发展理念相对滞后。长期以来，由于办学对学费的高度依赖，民办高校一直采用以规模求生存、向规

---

① 王一涛、高飞、邱昆树等：《2017 年中国民办本科高校及独立学院科研竞争力评价研究报告》，载《浙江树人大学学报》2018 年第 1 期，第 1-6 页。

第一章　民办高校分类管理

模要收益的办学模式。这一模式在民办高校发展初期，对解决生存问题具有一定合理性，但这种发展模式不具备持续性，原因为：其一，高等教育办学也存在"边际收益递减规律"，学校规模不可能无限扩大；其二，民办高校办学的时代背景发生了改变。这种变化主要体现在三个方面。第一个方面是高等教育自身发展的要求。随着1999年高等教育开始扩招，我国高等教育规模发展与质量提升的矛盾愈加突出。2018年，我国高等教育毛入学率为48.1%[1]，这一数字显示我国高等教育的发展阶段即将由大众化迈向普及化。从规模体量上，我国堪称高等教育的世界大国，但离高等教育强国的目标依然存在相当大的差距。习近平总书记在2018年5月2日召开的北京大学师生座谈会上指出："当前，我国高等教育办学规模和年毕业人数已居世界首位，但规模扩张并不意味着质量和效益增长，走内涵式发展道路是我国高等教育发展的必由之路。"[2] 第二个方面是国家发展方式转变对高等教育的质量提出了要求。经过改革开放后长达40年的发展，依靠投资、出口、消费拉动经济增长的发展方式已不适应国家经济高质量发展的要求，优化经济结构，转变发展方式，以知识和技术的创新为动力驱动发展已成为国家重要的发展战略。习近平总书记在论及高等教育时指出："党和国家事业发展对高等教育的需要，对科学知识和优秀

---

[1] 《2018年全国教育事业发展统计公报》，见中华人民共和国教育部政府门户网站（http://www.moe.gov.cn/jyb_sjzl/sjzl_fztjgb/201907/t20190724_392041.html）。

[2] 习近平：《在北京大学师生座谈上的讲话》，载《人民日报》2018年5月3日第2版。

人才的需要，比以往任何时候都更为迫切。"① 高等学校作为知识创新和技术创新的主阵地，必然要承担进行知识和技术的创新、传播、转化和应用的主要任务，必然要担负起为国家培养创新人才的光荣使命。第三个方面是知识经济时代的到来使高等教育质量成为影响国家竞争力的重要力量。21世纪，科技革命和产业变革的浪潮席卷全球，人类进入以知识创新为驱动的知识经济时代，谁垄断了高新知识，谁就占据了竞争力的制高点。习近平总书记指出："科学技术从来没有像今天这样深刻影响着国家前途命运，从来没有像今天这样深刻影响着人民生活福祉。"② 可见，作为知识创新主力军的高校，实现内涵式发展，全面提高办学质量，是其当前和今后发展的核心任务。

民办高等教育是我国高等教育的重要组成部分，其发展质量必然会影响整个高等教育系统的质量。民办高校低质量、低水平的办学模式已不适应新形势、新任务的要求，必须由谋大向求精、谋强转变，以呼应新时代社会发展对更高质量教育的需求。民办高校高水平发展必须遵循三条主要路径。一是坚持质量导向。规模、质量、结构和效益要协调发展，不能一味地盲目扩大规模，在规模适度的前提下，从大而全向小而精转变，积极改善办学条件，创新人才培养模式，优化学科专业布局，完善人才培养质量监控体系。二是切实提升教师队伍水平。提高教师待遇，大

---

① 习近平：《在北京大学师生座谈上的讲话》，载《人民日报》2018年5月3日第2版。

② 习近平：《在中国科学院第十九次院士大会、中国工程院第十四次院士大会上的讲话》，载《人民日报》2018年5月28日第2版。

力引进和设法留住高水平教师，组建教学和科研团队，搭建教师专业发展的平台，完善教师培养机制，建立一支数量充足、结构优良、师德高尚、素质过硬的高水平师资队伍。三是拓宽办学经费的来源渠道。加强与社会、政府和企业、行业的沟通和联系，扩大学校的影响力和知名度，赢得各类社会资源的支持，形成丰富而完善的资金筹措体系。在外延式向内涵式发展的关键时期，民办高校只有不断提高办学质量，才有可能从高等教育系统的底端向高等教育的上端移动，才有可能办出特色，在同类型、同层次院校中出类拔萃，脱颖而出，才有可能不会被时代所淘汰，最终实现学校的永续发展。

二、从营利性走向非营利性

（一）非营利性高等学校是世界私立高等教育的主流

从世界范围看，根据法人设立的目的以及是否分配办学收益，私立高校一般分为非营利性和营利性两个类型。目前，不少国家的私立高等教育都存在着两种类型的划分，如美国、日本、韩国、菲律宾、巴西、马来西亚和南非等，其中，美国的私立高等教育最为发达。在美国，私立高等教育有着悠久的发展历史，然而，营利性私立高校的出现则比较晚，直到1996年，美国教育部重新规定，营利性高校才得到教育部的承认从而进入正规高等教育的行列。美国对营利性高校的条件做了严格的规定，如必须开设学士学位或学士学位以上的课程，课程授课时间不少于300个学时；学校必须通过教育部承认的认证机构的认证，并在认证前已开办两年，要和教育部签署加入协议等。① 尽管营利性高等学校在不少国家得到了一定程度的发展，但就当今世界私立高等教育的主流来看，公益性办学的私立高等学校仍占绝大多数，商业化办学的私立高等学校还不为绝大多数国家的法律所允许，且这类学校多集中在非学历高等教育的培训业务领域。

（二）选择非营利性办学是我国民办高等教育发展的基本方向

我国在民办教育分类管理制度实施之前，虽然没有法律意义上的"营利性"民办高校，多数举办者名义上也没有要求取得"合理回报"，但我国民办高等教育具有投资办学的特征，资本的逐利性使不少举办者通过虚置董事会、虚假财务报表等方式或明或暗地套取办学收益。其中当然有制度缺失的原因，例如，"合理回报"的取得因没有相关配套政策以及法律制度之间不衔接而形同虚设；教育捐赠激励制度体系不完善，政府在教育中尤其是民办高等教育社会捐赠中的激励和引导作用明显欠缺。与此同时还有文化上的原因，如中国传统文化注重财富的世代相传、子孙享用等，赠予社会和服务于公共福祉的意识还较薄弱。民办教育分类管理实施后，我国将有一些民办高校选择营利性办学，公开、合法地取得办学收益并进行分配。但就大多数民办高校来说，从营利性转向非营利性办学是其必然的选择。这种倾向基于以下两个事实。

---

① 理查德·鲁克著，于培文译：《高等教育公司——营利性大学的崛起》，北京大学出版社2006年版，第58页。

第一章 民办高校分类管理

一是我国选择非营利性办学将成为我国民办高校办学的主流方向。近年来,我国一些民办高校也在事实上开始探索非营利性办学的模式。2013年12月12日,吉林华桥外国语学院等26所民办高校发起成立了非营利性民办高校联盟。联盟的宗旨是:推动非营利性民办高校坚持公益性办学的方向,坚持应用型定位,引导非营利性民办高校按规律办学;不断提升人才培养质量和办学水平,更好地服务非营利性民办高校的发展需求,服务国家高等教育发展和经济社会发展需求;等等。至2015年,加盟的民办高校已扩充至74所。① 分类管理后,选择非营利性办学的民办高校在政府财政资金扶持、税收优惠、校园用地、人才引进、教师社会保障、生源数量和质量等方面将获得更多的社会物质资源的支持,凭此也会获得更多的社会认同。新《民促法》的有关条款对政府扶持非营利性民办高校的措施途径进行了规定。第四十六条对政府扶持民办学校的方式进行了规定,如可以采用出租或转让闲置的国有资产,奖助学金、助学贷款、购买服务等方式。在此基础上,新法特别强调了对非营利性民办学校还可以采取政府补贴、基金奖励和捐资激励等方式。第四十七条就税收优惠政策做出了相应的规定,在明确民办学校享受国家规定的税收优惠政策的前提下,确立了非营利性民办学校享受与公办学校同等的税收优惠政策的规定。第五十一条是关于民办高校的用地政策,规定营利性民办学校享受国家规定的用地政策,非营利性民办学校在土地方面享受与公办

---

① 《全国非营利性民办高校联盟》,见360百科网(https://baike.so.com/doc/24904401-27090077.html)。

学校同等待遇，可以取得政府以划拨形式供给的土地。"国务院三十条"就新《民促法》中有关政府扶持的条款进行了细化和进一步的规定。对于税收优惠，"国务院三十条"中的第十四条规定，非营利性民办学校享受与公办学校同等的待遇，在依法完成免税资格认定后，对于非营利性收入，可以免征企业所得税。对于人才引进，"国务院三十条"中的第十八条规定做出明确的规定，强调非营利性民办学校应当享受与当地公办学校同等的人才引进政策。《中华人民共和国民办教育促进法实施条例（修订草案）（送审稿）》（以下简称《送审稿》）在新《民促法》和"国务院三十条"的基础上，就政府对民办学校的扶持措施、扶持标准进行了进一步扩展和具体化。在政府补贴方面，《送审稿》第五十二条提出了县级以上人民政府应当对非营利性民办学校给予生均经费补贴，补贴标准可按同级公办学校生均经费的一定比例确定，非营利性民办高校的生均经费补贴由省级人民政府拨给。在教职工权益保障方面，《送审稿》第五十九条要求县级以上人民政府分担非营利性民办学校教师的社会保障资金，并将分担的部分纳入地方财政预算，同时要求政府支持、奖励民办学校为教职工建立职业年金，保障教师待遇，采用的方式有财政补贴、基金奖励、费用优惠、以奖代补等。政府和社会资源的支持是学校生存发展主要依赖的因素，也是举办者在选择学校类型时会首先考虑的重要因素。2017年，民政部曾就举办者选择营利性还是非营利性的办学意愿进行了调查，经过对14个省份民办学校分类选择的预估值进行统计，发现拟选择营利性办学的民办高校的比例仅为26%，与之相反，选择非营利性办学的民办高校的比例高

第一章 民办高校分类管理

达74%。① 从一些民办高等教育较发达的省市如陕西和上海的情况来看，陕西共有民办本科高校9所，全部登记为非营利性办学，9所独立学院中，有3所登记为非营利性办学②，登记为非营利性办学的民办高校占全部民办高校的70%；再从上海的情况看，目前上海共有17所民办高校，截至2018年12月31日，选择非营利性的民办高校有上海杉达学院、上海师范大学天华学院、上海兴伟学院、上海东海职业技术学院、上海工商学院等11所，选择营利性的民办高校有上海建桥学院、上海立达学院、上海工商外国语职业学院等6所，选择非营利性民办高校数占民办高校总数的65%。

二是选择非营利性办学，民办高校才能持续发展。一个不争的事实是，世界各国一流的私立高校，无一不是非营利性办学，如美国的哈佛大学、耶鲁大学、斯坦福大学、普林斯顿大学，再如日本的早稻田大学、庆应义塾大学等。高质量的民办高等教育一定需要拥有远见和胸怀、具有服务国家的责任与担当的举办者。教育究其本质不同于企业经营，教育终极的价值追求是促进人的发展和增加社会福祉。"万物得其本者生，百事得其道者成"是事物发展的金科玉律，民办高校要想成为国内外一流高校，必须走非营利性办学道路。对此，"国务院三十条"第六条明确指出："建立差别化政策体系。国家积极鼓励和大力支持社会力量举办非营利性民办学校。"第二十五条强调："引进培育优质教育资源。

---

① 李文章：《改革开放40年我国民办高等教育发展：成就、经验与展望》，载《黑龙江高教研究》2018年第10期，第46页。
② 李维民：《陕西民办高校营利性、非营利性选择研究》，载《黄河科技大学学报》2018年第2期，第5－6页。

鼓励支持高水平、有特色民办学校培育优质学科、专业、课程、师资、管理，整体提升教育教学质量，着力打造一批具有国际影响力和竞争力的民办教育品牌，着力培养一批有理想、有境界、有情怀、有担当的民办教育家。"可以预见，随着我国民办高等教育的发展，将会有越来越多的民办高校回归教育本质，走非营利性办学之路，也必将会涌现出部分在国内外享有一定知名度的一流的高水平民办高校。

三、从私益性走向公益性

（一）公益性民办高等教育的本质属性

高等教育作为国家的事业，公益性是其本质特征。"公益"是社会公共利益事业的缩称，意指社会公众的福祉和利益[1]，"公益性"就是指与公众利益紧密相关的属性。高等教育的公益性可以从两个维度进行理解[2]。其一是高等教育通过使受教育者受益从而给社会带来收益。如接受高等教育能够提高个体的收入，从而增加税收，增进社会的福利；能够提高个体的就业能力，从而减少事业和政府事业保险支出；能够提高人力资本，从而对经济增长具有非常大的贡献率。高等教育不仅使受教育者掌握科学和技术，同时还使用特定社会的价值追求、思想体系、文化传统塑造着受教育者的价值观、人生观和世界观，从而促进一种共同的价值观

---

[1] "公益"，见百度百科（https://baike.baidu.com/item/%E5%85%AC%E7%9B%8A）。

[2] 文东茅：《论民办教育公益性与可营利性的非矛盾性》，载《北京大学教育评论》2004年第1期，第43–48页。

第一章　民办高校分类管理

念、道德规范和社会制度的形成，促进社会的自由、平等、民主、文明、和谐，促进民族团结和国家统一，促进社会的进步。这种使受教育者个人受益从而使社会受益的现象，被称为教育的外部性。其二是高等教育活动本身给社会带来的收益。人才培养是高等教育活动的中心，高等教育围绕人才培养活动，进行知识的选择、传承、传播、发现和生产，发展科学技术，传续创新文化，从而推动国家民族事业的发展，使国家走向富强繁荣。

公益性也是民办高等教育的基本特征。民办高等教育是我国高等教育体系的重要组成部分，"民办"只是说明其举办主体不同于公办高校，但其教育的基本属性不会改变。民办高等教育的公益性也主要体现在两个方面。一是民办高校通过为社会培养人才产生的公益性。民办高校的学生在接受民办高校的教育后，具备了一定的专业理论知识，掌握了一定的专业技能，养成了一定的专业品格，成为适应地方产业发展需求的应用型人才，在地方经济社会发展中从事生产、建设、管理和服务工作，从而为地方经济社会发展做出贡献。二是通过举办民办高等教育给社会带来的利益和福祉。民办高等教育扩大了教育供给，创造了使更多的人接受高等教育的机会；民办高等教育使社会资源转化为教育资源，减轻了国家公共财政的压力和负担；民办高等教育优化了我国高等教育的结构，增强了高等教育发展的活力；民办高校灵活的办学体制和机制，助推了高等教育领域的改革。[1]

---

[1] 董圣足：《我国民办高校法人治理问题研究》（学位论文），华东师范大学 2010 年。

(二) 公益性是国家民办教育制度设计的价值定位

新《民促法》第三条明确规定:"民办教育事业属于公益性事业,是社会主义教育事业的组成部分。""国务院三十条"第二条强调:"坚持教育的公益属性,无论是非营利性民办学校还是营利性民办学校都要始终把社会效益放在首位。"为保证民办高校办学公益性的实现,《送审稿》对民办高校法人内部治理结构做出如下规定:民办学校的理事会、董事会或者其他形式决策机构应当由举办者或者其代表、校长、党组织负责人和教职工代表等共同组成;非营利性民办学校的理事会、董事会或者其他形式决策机构还应当包括社会公众代表,并可以根据需要设立独立理事或者董事、理事会、董事会或其他形式的决策机构讨论重大事项,应当经过三分之二以上组成人员同意方可通过(第二十六条)。民办学校应当设立监督机构,监督机构应当包含党的基层组织代表,且教职工代表不少于三分之一。监督机构负责人或者监事应当列席学校决策机构会议。理事会、董事会或者其他形式决策机构成员及其近亲属不得兼任或担任监事(第二十七条)。由此可见,弱化举办者个人对民办高校的控制,弱化民办高校办学的私益性,保证民办高等教育的公益性和决策的社会参与度,是民办教育分类管理制度立法的目标价值。

(三) 从私益性走向公益性是民办高等教育发展的必然趋势

"私益性"即私人性,是指与私人利益密切相关的属性。我国民办高等教育的私益性的利益主体主要有:举办者(从办学中谋利），学生（接受高等教育来实现个人职业发展的期望或实现个人价值，追求自我完善），私人机构（需要学校为其提供人才、技术等）。本书语境下的私益性的主体仅指民办高校的举办者。

我国的民办高等教育具有许多不同于世界各国捐资举办的私立高等教育的特征：多数学校为举办者依赖个人或家庭的资本投资举办，举办者有从办学中获得经济收益的诉求，学费基本上是唯一的经费来源。这种方式使民办高校从建立之初起，其内部的决策与控制权就牢牢掌握在举办者手里，形成了举办者甚至是一些学校管理者认识上的误区。举办者认为学校是自己辛苦创建的，一切都应当由自己说了算。一些学校的管理者甚至也认为学校是老板的，即使老板的决策或对学校的任意干预和控制损害了师生的合法权益，对这样的事情也不敢或不愿提出质疑。在这种错误观念的影响下，举办者通过对学校的任意控制来达到其从学校谋利的目的，表现出的特征为两点。一是控制董事会。举办者或其代表担任董事长，董事会成员由举办者及其代表任命，董事会变成了董事长的"一言堂"，董事长的个人意志代表了董事会的意志。二是控制学校的关键岗位。举办者在学校人事、财务、基建、后勤等关键部门安排家庭成员或亲戚，以达到对学校人、财、物等的实际控制。在举办者对学校的任意控制下，名义上的学校法人财产变成了董事长可以任意支配的个人财产，学校成为举办者个人谋取私利的工具。民办高校的私益性不仅极大地损害了教师和学生的合法权益，从而阻碍了民办高校的健康持续发展，而且造成了发展上的封闭性，使社会公众和公共资源难以参与和进入学校的治理中，这种情况不符合现代高等教育发展的规律。高等教育组织是社会组织系统的一个重要构成部分，它的存在和发展，必须满足公众和社会发展对它的需要，这也就是所谓大学对社会承担人才培养、科学研究和社会服务的职能。如果大学无法胜任此三种担当和职责，大学便失去了存在的前提。同时，大学承担的这种不同于其他组织的社会职能，使大学的生存和运行成为一项成本昂贵的事业，其良好的发展必须依靠公共资源的支持。如果缺乏公共资源的支持，大学将无法保证其运行质量，从而影响或降低其对社会和公众需要的满足程度。大学的生存和发展，是在不断地与外界沟通、与社会互动中相互影响、相互促进、相互支持的过程，两者存在水乳交融不可分离的关系。在我国，公办高校的运行主要依靠政府公共财政的支持，民办高校也正在或多或少地得到社会公共资源的资助。民办高校要办成百年名校，要在高等教育领域为社会做出重大贡献，必须弱化其私益性，提升其服务的公益性，尽可能最大限度地服务于社会的公共利益，只有这样，民办高校才能得到更多的社会资源的支持，改变其因办学资源紧缺而导致的办学质量的低下。

就教育的根本属性而论，民办高等教育不是举办者私人的事业，而是社会公益事业。要从私益性走向公益性，民办高校必须坚持这样的办学思路：一是维护办学的公益性。把社会效益放在首位，坚持规模、质量、结构相协调的发展模式，以立德树人为根本，遵循高等教育规律，深化人才培养模式改革，全面提高人才培养质量，努力服务人的全面发展和区域经济发展，实现民办高校社会价值的最大化。二是增强办学的开放性。在法人治理中，积极吸纳利益相关者广泛参与，强化治理的民主性；建立和健全办学信息的公开和公平制度，增强办学的透明度，接受社会公众的监督；加强与社会各界的交流、互动与合作，提升学校在社会上的影响力，寻求外部世界的关注和支持。

第二章　民办高校内涵式发展

　　高等教育内涵式发展是新时期党和国家高等教育发展政策的核心思想。党的十八大报告中提出"推动高等教育内涵式发展",党的十九大报告中再次提出"实现高等教育内涵式发展",从十八大到十九大,从"推动"到"实现",喻示着国家把"内涵式发展"作为发展方式的要求转变为"发展方式与目标实现相统一"的要求。高等教育内涵式发展是党和国家针对我国高等教育发展面临的重大挑战和现实需求做出的重大战略部署。在国家意志的强大驱动下,民办高等教育作为我国高等教育系统的重要组成部分,民办高校作为承接高等教育内涵式发展的组织单元,也将面临未来学校发展方式的选择问题。深刻而系统地思考民办高校内涵式发展的必要性和紧迫性,深入分析民办高校内涵式发展的可能与问题,探寻民办高校内涵式发展的实现路径,将对新时期民办高校选择符合国家战略需要的发展方式,助力和推动国家高等教育内涵式发展目标的实现具有积极的现实意义。

第二章 民办高校内涵式发展

第一节 民办高校内涵式发展的必要性

一、何谓民办高校内涵式发展

(一) 民办高校发展概念释义

发展是一个多义项的概念,根据对多个学科释义的理解,发展是指事物不断前进的过程,是指事物由小到大、由简到繁、由低级到高级、由旧质到新质的运动和变化的过程,变化既包含了量的变化,也包含了质的变化。《高等教育法》第五条指出:"高等教育的任务是培养具有社会责任感、创新精神和实践能力的高级专门人才,发展科学技术文化,促进社会主义现代化建设。"高等学校作为高等教育的组织单元,其根本职能或首要任务是培养高级专门人才,并通过培养人才来发展科学技术文化,为社会主义现代化建设服务。高校发展科学技术文化的目的不仅是要服务于国家发展和社会需要,如果从组织职能实现的角度讲,更重要的是进行高级专门人才的培养。因此,按此理解,民办高校的发展是指其培养高级专门人才活动的覆盖面、受益人群、培养条件、培养内容、培养方式、培养质量、培养水平和培养特色等的积极变化。

发展作为一种事物运动和变化的过程,必然存在运动变化的形式问题。民办高校人才培养的发展有很多划分方式:从发展速度的维度,有快速发展、稳步发展等;从发展品质的维度,有特色发展、高质量发展、高水平发展等;从要素范畴维度,有外延式发展、内涵式发展、转型发展;就发展主体的能动性而言,有自然延伸式发展,也有主体主动选择式发展。自然延伸式发展是指一种顺其自然式的发展,随着学校办学的历史沉淀,人才培养活动的效益向着积极的方向变化。主体主动选择式发展则是指民办高校根据国家和社会对民办高等教育发展的需求,以及对自身发展现状的辨识而做出的一种主动选择。从系统论的视域看,民办高校是高等教育系统的一个组织单元,也是整个社会系统构成的一个重要环节,其发展方式的选择必定要受到社会系统中诸多因素的影响。从高等教育与社会诸因素的关系来看,影响民办高校选择发展方式的因素主要有:①经济社会发展水平和发展需要,以及经济社会发展能为民办高校提供的保障和支持;②科技进步和产业升级改造的需要;③国际化、全球化发展与国家和企业核心竞争力提高的要求;④职业分化、升级及其对从业者素质和能力的要求;⑤民众接受高等教育动机的激发以及家庭和个人经济能力的增强;⑥高等教育发展自身的需求。① 民办高校选择发展方式,必须根据外部因素及其内部系统变化的需求,结合组织发展生命周期的阶段性特征,选择符合社会发展需要和人的全面发展需要的发展方式。总体而言,只有把握时代脉搏、紧扣现实发展需要的发展方式才能给予学校强大的发展动力和存在的生命力。

(二)民办高校内涵式发展释义

民办高校内涵式发展,是民办高校发展个性与整个高等教育发展共性的统一,高等教育内涵式发展的共性是民办高

---

① 别敦荣:《论高等教育内涵式发展》,载《中国高教研究》2018年第6期,第7页。

校内涵式发展个性的基础和前提。因此,探究民办高校内涵式发展的意涵,首先需要对高等教育内涵式发展进行解析。

1. 高等教育内涵式发展解读

关于高等教育内涵式发展,学界存在不同的理解。从内涵的字面本义来理解,学者别敦荣(2018)认为内涵有两重意义:一是指事物的本质,二是指事物的内容。事物本质的发展常表现为坚持和弘扬,事物内容的发展则表现为增加或加强。就高等教育内涵式发展而言,内涵的两重意思必须结合起来才能体现其发展的意义,即高等教育内涵式发展是指高等教育本质内容的增加或加强,缺少的就需要充实或补充,已有的要增加或加强。[①] 也有学者(眭依凡,2018)借用形式逻辑学中"内涵"与"外延"的说法来描述高等教育内涵式发展。在形式逻辑中,内涵与外延是关于概念界定的专用术语,内涵是指概念所反映的事物的本质属性,即事物的质的规定性。外延是指受事物的本质属性所规定的全部对象,即关于事物的量的规定性。但高等教育的内涵式发展和外延式发展与逻辑学里的"内涵"和"外延"的意义表达并不具备完全的对称性,只是借来喻指高等教育发展的不同路径。在此语境下,高等教育内涵式发展是一种以高等教育本质属性要求及遵循高等教育发展的内在规律为驱动,以高等教育内部诸要素的有效开发为基础,以提升高等教育发展的质量和效率为目的的发展模式,是在发展形态上重视规模适度、结构协调、资源配置合理,追求数量、质量、规

---

① 别敦荣:《论高等教育内涵式发展》,载《中国高教研究》2018年第6期,第7页。

模、结构、效益相统一的发展模式。①瞿振元（2017）认为，外延式发展强调的是数量增长、规模扩大、空间拓展，主要是适应外部需求表现出的外形扩张；内涵式发展则强调的是结构优化、质量提高、实力增强，发展更稳，且出自内在需求。内涵式发展道路主要是通过组织内部的深化改革，激发活力，增强实力，提高竞争力，在量变引发质变的过程中实现实质性的跨越式发展。②张德祥等（2014）认为，高等教育内涵式发展是以提高质量为核心的"质量、结构、公平以及制度"等要素统一、协调、可持续的发展模式，判断高等教育发展方式是内涵式还是外延式的标准在于是否有利于高等教育人才培养、科学研究、社会服务以及文化传承创新等基本职能的发挥与实现。③

由上可概括出三点：首先，内涵式发展中的"内涵"是指高等教育的本质内容或内在属性；其次，内涵式发展动力源于高等教育本质内容（内部诸要素）的充实或加强；最后，内涵式发展是在以提高质量为核心的前提下，实现"质量、规模、结构、效益"等方面的协调统一发展。以上三点再逐一延伸讨论，可获得更深层次的解说。第一，如果说内涵式发展中的"内涵"是指高等教育的本质内容，那么，"内涵式"中的"式"应做以下理解："式"从基本义解释，

---

① 眭依凡：《引领高等教育内涵式发展：高等教育研究适逢其时的责任》，载《中国高教研究》2018年第8期，第8-9页。

② 瞿振元：《高等教育内涵式发展：从"推动"到"实现"》，载《人民日报》2017年12月21日第3版。

③ 张德祥、林杰：《"高等教育内涵式发展"本质的历史变迁与当代意蕴》，载《国家教育行政学院学报》2014年第11期，第3页。

第二章 民办高校内涵式发展

是指事物的样子、规格、有特定内容的仪式，表明某些关系或规律的符号或是说话者对所说事情的主观态度等，但"内涵式发展"中"式"的意义则不符合此种解释，内涵式发展中的"式"应该理解为"以某种方式"。以此可看出，内涵式发展是一个简化了的表达方式，完整的表达应是"以增加或充实内涵的方式发展"或"以重视或加强内涵建设的方式发展"。第二，高等教育的本质内容是什么？也就是说，高等教育的内部诸因素是什么？《高等教育法》规定，高等教育的根本任务是为国家和社会的发展培养高级专门人才，发展科学技术文化，为国家现代化建设服务，这与学界通常认为的大学的使命，即人才培养、科学研究、社会服务和文化传承等表达的核心要义是一致的，是对大学本质一种意思的两种不同的表达。以承接高等教育任务的组织（高校）来说，对其内部诸要素的考察不能脱离大学的本质，不能与大学核心使命的有效践行相割裂。大学的主要功能是人才培养，而围绕人才培养所进行的教师队伍建设、教学科研环境打造和教学条件建设、人才培养模式改革研究、科学研究和创新、管理机制的优化、善治结构的创建等，都构成了学校发展的内部因素，这些内部因素的充实或加强，可使高等学校培养高级专门人才的功能得到不断增强。第三，内涵式发展是以提高质量为核心的一种诸因素协调发展形态。外延式发展强调的是数量扩张、规模扩大，但并不是说内涵式发展就完全排斥规模、排斥数量，内涵式发展所强调的质量提高和效益增强离不开一定的规模和数量作为基础，而且一定规模和数量的高等教育也是社会发展对高等教育发展的要求。因此，内涵式发展主张规模适度、结构协调、资源配置合理，是一种追求数量、质量、规模、结构、效益相统一的发展形态，其目标指向为的是高等教育人才培养、科学研究、社会服务以及文化传承与创新等基本功能的充分实现。

2. 民办高校内涵式发展

民办高校内涵式发展是高等教育内涵式发展的一般性与民办高校发展的特殊性的有机统一。民办高校作为我国高等教育系统的重要组成部分，其内涵式发展遵循高等教育内涵式发展的目标和要求，即以遵循高等教育规律为内在驱动，通过提升教师队伍素质、改善人才培养条件、优化人才培养环境、深化人才培养模式改革、提高人才培养能力等来提升办学质量和水平，以提高学校服务于人的全面发展和服务经济社会发展的能力。同时，由于民办高校特殊的办学历史和环境，民办高校在内涵式发展方面又具有其个性特征。这种个性特征体现在两个方面。

一是在发展内容上，即民办高校内部诸要素的发展要求和发展目标有其特殊性。相较于公办高校，民办高校"处境"的特殊性主要是办学的历史短，办学积累不够，经费投入有限，公共财政的资助力度不大，因教师身份问题难以引进和留住高水平师资等。诸多不利境况致使支撑民办高校人才培养活动的内部诸因素处于低水平、低质量的运转状态，如民办高校教师队伍的整体素质和水平较低，教师的教学能力、教学研究和教学改革的能力较弱，办学基础薄弱，办学条件与培养高质量人才还存在较大差距。因此，体现民办高校人才培养活动的本质内容，即民办高校围绕人才培养活动的内部诸因素，在发展程度和发展目标上存在特殊性，民办高校拥有与其办学特点相适应的独有的内涵式发展模式。

第二章 民办高校内涵式发展

二是在发展形态上,民办高校更强调规模对质量的保障性作用。学费是我国民办高校办学的主要经费来源,适度的规模是民办高校跨越生存线的第一道门槛,只有具备一定的规模,民办高校的办学才会有维持和发展的经济保障,举办者才有可能将更多的经费投向教师队伍建设,投入办学条件的改善等。因而,适度的办学规模是民办高校选择实现内涵式发展的重要前提,民办高校的内涵式发展是规模与质量相协调、相统一的发展模式。

二、民办高校走内涵式发展道路的必然性

内涵式发展是解决民办高校发展问题的有效方法,是民办高校众多发展方式中的一种,是民办高校能够永续发展的必然选择。一般情况下,内涵式发展应是民办高校在施行人才培养的过程中,随着办学人、管理者以及师生的自省和教育教学的改进自然而然实现的。但随着现代科技的进步和经济全球化时代的到来,高等教育越来越成为国家竞争力的关键推动力。于是,国家对高等教育的发展方式进行主动选择,选择的方式是国家出台政策,在宏观和微观层面来指导高等教育发展。党的十八大报告中提出"推动高等教育内涵式发展",十九大报告中提出"加快一流大学和一流学科建设"和"实现高等教育内涵式发展"。内涵式发展已成为新时代党和国家指导高等教育发展的核心思想,是党和国家对高等教育发展方式的主动选择。民办高校作为高等教育系统和整个社会的一个子系统,其对发展方式的选择不可能脱离经济社会发展对高等教育的需求,不可能脱离整个高等教育以及民办高校自身发展的要求。因此,探讨民办高校选择走

内涵式发展道路的必然性,需要从国家和社会发展的外部要求以及高等教育自身发展的内在需求为基本点来进行阐述。

(一) 提高国际竞争力的要求

进入 21 世纪以来,全球科技创新进入空前密集的时期,改变人类社会的新科技比任何时候更多,技术迭代和科技产业化的速度比以往任何时候都快,以人工智能、量子信息、移动通信、物联网、区块链为代表的新一代信息技术加速突破投入应用,以合成生物学、基因编辑、脑科学、再生医学等为代表的生命科学领域孕育新的变革,融合机器人、数字化、新材料的先进制造技术正在加速推进制造业向智能化、服务化、绿色化转型等。信息、生命、制造、能源、空间、海洋等领域的科技革命带来的产业革命无时无刻不在影响和改变着人类的生产方式和生活方式。原来以劳动力、土地、资本等传统的生产要素为驱动的经济时代已让位于以高新知识和技术创新为驱动的新经济时代。在这一世界性的科技变革中,谁垄断了高新知识和新技术,谁就能立足于世界竞争格局的制高点。经过改革开放 40 多年的发展,我国经济已经高度融入世界经济体系,面临的国际竞争日趋激烈。习近平总书记在中科院第十九次院士大会上指出:"科学技术从来没有像今天这样深刻影响着国家的前途命运,从来没有像今天这样深刻影响着人民生活的福祉。"[①]

2018 年 3 月 11 日,第十三届全国人民代表大会第一次会议通过的宪法修正案,将宪法序言第十二自然段中"发展

[①] 习近平:《在中国科学院第十九次院士大会、中国工程院第十四次院士大会上的讲话》,载《人民日报》2018 年 5 月 28 日第 2 版。

第二章　民办高校内涵式发展

同各国的外交关系和经济、文化的交流"修改为"发展同各国的外交关系和经济、文化交流，推动构建人类命运共同体"。推动构建人类命运共同体成为国家意志，也是习近平新时代中国特色社会主义思想的核心。推动构建人类命运共同体，不仅需要胸怀世界的情怀，更需要有能够引领世界发展的国家实力和国际竞争力，否则我们就难以拥有推进构建人类命运共同体的底气、自信和话语权。有学者对《世界经济论坛》最新发布的《2018年全球竞争力报告》的数据进行研究后发现，在全球竞争力排名前28位的国家或地区的"技能"支柱及其下位的9项教育指标中，芬兰、瑞士、美国、德国、丹麦等现有劳动力和未来劳动力的技能水平排名前列，中国全球竞争力排名第28位，"技能"表现明显低于其他27国（地区）。在9项教育指标上，中国的表现均低于或显著低于大多数国家和28国（地区）平均值，其中，中国大陆劳动力技能水平在140个经济体中排名第63位，为28国（地区）最低。[①]

21世纪是知识经济的时代，也是全球化的时代，更是竞争更为激烈的时代。知识经济的"精髓"在于科技创新和创新人才的培养，高等学校是科技创新和创新人才培养的主力军，其质量和水平是影响一个国家全球竞争力的关键。党的十九大报告中提出的加快一流大学和一流学科建设，是新时代赋予高等教育发展的更大的历史责任和更艰巨的任务，内

[①] 邓莉、施芳婷、彭正梅：《全球竞争力教育指标国际比较及政策建议——基于世界经济论坛〈2018年全球竞争力报告〉数据》，载《开放教育研究》2019年第1期，第13-24页。

涵式发展是我国高等教育发展的必由之路。

(二) 国家转变发展模式的要求

从实行改革开放的1978年至2011年,中国经济以接近10%的年平均增长率高速发展,中国的经济总量在世界各国中排名跃升至第2位,这不仅开创了中国经济发展史上前所未有的"高速"时代,也是世界经济史上的一个奇迹。但是,不容回避的是,这种高速增长背后依托的是依靠资源消耗来换取增长的外延性、粗放型的发展方式。经过长达30多年的高速增长,我国经济这种赶超型的后发优势、劳动力转移和资源配置优化的"红利"开始消失,而有效需求不足、产业升级所导致的传统产能过剩和"资本沉没",都迫使经济增长的速度开始放缓。另外,从世界经济发展来看,2008年开始,世界经济也进入了一个增长缓慢的调整期。[1]于是,在内外因素的作用下,中国经济发展开始转型,由高速增长阶段转向高质量发展阶段。这种经济发展方式的转型有四个特点。一是从"靠资本"向"靠人才"转型。"依托资本换增长"的传统经济发展模式难以为继,我国经济向高端转型,这种"高端型经济转型"需要提高人力资本效益来实现经济的高质量增长。二是从"靠资源"向"靠创新"转型。我国产业发展需要脱离大规模依赖资源消耗换取GDP的发展方式,转向依靠知识和科技创新,改进生产制造方法,运用新材料创造更高附加值的产品,提升产品的科技与知识含量,发展新兴产业的发展方式。三是从"人口红利"

---

[1] 武力:《一以贯之坚持走自己的路》,载《经济日报》2019年5月20日第12版。

向"技术红利"转型。改革开放以来,我国劳动力、资本、土地等传统生产要素对经济增长的贡献度较高,而知识积累、教育与培训、规模经济、组织管理等方面的改善对经济增长的贡献度不足。经济发展到现阶段后,人口红利逐渐消失,依靠技术进步形成的"技术红利"的需求日益突出。四是从"扩内需"向"拓全球"转型。中国实现了经济增长以投资和外贸拉动为主向以内需特别是消费为主的重大转型,并越来越深地卷入全球范围内的生产和消费活动中。从2001年中国加入世界贸易组织,到2015年"一带一路"倡议的正式实施,中国在国际经济舞台上正逐步融入全球经济共同体并不断提升自身在世界经济增长与发展中的话语权。①

在现代社会,高等教育的外部规律使大学的发展与经济社会的发展紧密地联系在一起。国家经济发展方式的转变,使国家对创新人才以及对新知识和技术的需求比以往任何时候都更为迫切。高校作为创新人才培养、科学研究和社会服务的专门组织,既是创新人才培养的主体,也是知识生产和技术创新的主要力量。高校只有不断进行人才培养模式改革,努力提高学科和专业建设水平,走内涵式发展道路,才能真正服务于国家发展需要,实现高等教育对国家经济社会发展的价值。

(三)高等教育自身发展的要求

1. 高等教育的规模扩张激发了内涵式发展的外部动力

改革开放40多年来,我国高等教育发展增速惊人,取

---

① 徐小洲、辛越优、倪好:《论经济转型升级背景下我国高等教育结构改革》,载《教育研究》2017年第8期,第64-66页。

得了举世瞩目的成就。1977年恢复高考,全国考生573万人,招生27万人①;而2018年,全国普通本专科招生790.99万人②,是40年前的29倍。从高等教育毛入学率来看,1978年我国高等教育毛入学率最高估计为2.7%,到了2018年,高等教育毛入学率为48.1%,约为1978年的18倍。单就规模而言,我国高等教育近40年的发展堪称见证了奇迹,但高等教育规模的急剧扩张给高等教育的质量建设带来很大的压力,高等教育面临严重的质量危机。

首先,优质教育资源的相对不足。大学的人才培养、科学研究需要资源的支持,学生的数量越多就需要越多的资源。通常来说,人、财、物是支持学校运行的资源,在大学发展的过程中,"财"和"物"的增长也许没有跟上学校规模的急速增长,但相对来说容易获得,可是优秀师资的获得不易,教师队伍的成长有其规律,优秀的师资不可能在短短的几十年里翻上几十倍,甚至更多倍。

其次,人才培养不能耦合社会需求。相关数据显示,1998年我国高等教育毛入学率为9.76%,为了加速高等教育发展,适应经济社会发展对更多专门人才的需求,我国从1999年开始进行大规模的高等教育扩招,高等教育毛入学率迅速上升,至2002年达到15%,高等教育从精英教育阶段

---

① 冒荣、张焱:《改革开放40年高等教育的规模扩张与当前的"两极失衡"——冒荣教授专访》,载《苏州大学学报(教育科学版)》2019年第1期,第100页。

② 《2018年全国教育事业发展统计公报》,见中华人民共和国教育部政府门户网站(http://www.moe.gov.cn/jyb_sjzl/sjzl_fztjgb/201907/t20190724_392041.html)。

第二章 民办高校内涵式发展

进入大众化阶段,① 并在随后的十几年间,高等教育毛入学率一直在攀升,到了 2018 年达到 48.1%,已经到准备跨入普及化的门槛。传统的精英教育阶段的高等教育是学术型教育,也就是为社会培养学术型或高层次生产与管理型人才,而到了大众化阶段、普及化阶段,高校的人才培养的服务面向更为广阔,要适应各行各业对不同层次、不同类型的人才需求,这就产生了不同高校的办学定位与社会对人才的需求层次和类型是否契合的问题。2014 年 3 月教育部决定,全国普通本科高等院校 1200 所学校中,将有 600 多所逐步向应用技术型大学转型,转型的本科院校正好占高校总数的 50%。这种教育改革是高等教育大众化阶段我国高等教育对经济社会发展对高层次应用型人才需求的一种回应。应用型大学发展的关键在于办出特色,各种类型和层次的学校需要细分市场的人才需求,明确自己的办学定位,凝聚学科和专业特色,以人才培养的特色来适应社会经济发展对人才在某个类型或层次上的需求,真正使高校的人才培养和社会的需求紧密对接,实现高校存在的价值并履行高校的使命。但办学特色的形成,需要高校历史的积淀,需要对人才培养目标、培养规格、培养过程、培养方式和评价标准进行理论和实践的长期思考和探索,也需要各种办学条件的支持。而我国高等教育规模在短短的几十年里迅速增长,这使高等教育的人才培养定位和培养模式的改革还无法在短时间内完全适应规模增长带来的压力,还不能快速应对经济发展对人才多

---

① 《高等教育毛入学率》,见 360 百科网(https://baike.so.com/doc/6198745-6412007.html)。

样化的需求，从而致使高等教育的数量与质量的矛盾日益突出。

改革开放40多年，我国高等教育的发展大致划分为三个阶段①。第一个阶段是缓慢增长期（改革开放初期至1998年）：改革开放初期，我国高等教育的秩序通过拨乱反正迅速得以恢复，高校办学开始走上正轨，到1998年，招生规模增长迅速，但总体上呈缓慢增长趋势。第二个阶段是快速增长期（1999—2010年）：从1999年开始，高校大规模扩招，高等教育发展进入快车道，规模增长迅猛，在1999年至2005年，高等教育每年扩招速度在20%以上，到2010年，高等教育毛入学率达到26.5%，接近1998年的3倍。第三个阶段是内涵式发展期（2011年至今）：随着高等教育规模的迅猛增长，社会对高等教育质量的质疑愈见明显，引起国家层面的高度重视。《国家中长期教育改革和发展规划纲要（2010—2020年）》提出：提高质量是高等教育发展的核心任务，是建设高等教育强国的基本要求；到2020年，高等教育的结构要更加合理，特色更加鲜明，人才培养、科学研究和社会服务整体水平全面提升，建成一批国际知名、有特色、高水平的高等院校，若干所大学达到或接近世界一流大学水平，高等教育国际竞争力显著增强。由此可以认为，高等教育的扩张激发了高等教育内涵式发展的动力。

2. 高校的办学状况激发了内涵式发展的内在动力

高等教育的办学质量与高等教育的规模增长速度和高等

---

① 别敦荣：《论高等教育内涵式发展》，载《中国高教研究》2018年第6期，第9页。

第二章 民办高校内涵式发展

教育毛入率上升有关，还与我国高校的办学状况，即高校的办学历史和学校规模的迅速增长有着直接的关系。据有关资料统计，从建校时间看，时至今天，我国约有30%的高校少于10年，59%以上的高校少于15年，超过73%的高校少于35年，超过84%的高校少于40年。[①] 从某种意义上讲，办学时间短意味着发展空间大，但也往往伴随着诸多方面的不成熟。从我国高校建校初期的实际情况看，新建高校在教师队伍、教学实验条件、学科和专业布局、学校管理与治理机制、教育教学规范和学校文化建设等方面与高质量人才培养的要求均存在较大差距，与学校发展的要求相去甚远，学校后期发展的任务繁重而艰巨。从学校规模的增长速度看，1998年我国校均规模为3335人[②]，2018年增长到10605人，其中，本科学校校均规模14896人，高职高专学校校均规模6837人。2018年的校均规模比1998年增长了2.2倍。大批新校的创办，意味着我国高校办学总体水平降低，底子变薄，积累减少；学校规模的激增，意味着扩张快，优质资源难以得到充足供给。如果说短时间内扩张是为了回应经济社会发展对大学培养人才的大量需求，那么，在规模扩张、基本满足社会对人才量的需求之后，高等教育就应该尽快转向以提高质量为核心的内涵式发展。党的十九大报告指出，

---

① 别敦荣：《论高等教育内涵式发展》，载《中国高教研究》2018年第6期，第10页。

② 别敦荣：《论高等教育内涵式发展》，载《中国高教研究》2018年第6期，第10页。

"建设教育强国是中华民族伟大复兴的基础工程"①。在新时期，中国教育发展面临的主要矛盾已经发生重要变化，人民日益增长的对更高水平、更高质量和更加多样教育的需求与不平衡、不充分的教育发展之间的矛盾已经成为教育面临的主要矛盾。对于高等教育来说，在人民群众"有学上"的矛盾基本解决之后，应着力于实现人民群众对"上好学"的美好向往。

（四）民办高校自身办学状况的要求

民办高校身处我国高等教育体系中，在学校发展的外部环境和外部要求方面，与公办高校具有一定的相似性，因而上文所述我国高等教育在新时代选择内涵式发展的因由也同样适用于民办高校。此外，民办高校作为我国高等教育的一个类型，有其特殊的发展历史与现实，因而在内涵式发展的必要性上有其独特的诉求。

1. 民办高校的办学历史相比公办高校更短，办学积淀更少，因而加强内涵建设的需求更加迫切

我国民办高校是改革开放后伴随国家经济体制改革兴起的一类新型组织体，与1949年前的私立大学无直接的关联性和历史的连续性，基本上属于另起炉灶。根据历年教育部公布的统计数据（如图2-1所示），目前建校20年以上的民办高校不到整个民办高校总数的3%，建校15年以上的不到25%，85%的学校建校时间只有10年。可以看出，在我

---

① 习近平：《决胜全面建成小康社会 夺取新时代中国特色社会主义伟大胜利——在中国共产党第十九次全国代表大会上的报告（2017年10月18日）》，载《人民日报》2017年10月28日第5版。

第二章 民办高校内涵式发展

国改革开放后高等教育的发展历史中,民办高校相比公办高校,显得更加稚嫩和年轻。办学时间短,一方面说明民办高校充满发展的生机和活力,质量提升和发展的空间大,但也预示着民办高校的办学积累少,质量和水平提升的压力更大。再者,由于我国民办高校办学经费来源有限,民办高校的办学条件,如师资力量、教学科研条件、教育教学管理和内部治理的规范性建设等方面与高素质人才的培养要求也存在相当大的差距,这更促发了民办高校内涵建设的紧迫性,民办高校内涵建设任重而道远。

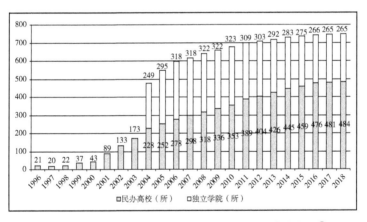

图2-1 1996—2018年全国民办高校与独立学院数目[①]

2. 内涵式发展是民办高校自身长远发展的必然诉求

在我国高等教育体系中,民办高校由于较短的发展历史

---

① 数据来源:教育部官网(http://www.moe.gov.cn/jyb_sjzl/sjzl_fztjgb/)。

和较薄弱的办学条件，其整体办学质量和水平一直处于高等教育体系的低端位置。但这绝对不能成为民办高校放弃或被动接受内涵式发展的理由。如果民办高校不注重创新发展方式，不从以规模增长为主的外延式发展向以质量提升为核心的内涵式发展转换，民办高校的办学水平将会长期在低位徘徊，这样就会逐渐失去社会公众对民办高校的信任，民办高校将会面临越来越严重的生存危机。如此不仅不利于民办高校的自身发展，而且不利于中国高等教育系统良好生态环境的建立。

民办高校只有谋求内涵式发展才有光明前途，争取发展在于不断提高学校的办学质量，努力增强学校的办学实力，使办学水平在整个高等教育系统中逐渐向上迁移。在未来，若能有一批办学理念先进、师资阵容强大、资金实力雄厚、办学声誉良好的优秀民办高校脱颖而出，在学科、专业、课程、师资、管理等方面具有自己的品牌和特色，具有一定的国内影响力和竞争力，那么，就会对整个民办高校的发展起到促进、示范和引领的作用，同时也会增强社会公众对民办高等教育的信心，满足人民群众对更高质量、更加多样教育的需求。因此，在国家进行"双一流"建设，实现高等教育内涵式发展的背景下，"双一流"建设不仅仅是公办的高水平大学的责任和担当，同样也是民办高校的使命和任务。在实现高等教育内涵式发展成为国家战略的新时期，民办高校决不能"置身事外，隔岸观火"，而应该积极融入国家实现高等教育内涵式发展的目标追求之中，在学校规模基本稳定后，将学校发展的未来愿景定位于增加学校内涵，创建学校品牌，凝聚学校办学特色上来，只有如此，民办高校的办学才能符合高等教育办学规律,才能不被市场竞争的洪流所吞没,才能让学校健康持续地发展。

第二节 民办高校内涵式发展面临的问题与挑战

1999年始,我国实行高等教育大扩招政策,民办高校抓住高等教育大发展的历史机遇,迅速发展和壮大。1999年,全国民办高校只有37所,而到了2004年,全国民办高校就有477所(含独立学院),5年间增加了410所。至2018年,全国民办高校总数已达749所(含独立学院,不含成人高校),占全国高校总数的28%;在校生数649.6万人,占全国普通本专科在校生数的23%以上[①],这表明民办高校已成为我国高等教育大众化的重要力量,成为高等教育发展的新增长点。民办高校在增加教育供给、丰富教育产品、创新人才培养模式、健全高等教育生态、提高办学效益和效率、推动高等教育改革、服务全面建成小康社会等方面发挥了积极的作用,为社会发展做出了重要贡献。

民办高校近40年的发展为其进行内涵式发展奠定了一定的基础,但是,要进一步增强办学实力,提高办学质量,走内涵式发展道路,仍然面临许多问题和困难。

---

① 《2018年全国教育事业发展统计公报》,见中华人民共和国教育部政府门户网站(http://www.moe.gov.cn/jyb_sjzl/sjzl_fztjgb/201907/t20190724_392041.html)。

一、发展的历史积淀不厚

我国是高等教育后发国家,私立高等教育的发展历史不长。中国近代意义上的私立高校诞生于鸦片战争后由西方传教士在中国兴办的一批教会学校,而中国第一个不靠政府和外国人出资而独立创办的大学——私立武昌中华大学则诞生于1912年。随后经过30多年的发展变迁,在新中国成立前,私立大学数量和在校生数量均已超过全国总数的30%,部分私立大学的办学水平和社会影响超过了多数国立大学,成为当时中国高等教育的中坚力量。1949年新中国成立后,对私立大学进行了国有化改造,至1952年将所有私立大学经过重新登记变更,改造为国家举办,私立大学就此消失。1978年10月,湖南长沙中山业余大学创办的文化补习班,孕育了当代中国民办高校的雏形。[①] 由于受公有制的长期影响,中国社会对"私"有着文化上的排斥心理,于是重新崛起的私立高校在中国化的语境下,被称为"民办高校"。1982年3月,一所以自学考试为主的集体所有制大学——中华社会大学经北京市成人教育局批准成立,标志着人为中断了近30年的私立高等教育又重新回到国家高等教育体系之中。但这种重归并不是对新中国成立前私立大学办学历史的续接,而是在新的历史起点的重新开始,在举办主体、办学目的、办学方式和教育体系等方面与新中国成立前的私立高等教育有着根本上的不同。因此,从真正意义上说,我国民

---

① 董婷:《我国民办高等教育发展历程回顾及发展趋势展望》,载《宿州教育学院学报》2013年第6期,第82页。

第二章 民办高校内涵式发展

办高等教育的发展只有短短不足 40 年,并且绝大多数民办高校的建校时间不超过 15 年。这种特殊的发展轨迹致使民办高校在谋求进一步发展的时候,受到历史根基不深、文化积淀不厚等先天不足和体制缺陷的制约,造成了民办高校在我国整个高等教育系统中的弱势地位,严重制约了学校发展。

二、发展的基础条件薄弱

我国民办高校的重新崛起和发展,得益于改革开放后国家经济体制由计划经济向市场经济的转变,更得益于国家扩大高等教育规模,实施高等教育大众化的重大决策。1978 年,我国高等教育毛入学率只有 1.55%,1988 年为 3.7%,1998 年为 9.76%。1999 年大学开始扩招,至 2002 年毛入学率达到 15%,高等教育从精英教育阶段进入大众化阶段;2018 年,高等教育毛入学率达到 48.1%,即将从大众化阶段迈向 50% 的普及化阶段。1999 年,在国家经济发展尚未具备足够的财力支撑整个国家高等教育大众化进程的时候,需要大量的民间资本或社会资金进入高等教育领域,来共同支撑国家高等教育的发展。于是,在国家高等教育规模扩张政策的助推下,我国民办高校的数量从 1996 年的 21 所增加到 2018 年的 749 所(含独立学院,不含成人高校),在校生数由 2003 年的 81 万人增加到 2018 年的 649.6 万人,这可以说是民办高等教育发展上的一个巨大的变化,民办高等教育发展得益于国家发展高等教育的需求,同时作为高等教育的重要组成部分,其发展也为高等教育从精英化到大众化、从大众化走向普及化做出了重要贡献。

挑战与突围：
新时代民办高校的发展与管理创新之路

由以上可知，我国民办高等教育属于需求吸纳型而非精英打造型。[1] 国家经济社会发展和高等教育发展的需求带动了民办高等教育的发展，其产生于国家经济尚不发达的背景之下。于是，我国民办高校在起步的时候，其办学就面临着各种各样的问题和困难。一是缺乏大额资金的投入。在中外私立教育发展史上，私立教育大多源于慈善事业，属于捐资办学性质，而我国民办教育的发展走的是一条特殊的发展道路。我国民办教育的起步阶段，其举办者主体不是声名显赫的实业家，而多是"白手起家"，其早期发展的途径主要是"以学养学"，靠学费的积累和资金的滚动来发展。众所周知，现代大学的运行成本高昂，需要大量资源的投入，但由于受长期的公有制计划经济的影响，在民办教育起步的时候，国家对民办教育资助制度尚未建立，致使民办高校的办学缺乏公共资源的投入。没有公共资源的支持，又没有实业家的大量捐助，我国民办高校在一开始就陷入资源匮乏的窘境。二是民办高校早期的投入主要用于硬件建设。国家没有针对民办高校的独有的设置条件，而是采用与公办高校同一的设置条件，这对于民办高校办学的资金状况来说，是比较严苛的。因此，大部分民办高校的早期投资主要用于土地、校舍等硬件条件的建设，而对师资队伍、教学实验条件建设、教学与科研平台建设、教学质量保障制度建设等软件建设的投入严重不足。在整个高等教育系统转向以质量提升为核心任务的新时期，民办高校的内涵建设任务将十分艰巨。

---

[1] 董圣足等：《民办高校特色发展与机制创新：理论、实践及上海探索》，科学出版社2018年版，第58页。

第二章　民办高校内涵式发展

三、发展环境的挑战严峻

目前，民办高校的发展环境更加严峻，主要反映在以下五个方面。

（一）生源下滑的危机

民办高校面临的生源下滑的危机主要源于三个方面。第一个方面是不断降低的新生儿的出生率。国家统计局的统计数据显示，我国从2016年1月1日起全面放开二胎政策，但2017年新生儿的数量依然比2016年减少了63万。《世界人口展望》2017年修订版预计，21世纪末中国人口将出现倒V字形的反转，低生育率将导致人口下滑的速度加快。以民办教育强省陕西的几所办学规模和影响力较大的民办高校为例。西安外事学院2008年在校生3.4万人，2010年降至3万人，2017年降至2.1万人，仅为2008年的62%；西安欧亚学院2008年在校生数为2.9万人，2010年降至2.4万人，到2017年仅为2万人；西安培华学院2008年在校生数超过3万人，2017年降至2.2万人。可以看出，自2008年以来，陕西有代表性的民办高校的在校生数在下降。第二个方面是公办高校的扩张。再以陕西省为例，2009年陕西有普通高校77所，2017年增至93所，增加的都是公办高校，民办高校数量不变。[①] 再例如传统老牌高校山东大学，借助山东考生的数量优势，将建成十个分校区。在省内生源减少或不变的情况下，公办高校数量的增长和规模的扩大加剧了民办高校

[①] 韦骅峰：《分类管理背景下陕西民办高校发展的特点、困境和出路》，载《浙江树人大学学报》2019年第3期，第20页。

的招生困难。李克强总理在 2019 年的政府工作报告中提出：改革完善高职院校考试招生办法，鼓励更多的应届高中毕业生和退役军人、下岗职工、农民工等报考，2019 年大规模扩招 100 万人。在一些省份，如广东省，为了完成高职大规模的招生任务，政府就招生任务进行公办中职与公办高职对口衔接。公办高校的扩张，使依赖生源获取办学经费的民办高校面临更加严重的生存考验。第三方面是出国留学人数的不断增长。根据教育部官网的数据，2009 年我国出国留学人员为 22.93 万，2018 年为 66.21 万，十年间增长了近 2 倍。[①] 出国留学人员的逐年增长，也对收费较高的民办高校的生源造成一定的影响。

（二）人才培养模式改革的挑战

在经济全球化时代，新工业革命带来的产业转型升级使创新成为国家经济社会发展的新动能，社会发展对人才培养质量提出了更高的要求，社会发展需要更加多样、更高质量、更具创新精神的新时代国家建设者。这也对民办高校的人才培养模式改革提出新的要求。尽管民办高校也在不断努力尝试进行人才培养模式的改革，但总体上成效并不显著。仍以民办高等教育强省陕西省为例，《2017 年陕西省高校毕业生就业质量年度报告》显示，从就业的专业匹配度来看，民办本科高校和民办高职院校的专业匹配度均值为 3.62 和 3.14，低于陕西各类高校的总均值 3.93；从职业目标匹配度来看，民办本科高校和高职院校均值为 3.66 和 3.33，低于

---

① http://www.moe.gov.cn/jyb_xwfb/gzdt_gzdt/s5987/201903/t20190327_375704.html。

陕西高校的均值 3.82。这一情况说明，民办高校的人才培养质量亟待提升，人才培养模式改革势在必行。① 人才培养模式的改革需要新的办学理念的引领，需要教师队伍的专业知识和能力结构的改变、提升与优化，需要高水平的教学研究和科学研究的支撑，需要教学条件的完善，需要人才培养机制的不断健全等。这对于办学基础薄弱的民办高校来说，是学校发展变革的机遇，但更多的是压力和挑战。

（三）办学资金短缺的挑战

从高等教育的办学规律来看，高校的人才培养是一个资源消耗型的活动，人才培养的质量越高，消耗的资源越多。在支撑高校运行的人、财、物三类资源中，办学资金是基础性资源，是引进高水平人才和创建先进完备教学条件的前提。在以追求规模扩大为主的外延式发展转向以追求质量提升为核心的内涵发展的过程中，民办高校的办学需要比以往更多的办学资金的支持。虽然民办教育分类管理后，国家对两类民办高校实行差异化的扶持政策，财政资金将会更多地流向非营利性民办高校，但这只是一种未来的趋势。目前，国家对民办高校的资助制度虽较民办高校初创时期有所改善，比如实行项目资助、专项基金资助等，一些民办高等教育发达的省市如陕西、上海、浙江等地对民办高校办学的资金支持力度较大，但目前整体的资助力度还远远不能满足民办高校内涵式发展的需要，学费仍然是民办高校办学经费的主要来源。以北京城市学院、吉林外国语大学（原吉林华桥外国语

---

① 韦骅峰：《分类管理背景下陕西民办高校发展的特点、困境和出路》，载《浙江树人大学学报》2019 年第 3 期，第 22 页。

学院)、西京学院等 5 所首批获专业硕士授予权的民办高校为例，其办学经费几乎全部来源于学费，政府财政资助、校友捐赠和企业捐赠微乎其微。世界私立高等教育的发展证明，仅靠学费作为主要办学资源，是难以办成一流的高水平大学的。办学经费来源单一造成民办高校办学经费的短缺，这会直接制约民办高校推进内涵式发展建设，是民办高校发展迫切需要得到解决的难题，也是其内涵式发展的最大挑战。

（四）教师队伍稳定性的挑战

长期以来，由于受经费投入、社会认同和社会保障等因素的制约，民办高校的教师队伍普遍存在总量不足、层次不高、结构不合理、流动性大等问题，导致民办高校加强内涵建设缺少人才资源。根据高校的办学规律，在学校办学经费中，人力资源成本是整个教育教学运行中支出较大的成本，与教师队伍的总量和层次呈正相关。以学生学费为主要办学经费来源的民办高校，在学校各个方面的工作中，如基础设施建设、教学实验条件建设、校舍改造等方面都需要"以学养学"，因此，对于办学经费这块蛋糕来说，人力资源成本部分不可能切得过大，否则会影响学校其他方面的正常运行。于是，减少教师队伍的数量，降低教师队伍的层次，成为节约办学经费不得已而为之的举措。除了待遇因素外，"民办"性质社会认同度低，教师的社会养老保险的替代率低，也致使民办高校难以吸引和留住优秀人才。对于一些年轻的优秀人才来说，民办高校只是其还没有找到更好着落的临时"寓所"。从满足青年教师成长的需要来说，由于学校难以吸引高层次的优秀人才，无法组建更多优秀的教学团队和科研团队，导致年轻教师的成长平台少，教师的成长进步

第二章　民办高校内涵式发展

缓慢。无论从物质层面的待遇，还是从精神层面的个人专业成长，民办高校都难以更好地满足教师及其发展的需求，因而教师队伍建设可谓"道阻多且路长"：从数量来说，教师队伍只能满足基本的教学需要；从质量来说，年轻教师多，具有高级职称的中青年骨干教师少，且两者都呈现不稳定状态，一有好的去处便"奔驰而去"。从民办高校目前的办学状况来看，这种情形短时间内难以消除，成为民办高校实施内涵式发展需要解决的重要问题。

（五）管理创新的挑战

相对公办高校，管理创新本是民办高校的优势，但是，目前在民办高校，学校内部的管理仍存在诸多亟待解决的问题。

一是董事会决策的"一言堂"。新《民促法》和相关法律法规对民办高校董事会（理事会）的人员组成及其职权、校长的职权、教职工代表大会的职权、工会组织的建立等都有规定，但在民办高校实际的内部治理中，并没有完全遵循法律的规定。如一些民办高校董事会的构成人员由董事长指定，缺少教职工代表，没有遵循利益相关者共同治理的原则，董事会变成了董事长的"一言堂"，董事会领导下的校长负责制变成了董事长领导下的校长责任制，在董事会的决策中，教师和学生的权益无法得到有效保障，学校从某种意义上说变成了举办者谋利的工具。

二是校长的法定职权难落实。由于受传统的"家天下"思想的影响，学校举办者在思想观念上将学校视为个人的私有财产，学校并没有真正按法律规定交给校长"负责"，董事长或举办者在教师聘用、教学管理、财务管理等方面任意干涉校长履行职责，造成学校管理机制上的不畅，干扰了学校工作的正常运行。

三是领导班子的年龄结构老化。民办高校在设立之初，其学校领导班子成员一般由公办高校退休的人员来担任。这些人员一般具有较为丰富的高等教育管理经验，对办学时间较短的民办高校来说，是极为珍贵的人力资源，在民办高校创立之初，这些人为学校的发展做出重要的贡献。但聘用公办高校退休人员，对民办高校的发展来说，也有其不利一面。因为公办高校退休人员拥有一份较为丰厚的退休收入，事业上难再有更高的追求，民办高校的工作不是其事业追求的终极目标，而是填补退休后生活空白的一种选择，因而对民办高校工作的投入难以达到退休前在公办高校的状态。因此，民办高校要永续发展，还是要培养自己的年轻干部，老龄化的领导班子只能作为学校特殊发展阶段的一种过渡。如作为全国非营利性民办高等学校联盟发起单位之一的福州外语外贸学院，在培养学校领导和管理干部方面有着创新的思路和做法：学校中层领导全部起用年轻骨干，让年轻人担担子，并聘用公办高校退休教授作为年轻干部的顾问，学校领导班子7人中，有5人是青年骨干。福州外语外贸学院是福建省民办高校中的翘楚，根据福建省教育评估研究中心发布的《2018福建省普通高校发展潜力监测报告》，2017年福州外语外贸学院办学发展潜力位居福建省民办本科高校首位，其在资源整合、人才培养、科学研究、社会服务、综合声誉等方面的指标均位列福建省民办本科高校第一。福州外语外贸学院在学校领导班子建设、推动民办高校管理队伍年轻化方面给全国的民办高校提供了一个较好的范例。从全国范围

第二章 民办高校内涵式发展

来说，目前民办高校领导班子老龄化的问题仍普遍存在，需要引起民办高校举办者和学校董事会的高度重视。

四是中层管理队伍成长缓慢。在影响干部成长的因素中，个人专业素质和文化素质是基础。民办高校由于难以吸引和留住年轻的高素质人才，干部在专业素养上要能够胜任一定难度和高度的工作，需要一个相对漫长的培养过程，中层队伍的成长整体上显得较为缓慢。

决策机制不健全、董事会与校长的关系不顺畅、领导班子老龄化、中层队伍成长缓慢等这些体制机制和队伍建设问题成为民办高校管理创新、推动学校内涵式发展所要面临且不可忽略的挑战。

四、发展制度的供给不足

2016年11月7日，第十二届全国人大常委会审议通过了《关于修改〈中华人民共和国民办教育促进法〉的决定》（以下简称"修正案"），正式确立了营利性与非营利性民办学校分类管理的制度框架。2016年12月，政府发布指导民办教育发展的纲领性文件"国务院三十条"，两者共同构成了民办教育分类管理的法律政策根据。分类管理的实施，从法律层面破解了法人属性不清、产权归属不明这一制约民办高校发展的根本性问题，为民办高校的发展扫清了制度上的障碍，拓宽了民办高校的发展空间。在"国务院三十条"颁布后，截至2019年6月，已有28个省市相继出台了地方配套政策，对上位的政策法律法规进行了细化和拓展。在分类登记的截止日期、办学收益的取得及分配、退出管理、财政支持、税收优惠、土地优惠等方面根据各省市民办教育的发展现状和特征进行了或相似或不同的规定。地方配套政策的出台，使民办高校发展的制度供给逐步完善，有力地推动了民办高校分类管理的实施，使民办高校分类管理由政策构想逐渐接上了地气。但由于受各种因素的制约，目前各省市出台的政策文件还存在诸多需要完善的地方，还不能很好地满足民办高校推进内涵建设、实现可持续发展的要求。

（一）财政资助乏力，财政支持非营利性民办高校的长效机制尚未建立

有学者对11个省市已制定的地方配套政策进行了研究，发现在财政支持方面，各省市在设立民办教育发展专项资金、政府补贴制度、建立民办教育发展基金、政府购买服务等方面完善了相关政策，加大了对非营利性民办学校的财政资助力度。[1] 这些资助政策将在一定程度上缓解民办高校办学资金的压力，但与民办高校发展对财政公共资金的需求还存在相当大的差距。以世界私立高等教育发达国家美国的情况为例，美国的非营利性私立高校的办学经费来源有这样几个部分：学杂费、政府财政经费、社会捐赠、创收及服务收入等。在2004年至2014年的10年间，政府财政经费占总体经费的比例最低为11.20%，最高为33.91%，学杂费占总体经费的比例一般在30%左右。[2] 而在我国，政府财政资

---

[1] 靳晓光：《基于"国务院三十条"省级配套政策的民办高校分类管理研究》，载《黄河科技学院学报》2019年第1期，第6-12页。

[2] 方芳：《政府"为何"和"如何"资助民办高等教育？——来自美国的经验与启示》，载《国家教育行政学院学报》2017年第3期，第89-94页。

第二章 民办高校内涵式发展

助民办教育的力度则显得乏力,如2002年,全国共有各级各类民办学校(不含培训机构)6.1万所,在校生1150万人;至2016年,民办学校增加到约11万所,在校生增加到3700万人。在同一时期,公办学校减少了大约28万所,在校生减少了大约3200万人。在此期间,国家财政性教育经费从2002年的3491亿元增加到2016年的31396亿元,增加了27905亿元,增长了近8倍。而在这些财政性经费中,99%投向了公办教育,民办教育只分享到大约1%。但公办教育的产出并没有增加,学校数和学生数都大幅减少。与此同时,民办教育只用了1%的公共教育经费,却为社会提供了20%的公共教育服务(2016年民办学校在校生数占全国总在校生数的20%,学校数占全国学校数的34%)。[①] 在分类管理前,由于民办高校存在产权不清以及取得合理回报等原因,公共资源对民办高校的资助存在制度上的障碍;分类管理后,非营利性民办高校不再取得办学收益,学校的办学结余全部用于办学,这为政府财政资助民办高校提供了可行性。从民办高校本身来说,非营利性民办高校也可能面临筹资的困境,举办者因为不能取得合理回报,也可能会降低后续注入资金的积极性,非营利性民办高校的财务状况有恶化的可能性。因此,各级地方政府应加大对非营利性民办高校的资助力度,建立长效的财政支持制度,投入应逐步向公办高校的资助标准靠近,以确保非营利性民办高校的稳定运行和质量提升。

---

① 潘懋元、吴华、王文源等:《中国民办教育四十年专题笔谈》,载《华南师范大学学报(社会科学版)》2018年第6期,第20-22页。

（二）土地税收负担依然较重，尚未建立公平的土地税收优惠政策

分类管理之前，相较于公办高校，税收是民办高校需要承担的额外的办学成本。分类管理制度框架确立后，各省市已出台的地方配套政策都对民办高校尤其是非营利性民办高校实行了土地优惠政策。在各省市给予的优惠项目中，大多在土地和房产税、捐赠税等方面给予了税收优惠，但在不动产登记与过户、学费和住宿费、技术转让和技术咨询方面只有少数省市给予优惠。这说明民办高校在税收方面还没有完全享受到与公办高校相等的优惠政策，与公办高校同等的税收优惠政策尚待建立和完善，民办高校办学承受的税收压力依然很大。

（三）分类管理的地方配套政策还不够具体明确

目前，虽然各省市已制定了与"国务院三十条"相配套的政策，但就某些举办者关心的事项的规定仍显得较为笼统，可操作性不强。例如，在退出机制方面，在已制定了配套政策的 11 个省市中，只有江苏省规定了对投资者进行补偿的具体办法，其余省市的规定都较为笼统和模糊，只规定了要进行补偿，却没有规定补偿的具体措施。再如，对营利性民办高校，各个省市只规定了可以取得办学收益，但对办学收益的获取率如何规定（如果举办者从办学中获得高昂的利润，必然会大大削减举办者对教育教学的必要投入，必然会损害师生的合法权益，最终导致教育质量的严重下滑，阻碍营利性民办高校办学公益性的实现），取得的办学收益如何分配等都没有详细具体的规定。政策过于笼统会弱化政策对实践的指导意义，不利于民办高校分类管理实践的推进，也成为民办高校全心全意进行内涵式发展的障碍。习近平总

第二章 民办高校内涵式发展

书记在2018年12月18日庆祝改革开放40周年大会上借用南宋张栻的诗句说:"行之力则知愈进,知之深则行愈达。"(南宋张栻《论语解序》)期望随着民办高校分类管理实践的持续深入,我们对民办高校办学规律的认识能更加深化,各省市关于民办高校分类管理的配套政策能更加具体和细化,能更加有效地指导民办高校分类管理的实践,使民办高校充分彰显在国家经济社会发展中的价值。

第三节 民办高校实现内涵式发展的现实路径

"国务院三十条"指出,民办学校应服务社会需求,更新办学理念,深化教育教学改革,创新办学模式,加强内涵建设。国家鼓励支持高水平有特色的民办学校培育优质学科、专业、课程、师资、管理,整体提升教育教学质量,着力打造一批具有国际影响力和竞争力的民办教育品牌。这为新时期民办高校走内涵式发展道路指明了方向。民办高校要实现内涵式发展,既依赖于举办者和办学者办学观念上的转变,也依赖于实践行动层面上的创新,更依赖于国家制度供给的完善,具体的可行路径总结为以下五个方面。

一、更新办学理念,服务国家需求

我国高等教育学科的奠基人、著名教育家潘懋元先生在论及教育的办学规律中曾言明:教育必须与社会发展相适应。[1]这

---

[1] 潘懋元:《教育的基本规律及其相互关系》,载《高等教育研究》1988年第3期,第1-7页。

句话进一步解释就是：教育是社会这个大系统中的一个子系统，在社会这个大系统中，同样还有政治、经济、文化等子系统，教育的发展受政治、经济、文化的制约并对政治、经济、文化的发展起促进作用并以此对整个社会的发展起作用。对于高等教育来说，适应并引领社会发展是其基本规律的呈现，世界一流大学，无一不是因服务国家战略需求而生，大学因服务国家而兴，国家因大学崛起而强。习近平总书记说：教育兴则国家兴，教育强则国家强，高等教育是一个国家发展水平和发展潜力的重要标志。当今世界正经历百年未有之大变局，新一轮科技革命和产业变革使人类社会即将从工业文明进入智业文明，我国经济社会发展也面临新旧动能转换的关键时机，国家的发展方式由传统的依赖资源消耗的粗放型发展转变为依赖知识生产和技术进步的创新型发展。党和国家事业发展对高等教育的需要，对科学知识和优秀人才的需要，比以往任何时候都更为迫切。[①] 高等教育实现内涵式发展是国家转型发展的强大动力，高等学校只有把自己的发展与国家的前途命运紧紧联系起来，才能彰显自身的存在价值，才能实现可持续的发展。

民办高校虽由社会力量举办，但作为我国高等教育系统的重要组成部分，面对国家转型发展对高等教育质量的需求，民办高校不可能置身事外，必须深刻理解高等教育的办学规律，把握整个高等教育的发展趋势，把加强内涵建设、提高人才培养质量作为办学治校的永恒追求。就实际情况而

---

① 习近平：《在北京大学师生座谈会上的谈话》，见新华网（http://www.xinhuanet.com/2018-05/03/e_1122774230.htm）。

言，民办高校是一个高度依赖生源的教育组织，学费是学校获取办学经费的主要甚至几乎是唯一来源，因此，民办高校只有办人民满意的教育，才能赢得社会的支持和学生的选择，学校也才会有生源，才能"长治久安"地永续发展。对于民办高校来说，所谓"办人民满意的教育"就是要实现发展方式上的战略转变，从过去的重规模转向在稳定规模的基础上重内涵、拼质量，在发挥优势、创建特色上下功夫，增强学校可持续发展的基础和实力；发展的方略就是扎根地方，以服务地方经济社会发展为面向，进行学科的优化和调整，加强学科和专业建设，使学科专业的设置紧密对接区域经济社会发展和地方的产业链，切实地提高人才培养和服务地方的质量和水平，提高优质教育教学资源的供给能力，实现立德树人的根本任务，为地方经济社会的发展做出更大的贡献。

组织理论认为，一个组织的生命力决定于其对社会的贡献和价值。民办高校的举办者和办学者只有深刻认识和理解高等教育发展与社会发展的关系，将促进学生成长和服务国家需求作为办学的责任和担当，民办高校才能永葆生命和活力，才能在新的时代续写新的篇章。

二、重视教师队伍建设，增强办学实力

教师队伍是学校内涵建设最重要的基础性资源。高水平师资难引进、难留住，教师队伍水平层次结构不合理，高水平教学团队和科研团队难组建，教师教学任务重、流失大；等等，这些难题成为长时期以来制约民办高校可持续发展的瓶颈。民办高校要实现内涵式发展和内生增长，就必须重视

和破解师资难题，为学校未来发展积累支撑力量。师资难题的破解之法表现为观念和行动两个层面。

（一）观念上要把教师队伍建设纳入学校发展战略

对任何组织来说，人才资源是一种战略性资源，它影响组织未来的发展方向和核心竞争力的形成。民办高校要有足够的办学实力来应对未来的各种办学风险和各类问题挑战，必须把对教师队伍建设的投入作为一种战略投入，将建设师德高尚、结构合理、素质优良的专业化教师队伍作为学校永恒的追求，持续不断地加大建设力度，使学校未来发展具有较为充足和优质的人才资源的支撑。

（二）行动上要采用科学的教师队伍建设方略

1. 建立吸引和留住人才的物质保障制度

效率工资理论认为，效率与工资具有正相关关系，工资是投资，组织支付给员工较高的工资可以提高组织雇佣新员工的能力并培育员工对组织的忠诚度，同时也可以提高员工的整体素质和工作的努力程度，减少离职率。民办高校要吸引和留住高水平人才，一定要舍得在师资建设上投入，并在较大幅度增加投入的基础上，注意薪酬制度设计的科学性和合理性，即薪酬的外部竞争性和内部公平性。外部竞争性是指人才引进遵循市场机制，对急需引进的优秀人才要根据人才市场供求关系确定其待遇水平，以使优秀人才能引得进、留得住、用得好、成长快。内部公平性是指要创建一种让优秀人才脱颖而出的内部环境。如民办高校办学经费有限，难以大范围、全覆盖地在短时间内大幅度提高教师待遇，因此，需要以构建科学的教学、科研业绩考核评价制度为基础,让优秀、高水平的教师获得高收入,以留住核心、骨干教师,让学校的发展有一支高水平的队伍的引领和支撑。对于其他广大教职工,也要保证其一般的生活和发展需要,并让其薪酬待遇水平保持在同类高校的前列。

2. 为中青年教师成长搭建平台,创设发展空间

高校教师是一个具有强烈精神需求的群体,要吸引和留住教师,物质的供给和保障很重要,但这不是教师的最高和最终的追求,专业的成长、事业的成就才是其最终的人生目标。民办高校要长久地吸引和留住教师,就必须注重教师成长机制的建设,使教师成长有平台,发展有空间。可取的策略是:学校要成立教师发展的专门机构——教师发展中心,提供教师专业发展的组织保障;建立教师培养体系,根据教师的专业发展的生命周期将教师的专业发展划分为若干个阶段,每个阶段制定相应的发展目标、发展任务、发展内容、考核评价机制等,使教师的专业成长保持可持续性和不间断性,满足教师专业成长自我实现的价值追求;大力构建教学以及科研团队,在团队中明确教师发展的任务,让教师在团队的学术交流、问题研讨和合作研究中得到学术滋养,促进专业进步和学术成长。

3. 引进数量足够的教师,分担教学压力,保证每位教师有足够的时间进行教学研究与科学研究

北京师范大学与清华大学教育研究所对 2364 门大学课程、2291 位教师进行科研成果与教学效果的评估分析,研究结果表明,教师的科研成果和教师的教学效果呈现正的相关关系,具有科研成果的教师的教学效果要优于无科研成果的

教师。① 从科研对教师专业能力提升的角度看，科研的过程就是教师对与专业相关的问题进行深入思考的过程，是力求解决问题的过程。教师如果不做科研，就缺乏尝试解决问题的体验，对专业问题的理解和认识就难以达到相应的深度和广度，也就无法提高专业教学的质量和服务社会的水平。因此，重视教师的教学研究与科学研究工作是民办高校进行内涵式发展的重要抓手。教师的教学研究与科学研究活动需要有充足的时间保证，民办高校要聘请足够数量的教师来满足教学需要，调整教师的教学工作量，让教师从过于繁重的教学任务中腾出时间做研究。当然，学校不仅要保障教师进行研究的时间，同时要不断加大对科研的投入，完善科研激励机制，持久地激发和维护教师做科研的积极性。

三、深化人才培养模式改革，增强服务地方的能力

在国家发展方式转变、以创新作为发展动能的新时代，民办高校的办学只有更加贴近经济社会发展和满足学生个性发展的需求，才能不断拓展学校的服务能力并提升对经济社会发展做出贡献的能力，才能为学校赢得更为广阔的发展空间。高校的办学与经济社会发展和学生个性发展的契合度是通过高校的人才培养来实现的，这就要求民办高校不断深化人才培养模式改革，以适应社会发展和学生个性发展对高等教育的需求。民办高校深化人才培养模式改革，需要从以下

---

① 金劲彪：《科研工作：民办高校内涵式发展的抓手》，载《教育发展研究》2018 年第 23 期，第 3 页。

第二章 民办高校内涵式发展

四个方面着力。

一是改变教学理念,立足服务地方。要在创新办学品牌、凝练办学特色的同时,通过学科、专业的调整、改造和优化,逐步实现学校专业群与区域经济社会发展产业链的紧密对接,有序推进学校的专业建设与课程改革,通过学校内涵的提升来为地方经济做贡献,以贡献来求得地方政府和社会的广泛支持,实现学校发展与区域经济发展形成良性互动与深度融合。

二是实施课程与教学改革,搞好专业链与产业链的对接。在高校,人才是通过专业培养的,专业是由课程体系构成的,人才培养模式的改革最终要落实到课程与教学上。民办高校要实现服务地方的宗旨,其专业课程体系中的专业链须与地方产业链对接。课程和教材是改革人才培养模式的核心内容,在遵循国家对不同层次、不同类型高校学生知识、能力基本要求的前提下,要编写符合民办高校学生特点和当地产业结构需求的教材,传统的课程要改变为应用型课程,传统的教学传授方法要改变为以学生为中心的教学与实训并重、教学与科研融合的现代教学方法。

三是加强"双师型"教师队伍建设。根据专业教学的需要,有计划、有针对性地培养"双师型"专业课程教师队伍。首先是组织教师和学生一起参加实训基地的学习和实践;其次是教师要多到对口的企事业单位挂职,并承担实际责任。校企合作是应用型人才培养的重要模式,目前也有许多民办高校采用了"3+1"(本科)或"2+1"(高职)的校企联合人才培养模式,这种模式不但有利于学生专业应用能力的增强,也为教师到对口企业指导学生进行专业实践提供了平台,也是提升专业课程教师自身"应用"能力的绝好机会。

四是聘用企事业单位的工程师、技术人员到学校任教。民办高校的机制灵活，制度设计自主性强，可在工资分配体系中设计针对引进和留住来自企业、行业人员的工资系列，以保证教师队伍中有一定比例的来自企业和行业的工程师、技术骨干，并保证他们获得应得报酬，以此按照应用型人才的培养目标来优化教师队伍的结构。[①]

四、理顺利益相关者关系，完善内部治理机制

新《民促法》第三条规定，民办教育事业属于公益性事业，是社会主义教育事业的组成部分。因此，公益性是民办教育的根本属性，民办教育的发展是为了实现社会公共利益，这也决定了民办高校是一个利益相关者的共同体，民办高校的治理，需要利益相关者的共同参与。在新时代，民办高校已往的管理体制和治理方式已经难以支持学校的可持续发展，其治理思想和治理方式需要转变，变一元、单向的管理方式为利益相关者多元共治的方式。就目前的实际情况看，当务之急是通过科学合理的制度设计和程序安排来理顺各利益相关者的关系，以激发各个利益相关者参与办学治校的积极性，让各个利益相关者都有机会参与到学校的治理中来。对此，可采取以下四点措施。

一是要完善董事会制度。在董事会的人员组成中，要限制举办者及其代表的人数，吸收校友、社会贤达、家长和社

---

① 金劲彪：《科研工作：民办高校内涵式发展的抓手》，载《教育发展研究》2018年第23期，第3页。

区代表进入董事会,建立独立董事制度,落实党组织负责人进入董事会和党政"交叉任职"的规定,确保真正由教职工代表大会产生的教师代表进入董事会。

二是理顺董事会和校长的关系。按照法律和学校章程的规定明确董事会和校长的职权划分,真正落实董事会领导下的校长负责制,保证校长依法办学、依法治校,防止举办者或其代表对学校的任意控制或随意干扰。

三是建立年轻化、有活力的管理队伍。优化学校领导班子的年龄结构,让有能力、有魄力的创新型中年优秀人才进入领导班子,给学校领导班子注入新鲜血液,激发领导班子谋发展、干事业的激情和活力。中层管理队伍要以民办高校自己培养起来的中青年骨干教师为主体,提供中青年骨干教师锻炼成长的平台。这一部分人年轻有活力,深受民办高校办学文化的滋养,对民办高校有深厚的感情,关心学校的生存和发展,执行能力强,是民办高校实现内涵式和可持续发展的中坚力量。

四是完善教职工参与学校民主管理、民主决策和民主监督的机制。建立教职工代表大会制度和学校工会制度,健全学校教代会的组织机构,提高教职工代表的履职能力,在事关教职工切身利益的重大决策和办学治校等日常管理中,切实加强教职工的民主参与和监督,充分发挥民主的作用。

五、完善外部制度供给,构建公平的发展环境

(一)建立长效的民办高校公共财政资助制度,拓宽民办高校的资金来源渠道

以学生学费为主要经费来源,办学经费来源渠道单一,

成为长期制约我国民办高校发展的主要瓶颈。分类管理后，民办高校法人属性不清、产权不明以及合理回报等问题得到法律制度的破解，为政府公共财政资助民办高校扫清了制度上的障碍。民办高等教育事业作为社会主义公益事业，应该得到政府更多的公共财政支持，在高等教育系统内，应该享有公平的发展环境，享有与公办高等学校同等的发展条件和发展权利。学者吴华（2018）研究发现，在过去相当长一段时间内，民办教育在得到微乎其微的财政资助的前提下，攻坚克难，努力奋进，为社会提供了不可小觑的公共教育服务。如果得到更多的财政资助，民办教育无论在数量或质量上都将对社会有更大的贡献。2018年，我国有民办普通本科高校419所，占全国本科高校1245所的34%；民办高职院校数331所，占全国高职院校1418所的23%。在建设高等教育强国的新时代，如果作为高等教育重要组成部分的民办高校建设不好，我国就很难成为真正意义上的高等教育强国。因此，在分类管理制度下，在政府资助民办高校的制度障碍被扫清的背景下，建立和完善资助民办高等教育的财政制度体系显然已成为各级政府不可推卸的责任和担当。

在"国务院三十条"的地方配套政策中，各省份完善了对民办高校的扶持政策，加大了公共财政支持民办高校发展的力度。支持的方式主要表现在将扶持民办教育发展的资金纳入财政预算、设立民办教育发展专项资金、建立政府补贴、实行政府购买服务、设立民办教育发展基金等。浙江省继2018年1月出台《关于鼓励社会力量兴办教育 促进民办教育健康发展的实施意见》后，同年4月，又出台《浙江省公共财政扶持民办教育发展实施办法》。这两个文件主要

第二章 民办高校内涵式发展

明确了公共财政对非营利性民办学校给予支持，推动各地逐步建立以"经费标准化"为主要内容，以政府补贴、政府购买服务、税费减免等为手段的公共财政扶持体系。对营利性民办学校，则通过政府购买服务、税收减免等方式给予支持。同时，这两个文件明确了政府对不同教育阶段的民办学校的支持政策。在高等教育阶段，公共财政重点支持民办高校内涵式发展的重点领域和关键环节，推进特色优势学科和专业建设，增强民办高校教学、科研和服务地方经济社会发展的能力；在科研项目申报、评审、绩效考核等方面，与公办高校公平竞争。政府为支持各地民办教育的发展，省财政每年按第三方审计确认的市县级民办学校举办者投入数的15%和上年市县财政对民办学校补助数的15%安排预算资金，通过转移支付方式支持市、县各类民办教育的发展。上海市在《关于促进民办教育健康发展的实施意见》中明确提出：逐步加大对民办教育的财政扶持力度，探索政府资金支持符合条件的非营利性学校的教育教学等设施建设；鼓励各行政区设立促进民办教育发展专项资金；鼓励民办学校建立年金制度，并把建立与落实情况作为拨付民办教育专项资金的重要参考；建立健全向民办学校购买教育服务机制；对符合条件的非营利性民办学校免税和收入免征企业所得税；支持符合条件的民办本科高校设立专业硕士学位点，支持民办高等职业学校探索创新招生选拔机制、改进录取方式；设立民办教育人才培养专项计划，培养民办教育专业管理人员和研究人员；培育第三方机构，支持行业组织发挥桥梁纽带作用，促进专业机构为民办教育提供专业服务。陕西省在《关于促进民办教育健康发展的实施意见》中明确规定，地、县各部门依法依规，根据实际调整优化教育支出，加大对民办教育的扶持力度。省级财政继续设立民办高等教育发展专项资金，每年安排 4 个亿，用于支持非营利性民办高校的内涵发展。各地、各部门可按照国家关于基金会管理规定设立民办教育发展基金会。发展基金主要用于支持办学特色鲜明、公益导向突出、办学行为规范的民办学校，奖励为民办教育做出突出贡献的单位和个人，鼓励民办学校设立学校发展基金会等。浙江、上海和陕西是我国民办高等教育比较发达的省市，长期以来，此三省市政府对民办高等教育的资助力度在全国都处于领先地位，但其资助力度和资助范围与民办高校办学对资金的需求还有相当大的差距，远远低于对公办高校的资助力度。因此，为了促进民办高等教育的高质量发展，实现建设高等教育强国的战略目标，在分类管理的背景下，各级政府应继续不断加大和拓宽公共财政对民办高等教育的资助力度和资助范围，完善资助体系，建立公共财政扶持民办高等教育的长效机制。

（二）完善税收及土地优惠政策，构建公平的竞争环境

在"分类管理"政策出台前，税收是民办高校要承担的额外的办学成本，给民办高校的办学带来沉重的负担。相较公办高校，民办高校所处的发展环境显得极不公平。国家分类管理制度确立后，在已出台的地方配套政策中，这种情况得到大大的改善。在靳晓光（2019）对已出台民办教育地方配套政策的 11 个省市的研究中，发现各地基本上都规定了对民办高校的土地和税收优惠政策，如土地使用税、房产税、捐赠税以及用水、用电、用气等税费方面的优惠。但在

不动产登记、过户方面，只有上海、江苏、辽宁、安徽、云南等省市给予了优惠。民办高校资产过户涉及土地增值税、资产交易税等七大税费，如果不予减免的话，学校资产过户后，实际损失将超过三分之一。[①] 因此，资产过户优惠不仅影响举办者将资产过户到学校名下的积极性，也对减轻民办高校的办学经费负担具有非常现实的意义。在学费和住宿费方面，只有江苏省给予优惠；在技术转让、技术咨询方面，只有辽宁省给予优惠；在教育服务方面，只有江苏省、河北省、天津市给予优惠。鉴于土地和税收优惠对民办高校，尤其是以公益性为唯一举办目的的非营利性民办高校减轻办学负担、增加学校内涵建设资金支持上具有重要的作用，地方政府支持民办高校办学的土地和税收优惠政策，应以减轻民办高校的办学负担、促进民办高校内涵式发展为目标，做到非营利性民办高校享有与公办高校同等的税收优惠政策，使两者具备公平发展的条件，处于公平的发展环境之中，形成公办、民办共同公平发展的高等教育新格局。

（三）进一步完善和细化分类管理配套政策，强化政策的可操作性

目前，虽然地方出台民办教育分类管理配套政策的积极性很高，各省市出台了相应的分类管理配套政策，但一些重要条款的规定仍比较模糊，实际操作性不强，不利于民办学校分类管理的积极推进，仍需进一步完善和具体化。如营利

---

① 董圣足：《关于民办高校法人财产权的思考——基于45所民办院校法人财产状况的调查分析》，载《教育发展研究》2007年第2期，第1-5页。

性民办学校取得办学收益的比例和具体的分配方式问题；非营利性民办高校在退出办学市场后，具体的补偿标准和补偿方式问题等。政策过于笼统将会影响政策的效力，弱化对民办高校分类管理实践的指导意义。今后，各级政府须随着民办高校分类管理实践的逐步推进，在政策的修订中，进一步细化和完善相关条款，出台实施细则，推动民办高校的稳步健康发展，为民办高校办学质量和水平的提高创设良好的制度环境。

第三章 民办高校应用型人才培养体系的建构

在新时代,国家高等教育发展战略呈现两个基本方向:一是面向高水平研究型大学的"双一流"建设;二是面向地方高等院校的应用型建设。经过改革开放40多年的发展,我国经济社会发展目前已处于转方式、调结构、促升级、惠民生的阶段,国家发展步入经济高质量发展和全面建成小康社会的新阶段。同时,伴随经济全球化和世界科技革命和产业变革的加速,社会职业和岗位也在不断地发生着演化、变迁和调整,社会发展既需要发现知识和探索客观规律的研究型人才,也需要大批的将专业知识和客观规律应用到生产实际中,为社会直接创造利益的应用型人才。而后者就是数以千计的地方高等院校的责任。自2015年教育部、国家发展改革委员会和财政部联合出台《关于引导部分地方普通本科高校向应用型转变的指导意见》(教发〔2015〕7号)后,2019年1月国务院发布《国家职业教育改革实施方案》,明确指出,"随着我国进入新的发展阶段,产业升级和经济结构调整不断加快,各行各业对技术技能人才的需求越来越紧迫""到2022年……一大批普通本科高等学校向应用型转变,建设50所高水平高等职业学校和150个骨干专业

（群）"。人才培养是高校的基本职能和根本任务，也是高校进行内涵式发展的核心内容。高校只有不断进行人才培养模式改革，构建高质量的人才培养体系，才能适应社会发展和人的全面发展对高等教育的要求。学界通常认为，人才培养体系主要是由包括培养目标、培养内容、培养方式和培养条件在内的人才培养诸要素组成的完整统一体①，具体要素涉及人才培养目标和规格、专业设置和建设、课程体系和教学内容、教学方法和教学手段、师资队伍建设、教学条件建设、质量管理与保障体系建设等。人才培养体系诸要素转化为具体的人才培养实践，需要借助人才培养方案的设计与实施。我国应用型高校建设还处于探索阶段，应用型人才培养体系的建构还不成熟，民办高校作为地方院校的重要构成部分，由于办学基础和办学条件较弱，要进行应用型人才培养体系建设，亟须从理论和实践层面对应用型人才培养的目标、应用型人才培养方案的设计以及应用型人才培养的路径进行思考和探索。

第一节　民办高校应用型人才培养目标定位

人才培养目标是高等学校人才培养活动的起点和归旨，是开展人才培养活动的前提和基础。高校只有明确培养什么样的人，才能有计划地进行教学活动的安排和研究活动的设

---

① 钟秉林：《人才培养模式改革是高等学校内涵建设的核心》，载《高等教育研究》2013年第11期，第75页。

第三章　民办高校应用型人才培养体系的建构

计,才能有针对性地开展各类教育教学和创新活动,才能制定科学有效的教学质量监控和评价的标准,从而构建具有自身特色的应用型人才培养体系。目前,民办高校应用型人才培养目标普遍存在表述空泛、随意、趋同度高,特色不鲜明,专门性和个性化程度不高,课程设置与人才培养目标的关联度低等问题,出现两张皮的现象,亟待依照高校人才培养目标的生成规律进行改进和完善。

一、高校人才培养目标的生成机理

(一) 培养目标是办学主体对培养什么样的人的理性预设

教育不是一种自然存在,而是为培养人而人为构建的一种有目的、有计划、有组织的社会活动。在教育活动中,教育的举办者必然对要培养什么样的人(人才培养目标)有一种预设,这是符合教育活动本质的行为现象。而支持这种预设产生的诸因素不外乎是客观上的办学条件以及主观上举办者的办学理念。关于培养目标,学界有诸多表述,如人才培养目标是"办学主体对究竟培养什么样的人的理想设计,是合目的性与合规律性的辩证统一办学理念的具体呈现"[1];是"根据一定的教育目的和约束条件,对教育活动的预期结果,即学生的预期发展状态所做的规定"[2]。可以说,教育

---

[1] 刘焕阳、韩延伦:《地方本科高校应用型人才培养定位及其体系建设》,载《教育研究》2012年第12期,第67页。
[2] 文辅相:《中国高等教育目标论》,华中理工大学出版社1995年版。

目标的形成涵盖三个要素：一是约束条件，如办学的层次、类型，办学的能力和水平；二是举办者办学的价值追求或办学理念；三是举办者的办学理念作用于办学的约束条件后形成的对人才培养的规格和质量标准的理性思考，即形成对学校的人才培养目标的预设。

（二）培养目标是对国家教育目的的具体化

教育是国家的事业，是"社会主义现代化建设的基础"（《教育法》第四条），国家对教育培养的人有着总体的目标，即"培养德、智、体、美等方面全面发展的社会主义建设者和接班人"（《教育法》第五条）。对于高等教育培养什么样的人，国家也有着总体的要求，如《高等教育法》第五条明确规定，"高等教育的任务是培养具有社会责任感、创新精神和实践能力的高级专门人才"。国家对教育要培养什么样的人的总目标是教育目的在人才培养上的反映，是对教育培养什么样的人这一根本性问题的高度概括，是一切教育实践活动的出发点。

国家教育目的的实现需要教育组织的实践活动来达成。由于经济社会发展对人才需求的多样化，不同层次、类型和规模的高等学校，承担着不同层次、类型和规格的人才培养任务，但每一类高校人才培养目标的确定，都不能脱离国家对高等教育培养人才的总体要求，都是在国家高等教育人才培养总目标的导向下，根据经济社会发展需求和人的全面发展的要求，在对自身办学条件、办学能力和办学水平的主动辨识和积极反思的基础上，对人才培养的规格和质量要求进行具体的分解和细化，最终指向国家教育目标的实现。

第三章 民办高校应用型人才培养体系的建构

（三）培养目标是对社会发展和人的发展需求的主动反映

从高等教育与社会的关系来看，高等教育是一种社会活动，但这种活动不是一种孤立的、封闭的活动，高等教育活动与社会经济、政治、文化等活动有着紧密的联系。根据社会学理论，每一种社会活动都有其特定的职能，并以这种职能的履行来彰显其存在的社会价值。《高等教育法》第四条规定，高等教育必须"为社会主义现代化建设服务，为人民服务"。第五条除对高等教育培养的人才类型进行说明外，还规定了高等教育培养高级专门人才的目的是"发展科学技术文化，促进社会主义现代化建设"。由法律规定可见，各类高等学校作为高等教育发展任务承担的组织主体，其人才培养目标必须主动反映经济社会发展对各类不同人才的需求，并根据社会需求来有针对性地进行人才培养，通过不断提高人才培养质量来促进经济社会的发展。同时，高等教育的人才培养的目标不仅要立足当下，具有现实性适应性，而且还要引领未来，具有较强的前瞻性，主动服务国家战略，引领和推动科学技术的进步和中华优秀传统文化的弘扬。

立德树人是教育的根本任务。教育有目的、有计划、有组织地对人实施各种教育活动，并通过这些活动来不断增进人的体力、智力、情感和德行，使自然人成为具备从事生活和生产劳动所需要的道德、能力和情感的社会人，成为具备生产力的人，从而促进社会的发展。进一步说，教育是通过促进人的发展来服务于社会的发展，因此，教育必须根据人的生理、心理特点，根据人的发展需要来实施各种活动。在高等教育的人才培养目标设定中，必须反映大学生身心发展的特点和成长的需要，只有这样的培养目标才是切实可行的。

（四）培养目标是对办学条件的主动辨识

目标的实现要基于一定的条件才能达成，反过来，在制定目标时，必须要对具备的目标、实现的条件进行认真的分析和审慎的考虑。各类高校的历史积淀、文化传统、师资力量、生源素质、教学与科研的设施设备、办学资金多少都各不相同，这些条件因素整合起来，决定了学校的办学能力和办学水平，影响了学校人才培养目标的实现。因此，高校在确立人才培养目标时，需要对学校的办学条件和办学能力进行理性的思考，形成契合学校实际的个性化的人才培养目标。

应当注意的是，人才培养目标定位要基于客观条件，又不能完全被客观条件所束缚。过于强调客观条件的制约容易陷入悲观和被动，失去目标的引领和激励作用。此外，不能盲目夸大主观能动的作用，超越现实的可能性，否则，会误导教育实践。因此，培养目标要同时具备现实性和超越性，是经过全体师生员工的努力可以达到的，是跳起来可以摘到的"苹果"。

二、应用型人才的基本内涵

什么是应用型人才？不同类型和层次的高校的应用型人才有何异同？弄清这些问题，是应用型高校明晰学校人才培养目标定位的认识论前提。关于应用型人才的内涵，尚无统一解释，目前学界存在两种不同的理解角度。

第一种角度是将知识的发现和知识的应用视为两种活

第三章 民办高校应用型人才培养体系的建构

动,并从两者对应的角度对人才类型进行界定,认为发现知识和科学原理的人才为学术型或研究型人才,将知识和科学原理应用到实际生活和生产中的人才为应用型人才。依照人才二分法这种逻辑,学界对应用型人才给出了一些定义。如有学者认为,应用型人才是"将科学原理或新发现的知识直接用于与社会生产生活密切相关的社会实践领域",为社会谋取直接利益而工作的人才[①]。在二分法的视角下,也有学者这样解释应用型人才:"能将专业知识和技能应用于所从事的职业的一种专门的人才类型,是熟练掌握社会生产或社会活动一线的基础知识和基本技能,主要从事一线生产的技术或专业人才。"[②]

第二种角度是从人在从事实际活动中所蕴含的对科学原理或知识的需要或理解的程度来阐释应用型人才的内涵,也就是实际活动中蕴含的学术的属性规定。持这种观点的学者认为,应用有两种层次。一种是操作性技术应用,这种应用对知识理论的需要度不高,缺乏学术的属性规定;另一种应用是知识和技能的开发应用,是在理解知识理论的基础上将知识理论转化为解决实际问题的技能,这种应用具有学术的属性,属于学术的范畴,只是在学术的目的、方向、内容等方面与理论探究性的学术有所不同。持这种观点的学者认为,对应用的认识,不能简单地把学术从应用中剥离,应把

[①] 郑晓梅:《应用型人才与技术型人才之辨析——兼谈我国高等职业教育的培养目标》,载《现代教育科学(高教研究)》2005 年第 1 期,第 10–12 页。

[②] 胡黄卿、陈菲莉:《高校应用型人才培养的研究》,载《硅谷》2008 年第 11 期,第 136 页。

知识和技能的开发应用纳入学术的范畴中。这样理解"应用"的思想逻辑与美国学者厄内斯特·博耶（Emest L. Boyer）对学术内涵的经典阐释，以及 H. W. French 的"职业带"理论有着某种程度的暗合。

博耶认为学术不应该专指"发现知识"或"基础研究"，学术应包括四种相互联系的学术，分别是探究的学术、整合的学术、应用的学术和教学的学术。其中，探究的学术是指传统的发现知识的研究工作；整合的学术是指建立各个学科间的联系，在学科的交叉地带从事知识的发现和探究，这仍是传统的专业学术形式；应用的学术是指对高深知识的应用，通过应用在不同学科之间建立联系，在科学与艺术之间架设桥梁；教学的学术是指传播知识的学术，博耶认为教学不仅仅需要技巧，而且也有赖于教师对学科或专业的理解状态。[①]

H. W. French 的"职业带"理论认为，人们在职业岗位解决实际问题的时候，所需要的理论知识和操作技能的多少是各不相同的，并按对知识理论和操作技能的需要程度，将在生产和生活过程从事实际工作的人员类型划分为技术工人、技术员和工程师三类人员。[②] 技术工人需要的是操作技能，技术员既需要操作技能，也需要有相应的理论知识，工程师不过于强调操作技能的娴熟度，但侧重于理论知识，对理论知识的要求程度高于前两者（如图 3 - 1 所示）。H. W. French 的"职业带"理论诞生于 20 世纪 80 年代，该

[①] 魏宏聚：《厄内斯特·博耶"教学学术"思想的内涵与启示》，载《全球教育展望》2009 年第 9 期，第 38 - 41 页。

[②] 杜连森：《浅析"职业带"理论对构建现代职业教育体系的启示》，载《中国职业技术教育》2013 年第 15 期，第 22 - 23 页。

理论对应用型人才类型的划分反映了当时的科技发展、产业状态和职业岗位结构对人才知识能力和素质结构的要求。随着时代的变迁、科技的进步、产业的升级，职业岗位在不断地分化又不断地融合，社会发展对人才类型的需求也在不断变化。"职业带"理论对应用型人才类型的划分虽然不能完全符合当今经济社会职业岗位对应用型人才类型的需求状态，但其对应用型人才类型划分的理论逻辑对目前应用型高校进行人才培养目标定位极具启发和借鉴意义。

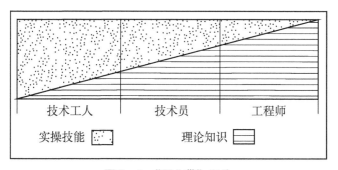

图3-1 "职业带"理论

总之，以人在从事实际生活或生产中对知识理论的需要程度或理解程度来划分应用型人才类型，比较容易对应用型人才所应具备的知识、能力和素质特征做出差异性的描述，也比较容易对本科层次、专科层次的应用型人才的规格要求和质量标准进行较为清晰的区分。

三、不同层次应用型高校的人才培养目标定位

国家经济社会发展对应用型人才的需求是多样的，不同职业岗位对应用型人才在知识掌握、技术应用和能力表现方

面的要求不可能完全相同,这就要求不同层次和办学定位的应用型高校找准自身的定位,发挥学科和专业优势,培养对接社会产业链中的某一类应用型人才,而不是也不可能是所有类型的应用型人才。在我国,承担应用型人才培养任务的主要是地方本科院校和高等职业学校。

(一)人才培养目标定位的基本要求

作为高等教育的一种人才类型和层次,应用型人才的培养应遵循国家高等教育基本的教学质量标准,即国家对高校的人才培养目标总的指导性要求,这是各类高校确立人才培养目标的出发点和基本要求。根据我国《高等教育法》第十六条的规定和教育部《普通高等学校本科专业类教学质量国家标准》的要求,在知识方面,专科教育为"掌握本专业必备的基础理论、专门知识",本科教育为"系统地掌握本学科、专业必需的基础理论、基本知识"和"掌握本专业必要的基本技能、方法和相关知识"。在能力层面,专科教育为"具有从事本专业实际工作的基本技能和初步能力",本科教育为"具有从事本专业实际工作和研究工作的初步能力"。在专业知识方面,从专科教育的"掌握""必备""专门"到本科教育的"系统地掌握""必需""基本";在专业能力方面,从专科教育的"基本技能和初步能力"到本科教育的"从事研究工作的初步能力",反映了两个层次的教育在知识的掌握和能力形成方面层次上的不同。国家层面的原则性要求,为我国专科教育和本科教育人才培养设定了基本的学业标准,也为两个层次的高校确立应用型人才培养目标提供了根本遵循。但作为应用型的人才类型和层次,人才培养目标也应体现其个性化的特点,因此,需要对应用型人才的培养目标进行细分，为学校应用型人才培养活动的实施提供更为明晰和具体的目标。

(二) 高等职业学校的人才培养目标定位

我国关于高等职业教育的人才培养目标历经几次变化。1991年10月国务院颁布《关于大力发展职业技术教育的决定》，首次提出高等职业学校"培养技艺性强的高级操作人员"；2000年1月17日教育部印发《关于加强高职高专教育人才培养工作的意见》，提出高职高专教育培养"适应生产、建设、管理、服务第一线需要的……高等技术应用性专门人才"；2011年8月，《教育部关于推进高等职业教育改革创新 引领职业教育科学发展的若干意见》，对高等职业教育的人才培养目标再次进行了规定，明确高等职业教育"以培养生产、建设、服务、管理第一线的高端技能型专门人才为主要任务"。从"技艺性强的高级操作人员"到"高等技术应用性专门人才"，再到"高端技能型专门人才"，我国高等职业教育人才培养目标的变化，反映了国家经济社会不断发展和产业结构调整升级对高等职业学校人才培养需求的变化。

如何理解"高端技能型人才"？教育部2011年在《关于推进中等和高等职业教育协调发展的指导意见》中曾指出，中等职业教育是高中阶段教育的重要组成部分，重点培养技能型人才，发挥基础作用；高等职业教育是高等教育的重要组成部分，重点培养高端技能型人才，发挥引领作用。"高端"，根据知网百科的解释，意为"同类中档次、价位等较高的"，因此，"高端技能型人才"可以理解为"较高水平的技能型人才"。根据现代产业结构、职业岗位的需求，以及高端技能型人才的知识能力结构，高端技能型人才可以分为技术操作型和技能应用型，具体见表3-1。

（三）应用型本科高校的人才培养目标定位

2015年10月，教育部、国家发展改革委员会、财政部联合颁布的《关于引导部分地方普通本科高校向应用型转变的指导意见》明确指出，部分地方本科高校要"确立应用型的类型定位和培养应用型技术技能型人才的职责使命"，可见，培养应用型技术技能人才是应用型高校的根本任务。对于本科层次的应用型技术技能型人才，学界一般认为可分为工程应用型、知识和技能复合型，具体见表3-1。

（四）高等职业学校与应用型本科高校人才培养目标的区别

根据表3-1的描述，如果要对专科层次和本科层次应用型人才培养目标的区别进行一个概括的话，可以说，专科层次的应用型人才主要面向生产一线，面向某一职业、工种或岗位，强调知识、能力和素质与岗位的对应性，强调岗位技能的熟练程度；而本科层次的应用型人才的服务面向则更宽泛一些，面向的是行业、职业群而不是单一的某一个或某一类岗位，不过于要求技术的熟练程度或与岗位对应的操作性技能的娴熟程度，而是强调对专业必需的基础理论和应用性知识的掌握，以及运用理论和知识解决生产生活过程中的实际问题或进行技术创新的能力，即能将知识和理论转化为实践的能力，其应用主要强调知识的应用。相较于学科型人才，本科层次的应用型人才以较强的技术应用能力和解决实际问题的能力见长；相较于技能型人才，其又具有较强的综合设计和研究能力。

第三章 民办高校应用型人才培养体系的建构

表3-1 高等职业学校和地方本科院校应用型人才培养目标的差异

院校层次	培养类型	服务面向	职业定位	人才规格
高等职业学校	技术操作型	面向生产、建设、管理、服务一线，面向某一职业、工种或岗位，强调按职业和岗位设置专业	掌握某一岗位所需要的熟练技术，具有较强的岗位对应性。主要分布在加工、制造、服务等领域	知识方面：以理论够用为度，强调专业实践的经验性知识和技能、技巧性知识的掌握和运用 能力方面：侧重于专业生产、建设实践过程中一线岗位工作的操作性技能 素质层面：对操作性技能的娴熟程度，敬业精神和意志品质等要求较高
	技能应用型		在生产一线或实际工作现场，通过实际操作将图纸、计划、方案等转变成具体产品	知识方面：掌握生产一线的实用知识和技术应用 能力方面：侧重学习能力和技术的应用能力 素质层面：学习精神和敬业精神

续表 3-1

院校层次	培养类型	服务面向	职业定位	人才规格
地方本科院校	工程应用型	面向社会生产活领域中的职业群和行业而不是岗位	将科学原理转化成可以直接运用于社会实践的工程设计、工作规划、运行决策等	知识方面：强调学科专业知识掌握的深度和系统性，特别是对工程类专业知识的掌握要求程度较高 能力方面：侧重于工程系统专业分析能力、开发能力和设计能力 素质层面：具有较强的创新精神
	知识和技能复合型	强调按学科设置专业	不是具体的操作者，而是从事组织生产、建设、服务等实践活动，诸如工艺水平的设计、生产工艺流程的监控，设备的运行与维护以及产品、服务的改进和更新等工作的技术服务者与管理服务者	知识方面：强调学科知识掌握的广度和实用性，对管理学、计算机科学和外语等工具性学科基本知识的掌握要求程度较高 能力方面：侧重于社会生产和产品开发过程中的专业技术维护、咨询、管理、服务等能力 素质层面：具有较强的协调沟通管理能力

126

第三章 民办高校应用型人才培养体系的建构

我国高等教育学科的奠基人潘懋元先生认为,应用型本科教育主要培养将工程原理应用于社会实践、侧重工程管理和应用的工程应用型人才,或将技术原理应用于生产实践、侧重技术开发与现场管理的技术应用型人才,人才培养的特点主要指向"职业带"中技术员与工程师的交叉区域,旨在适应高科技应用和智能化控制与管理一线工作要求,培养兼具专业性和通识性的本科层次的技术工程师、技术师、经济师、医师等专业应用型高级复合人才。[①]

另外,在本科教育层次的应用型人才中,除了工程应用型人才、技术应用型人才外,还有一类以知识的保存和传播为职业的服务型人才,如从事基础教育的教师等。

四、民办高校的应用型人才培养目标

截至 2019 年 6 月,全国共有普通高等学校 2688 所,其中民办高校 756 所,占我国普通高等学校数的 28%。我国本科高校 1265 所,其中民办本科高校 434 所(含独立学院 257 所),占全国本科高校总数的比例为 34%;高职高专院校 1423 所,其中民办高职高专院校 322 所,占全国高职高专院校总数的比例为 23%[②]。单纯从院校数量上看,我国民办高校已占整个高等教育系统的近三分之一。民办高校一般属于地方院校,是国家应用型建设高校,着力于培养区域经济社

---

① 潘懋元:《应用型人才培养的理论与实践》,厦门大学出版社 2011 年版,第 175 页。

② 《2019 年全国高等学校名单》,见中华人民共和国教育部政府门户网(http://www.moe.gov.cn/jyb_xxgk/s5743/s5744/201906/t20190617_386200.html)。

会发展所需要的应用型人才。

（一）民办高校应用型人才培养目标的一般性

民办高校是我国高等教育系统的重要组成部分，在组织的根本属性与运行结构方面与公办高校具有一定程度上的相似性，因而在应用型人才培养目标的设立方面，同样遵循高校人才培养目标的生成机理。民办高校应用型人才培养目标的设立首先不能背离我国《高等教育法》对高等学校人才培养的一般要求；其次，要面向地方，服务区域经济社会发展和创新驱动发展对应用型人才的需求，同时也要考虑学生的身心特点，满足学生成长发展的需要；最后，人才培养目标定位同样也要受到举办者的办学理念，自身办学层次、办学类型、办学能力等客观条件的制约。

（二）民办高校人才培养目标的确立

由于特殊的办学历史和现实，民办高校一直是我国高等教育系统中的弱势群体，无论是办学积淀、师资队伍，还是教学科研条件都与同类型、同层次的公办高校存在较大的差距。较低的办学能力和水平是民办高校在设立应用型人才培养目标时不得不面对的实际问题。

1. 办学定位：教学服务型大学

学校定位是人才培养目标定位的前提。根据我国学者的研究，应用型高校除了专科教育和本科教育两个学历上的层次外，在本科层次还存在应用技术大学和教学服务型大学两种典型的办学类型，并且两者在办学定位方面存在一定的差别。应用技术大学侧重通过对科学知识和技术成果的应用为经济社会发展培养高级技术人才。培养高级技术人才是应用技术大学的直接目的和最终目的，技术的研发、传播和转化

第三章　民办高校应用型人才培养体系的建构

是其基本使命。教学服务型大学虽然也重视培养应用型人才,但相较应用技术大学而言,培养应用型人才不是其最终的目的,其最终的目的是通过培养应用型人才来更好地服务于社会,把培养应用型人才作为服务社会的手段。教学服务型大学的最终目的是服务,其服务面向地方,培养地方经济社会发展需要的应用型人才,产出地方发展需要的科技成果,开展地方需要的各种服务项目,构建全方位的服务地方的教学和研究体系。① 对照应用技术大学和教学服务型大学办学定位的差别,审视民办高校的办学能力和教学科研现状,我国民办本科高校的办学应定位于教学服务型大学。

2. 人才培养目标定位:知识和技能复合型以及技能型人才

在民办高校人才培养目标的定位上,不仅要考虑学校办学的整体定位,还要估量师资力量、学生素质、教学科研条件等和办学能力水平直接相关的诸因素。在人才的知识、能力和素质方面,工程应用型人才强调掌握知识的深度和系统性,强调对工程系统进行专业分析、开发和设计等的高级思维能力,创新是这类人才最主要的素质要求;知识和技能复合型人才强调掌握知识的实用性和广度,强调专业技术维护、咨询、管理和服务能力,较为侧重培养学生的沟通协调和管理能力。对比工程应用型和技术应用型人才应具备的知识和能力特征可以看出,民办本科高校的人才培养目标应定位于知识和技能复合型人才。

---

① 侯长林、罗静、叶丹:《应用型大学视域下新建本科院校办学定位选择》,载《教育研究》2015 年第 4 期,第 62 页。

另外，对于专科层次的民办高职院校，根据其师资力量、办学条件和生源素质，人才培养目标应立足岗位，培养生产、建设、管理、服务一线的技术操作型或技能应用型人才，这样的人才具备必要的理论知识，掌握某一岗位所需要的熟练的技术或拥有较高超的技艺，或掌握某一职业、工种或岗位的实用的知识和技能，能在生产过程中将图纸、方案或规划变成具体的产品，处于技能型人才队伍中的高端层次。

第二节　民办高校应用型人才培养方案的设计

人才培养方案是为实现人才培养目标而进行的制度设计，是对包括人才培养规格、专业设置与课程体系、教学方法与手段、教学评价与质量监控等人才培养诸因素进行合理安排而形成的制度框架，是高校进行人才培养活动应遵循的"母法"，是组织实施和评价教学活动的基本依据，是进行教学改革和教学重塑的前提。本节重点探讨应用型本科人才培养方案的设计。

一、健全人才培养方案设计的组织体系

人才培养方案是对高等学校"培养什么人、怎样培养人、为谁培养人"三个关键问题最直接的回答。[①] 人才培养

---

① 袁靖宇：《高校人才培养方案修订的若干问题》，载《中国高教研究》2019年第2期，第6-9页。

第三章 民办高校应用型人才培养体系的建构

方案不是一个单纯的教学安排，它是对高校办学理念、办学目标、办学类型和办学定位的反映，其中蕴含了大学的人文精神和文化自信。人才培养方案的实施，涉及高校管理运行和资源配置方式的调整，因而，人才培养方案的设计绝不仅仅是教学管理部门或各院系教学负责人的事情，而是需要全校从上到下层层推进来共同完成的一项"头等大事"。

首先是学校层面，在确立服务面向和培养定位的基础上，形成培养理念和培养框架。教育部等三部委发布的《引导部分地方普通本科高校向应用型转变的指导意见》明确指出，应用型高校要"把办学思路真正转到服务地方经济社会发展上来，转到产教融合、校企合作上来，转到培养应用型技术技能型人才上来，转到增强学生就业创业能力上来，全面提高学校服务区域经济社会发展和创新驱动发展的能力"。这应是民办高校厘清服务面向和办学定位的政策依据，是形成办学理念和人才培养框架的思想指引。在服务面向、办学定位、培养理念和培养框架中，培养理念是核心，培养理念作为人才培养的价值追求，处处引导和渗透于人才培养方案的一个个具体的活动安排之中。

其次是专业层面，在考察专业培养条件、培养方式、培养平台的基础上，形成培养方案。应用型专业人才培养，要以提高专业实践能力为引领，建立产教融合、校企协同的育人模式，实现专业链与地方产业链的紧密对接，将专业教育与创业教育有机结合，更加注重学生的技术技能和创新创业能力的培养。这是国家对应用型高校人才培养的方向、方式和目标的基本要求，也应该成为民办高校各专业在制订专业人才培养方案的理念遵循和行为依据。

最后是课程层面,在衡量师资、实验实训、教材等教学支持条件的基础上,确立课程结构和可以采用的教学模式。课程是专业人才培养的核心要素,根据应用型人才培养的要求,在课程层面,应做到课程内容与职业标准对接,教学过程与生产过程对接,加强"双师双能型"师资队伍建设,加强实验、实训和实习条件建设,保证实验、实训课时占教学总课时的比例。

二、确立定位准确、客观具体的人才培养目标

按照《普通高等学校本科专业类教学质量国家标准》的规定,专业人才培养方案的设计应涵盖专业人才培养目标、培养规格、课程体系、教学规范、教师队伍、教学条件、质量保障与评价等诸要素,其中,人才培养目标是安排设计其他要素的先导,对其他要素具有统领作用。在人才培养方案里,人才培养目标和培养规格解决"培养什么人"的问题,课程体系、教学规范等其他要素解决"怎样培养人"的问题。人才培养目标的不同是决定了人才培养方案差异的首要因素。

(一)人才培养目标的定位要科学合理

首先,定位科学合理的人才培养目标源于对学校目标定位、服务面向、类型层次定位的深刻解读,源于对学校办学条件和学生素质的深刻把握。因此,要根据学校发展的总体目标、学校的办学方向和类型定位,在认真审视专业的师资水平、办学条件和学生素质特征的基础上,确立专业的人才培养目标。目标的订立既不过于依赖现有条件的制约,也不过于夸大人的主观能动性的作用;目标应具有激励性,是教

第三章 民办高校应用型人才培养体系的建构

师通过努力教学可以达到的。其次，科学合理的人才培养目标（或者说整个人才培养方案）需要多方参与来制订。应用型高校人才培养的质量和社会需求的达成度最终由地方的企业、行业来鉴定，因此，在预设专业人才培养的规格时，需要有行业、企业的技术人员、管理人员或用人单位的共同参与，让人才培养的质量和规格达到地方行业、企业的用人要求。最后，科学合理的人才培养目标（也可以说是整个人才培养方案）体现在专业的差异化发展上。同一个学校的专业，有的是学校的品牌专业，有的是重点专业，有的是需要强化的专业，每个专业在学校组织内部的定位和发展趋势，以及与地方产业链的对接情况都各不相同，专业人才培养目标需要体现差异性，走差异化的专业发展道路。

（二）人才培养目标要客观具体

1. 明晰应用型人才的知识、能力和素质要素

对应用型人才的知识、能力和素质要素进行辨识，是制定客观具体的人才培养目标（也可以说是人才培养规格）的前提；换言之，人才培养规格是对人才培养目标的具体化。知识、能力和素质体现为人的心理特征或心理品质，根据应用型人才未来所从事职业岗位的要求，其掌握的知识应具有专业性与通识性，其能力应具有行业对应性和发展性，其素质（心理品质）应具有基础性、通用性和专业性。根据学界的相关研究和《普通高等学校本科专业类教学质量国家标准》的规定[①]，应用型人才在知识、能力和素质方面可以划

---

① 教育部高等学校教学指导委员会：《普通高等学校本科专业类教学质量国家标准》，高等教育出版社2018年版。

分为相应的结构和要素,具体见表3-2。

表3-2 应用型人才的知识、能力和素质结构要素

类别	要素	课程类型	功用
知识结构	专业基础知识	学科基础课	是从事专业活动必备的知识,对专业能力和专业素质的形成起着奠基作用
	专业发展知识	专业方向课和专业选修课	是培养专业发展能力、专业素质的必要前提
	综合性知识	跨专业、跨学科的选修课等通识类课程	是培养一般能力和通用素质的前提
	工具性知识	文献检索、外语、计算机信息技术、研究方法等公共教育类课程	方法性知识,是掌握其他知识的知识,对公共能力、专业能力、发展能力、专业素质和综合素质的提升都具有促进作用
能力结构	公共能力	公共教育类课程和通识教育类课程	是从事任何职业都应具备的基本能力,包括学习思考能力、价值判断能力、交流沟通能力、身心调适能力、信息处理能力等

第三章 民办高校应用型人才培养体系的建构

续表 3-2

类别	要素	课程类型	功用
能力结构	专业能力	学科基础课、专业方向课和专业选修课	是专门人才在从事专门领域工作必备的基本能力,是在本专业领域的职业岗位通用的能力,是专业教育体系下学生职业发展的基础
能力结构	发展能力	学科基础课、专业选修课;跨专业、跨学科的选修课等通识类课程	能够胜任职业岗位需求并能进行职业转换、迁移的能力
素质结构	基础通用素质	公共教育类课程和通识教育类课程	从事任何职业活动都必须具备的素质,如听、说、读、写、数学运算等基本技能,分析问题和解决问题的思维能力,个人品质(责任感、敬业精神、自律、自信、正直、诚实等)
素质结构	专业智能素质	学科基础课、专业方向课和专业选修课	在从事专门职业活动中将专业知识和能力逐渐内化而成的一种带有专业特征的素质,对专业活动的效率有直接影响

续表 3-2

类别	要素	课程类型	功用
素质结构	专业情意素质	专业方向课和专业选修课	从事专门职业活动的一种心理倾向特征，如专业兴趣、动机、信念、专业使命感和责任感等
	综合素质	专业开设的各类课程	基础素质、专业智能素质和专业情意素质在专业实践活动中融合、优化、提升而成的一种全面性素质，是政治素质、思想素质、道德素质、身心素质、科学文化素质、审美素质、专业素质等有机融合的结晶

2. 对应用型人才的知识、能力和素质要求具体化

教育测量理论认为，只有具备具体可操作的教育目标，测量和评价才能有可靠的依据。因此，在明晰应用型人才知识、能力和素质结构要素后，应该根据专门职业岗位活动的需求，参照工程教育专业认证通用标准和补充标准的格式，对学生毕业时应达到的知识、能力和素质要求进行细化和分解，形成不少于12条的毕业能力与素质要求，并将这些能力与素质清单与专业课程的教学内容进行对应和关联，形成毕业能力、素质要求与课程的映射关系结构。① 这样，就可以形成一个逻辑严谨、客观可操作的人才培养目标，为毕业生质量的评价提供有效可靠的依据，也使教育教学活动的实施者——教师能够明确自己"为什么教"，教育活动的受众——学生也清楚自己"为什么学"。

三、形成理念先进、科学合理的课程体系

（一）树立文理相通、博专兼取的课程观

课程观是课程体系构建的基础和前提。在应用型课程体系的建设中，必须有一个正确的课程观的指导。课程观体现了对应用型高校培养什么人、怎样培养人、为谁培养人的深刻理解。《高等教育法》规定高等教育的任务是培养"具有社会责任感、创新精神和实践能力的高级专门人才"。三部委《引导部分地方普通本科高校向应用型转变的指导意见》中指出，应用型高校要"加快融入区域经济社会发展"，"更好地与当地创新要素资源对接，与经济开发区、产业聚集区创新发展对接，与行业企业人才培养和技术创新需求对接"，为经济结构调整和产业升级培养"应用型、复合型、创新型人才"。由此可见，应用型人才培养的课程观，应以夯实学生的知识理论为基础，以培养学生的能力为导向，以塑造学生的专业责任感和创新精神为引领，使学生通过课程的实施，真正成为德、智、体、美、劳全面发展的社会主义建设者和接班人。

---

① 袁靖宇：《高校人才培养方案修订的若干问题》，载《中国高教研究》2019 年第 2 期，第 7 页。

1. 要处理好通识课程与专业课程的关系

在培养全人与培养专才间寻求平衡点。通识课程旨在培养学生的"全人"品格，这种"全"体现在两个方面。一是兼具智力与情感的"全"。人无论是在生产中还是在生活中，作用于生产对象或生活对象的不仅仅是人的知识和能力等智力因素，同时还有人的情感、态度等情意方面的非智力因素，也就是说，人是以一个"全人"也就是全部的心理因素在参与人的生产或生活。心理学研究也表明，人的情感、信念、理想、社会责任、世界观等这些非智力因素虽然不直接参与人的认知过程，但对人的认知过程起着发动、导向、维持和强化的作用。因而，通过教育涵养学生的道德和精神，淬炼学生的意志和性格，提升学生的社会责任感和使命感，将对学生以后的工作和生活产生广泛、深刻和持久的影响。二是文理兼通的"全"。世界的知识体系虽然以学科的形态存在，但随着社会的发展和科技的进步，学科不断地在分化，也不断地在走向交叉和融合，人已经不可能只使用单一学科的知识和工具来认识世界和改造世界，具有创新精神和创新能力的人才必定是融合了多个学科知识体系的人才。因此，在国家产业升级不断加快、实施创新驱动发展的新时代，高校的通识教育受到了高度重视。《普通高等学校本科专业类教学质量国家标准》规定，我国本科高校开展的通识类课程主要有三类，即人文社会科学类课程、自然科学类课程和工具类课程，并且根据各个专业类别和人才培养目标的不同而有所调整。但在实际工作中，人们的旧观念还没有得到普遍的更新，在思想意识上还停留在通识教育课就是人文素养选修课的认识上。因此，应用型高校在构建课程体系时，要以"全人"教育的理念做好通识类课程的规划，厚植优秀中国传统文化，统摄人文社会学科、自然学科的精髓，兼具工具类学科的知识技能。有学者建议，通识教育的学分比例掌握在总学分的40%左右。①

2. 把握好基础知识与专业知识的关系

在培养人才和培养专才之间寻求课程设置的平衡点。基础知识是从事任何一项职业活动所必备的知识，对培养学生的通用能力和综合素质具有基础性作用，影响学生未来的职业提升能力和迁移能力的高低。专业知识是专业理论知识或操作性知识，是培养学生专业发展能力和个性化素质的重要前提。在构建课程体系时要做这样的考虑：对于在就业市场专业对口率或职业对口率较高的专业，应考虑适度提高专业知识在整个课程体系中的比例；对于专业适应度比较宽泛，与职业岗位匹配度不高的专业，则应提高其基础知识的比例，着眼于培养学生的基础通用能力和素质，以适应未来转换职业岗位的需要。

3. 处理好"主修"与"辅修"的关系

在培养"一专"与培养"多能"之间寻求课程设置的平衡点。麻省理工学院（简称MIT）是美国培养科技人才与管理人才的顶尖研究型大学，其校训"理工与人文相通，博学与专精兼取，教学与实践并重"为人耳熟能详。也许MIT的办学水平对于我国目前的应用型高校，尤其是民办高校来说有些遥不可及，但其校训中蕴含的先进的办学思想和办学

---

① 袁靖宇：《高校人才培养方案修订的若干问题》，载《中国高教研究》2019年第2期，第8页。

理念，值得我们在构建应用型课程体系中学习和深思。伴随科技的飞速发展与进步，社会职业岗位分化、交叉与融合，社会进步与发展需要越来越多的掌握多个学科知识、多项技能的复合型人才。民办高校作为应用型高校，在构建课程体系时，应重视扩大辅修专业范围，设置跨学科选修课的学分，重视学科交叉与复合，培养复合型、创新型人才。

（二）以增强学生的自主学习能力为导向设计毕业总学分

毕业总学分是对大学生在学期间应完成的课程学习量的规定，是衡量大学生能否顺利毕业的总要求。有研究者对我国某省的10所向应用型转型的高校的毕业总学分进行了调查，了解到10所学校20个专业的人才培养方案规定毕业最低应修学分为202学分，按照16~18学时1学分计算，20个专业的平均学时约为3232~3636。据不完全了解，目前我国大多数高校的毕业总学分在170~190。相比其他国家的毕业总学分要求，我国高校的毕业总学分普遍偏高，如美国大学一般在120~128学分，日本大学一般为124学分，我国台湾、香港的大学一般为128学分，且国（境）外高校的学分计分为13学时1学分。本科教育学分学时要求过多的问题也引起了学界的关注，一些学者认为，过高的学习量会使学生陷入范式陷阱，制约了他们突破范式的创造力的发展。[①] 还有一些学者认为学分学时要求虽然也许并不必然生发创造性，但过多的学分学时要求并不会提高学生的学习能

---

① 卢晓东：《论学习量》，载《中国高教研究》2015年第6期，第38-48页。

第三章 民办高校应用型人才培养体系的建构

力,增加学生的创造力,并从学生、教师和学校的角度对学分学时过高的弊端进行了剖析①。综合各种研究,可以这样认为:从学生的角度看,学分学时要求过多,学生要完成的规定课程量必然会过大,这无形中减少了学生可以自由支配和自主学习探究的时间。尤其是随着信息技术与教育的深度融合,大规模的网络在线开放课程的开发和投入,产生了更多获取便捷的优质课程资源,过多过大的安排式教学挤压了学生的可自由支配时间,不利于学生学习主动性的发挥,从而不利于其创造性人格的培养。从教师的角度看,过大过多的学时要求,必然增加教师备课的压力,造成教师疲于上课,这一方面缩减了教师进行教学研究、教学改革和自我提升的时间,另一方面还导致这样一种现象,即有些民办高校的教师数量相对不足,为了让教师承担更多的教学任务,在教师的工资结构里增加课时工资的占比。由于教学评价监督制度的缺失,一些教师上课成了纯粹的"混课时",教学质量更加难以得到保证。对于民办高校而言,在教学质量得不到提升的情况下,过多过大的学时要求也增加了教学成本,降低了办学效率,造成了办学资源的浪费。

如何减少学分学时,提升本科教育的挑战度,培养专业志趣,激发学生自主学习的积极性和主动性,在控制毕业总学分方面,学者们的建议不完全一致。有的建议 4 年制本科的基准学分可以掌握在 160 学分左右,文科类专业适当减

---

① 靳晓光:《论转型高校人才培养方案的修订——基于 10 所转型高校人才培养方案的调查》,载《北京城市学院学报》2019 年第 3 期,第 92-96 页。

少，理科类专业适当增加，医学类专业自主确定；生源质量较高的专业可以适当减少，生源素质较低的专业可以适当增加；为避免课程碎片化，对于核心课或学位课，建议实行大学分要求①。还有学者建议本科4年制的总学分控制在130～140，上限不突破140学分，以15学时为1学分计算毕业总学时②。但多数学者倾向于我国4年制本科的毕业总学分控制在150～160，还是以16～18学时为1学分计算学习总量，这与我国《普通高等学校本科专业类教学质量国家标准》里的规定趋于一致。民办高校生源处于高考分数段的末端，学生的认知水平、学习的主动性和自觉性相较公办高校的学生来说，处于一个较低的水平，在学生毕业的总学分学时方面可根据不同专业的要求，在同类型和同层次的公办高校的基础上适当提高。

（三）建立逻辑清晰、结构得当的课程框架

课程体系由课程要素构成。在应用型人才培养的课程体系中，课程要素有基础类课程、通识类课程、专业类课程，同时这些课程又以必修与选修、课内与课外的形式呈现，因此，前者为课程的"实质构件"，后者为课程的"形式构件"。构成实质构件和形式构件的课程要素纵横贯通，并以一定的结构比例呈现，形成应用型人才培养的专业课程框架。在实际的课程设置中，由于受传统思维的影响，往往存

---

① 袁靖宇：《高校人才培养方案修订的若干问题》，载《中国高教研究》2019年第2期，第9页。

② 卢晓东：《论学习量》，载《中国高教研究》2015年第6期，第38-48页。

第三章　民办高校应用型人才培养体系的建构

在重专业课程、轻基础课和通识课,重必修课、轻选修课,重课内课、轻课外课的现象,课程计划的设计者通常先确定专业课、必修课和课内课,然后再按课程的"轻重"依次安排专业基础课、学科基础课、公共基础课、通识课、选修课、课外课,其结果往往导致课程结构的失衡,不利于学生全面素质的培养。人才培养方案的设计,要以学生个体素质的全面提升为导向,要以"博学与专精兼取"的课程理念来指导课程的设计和安排,要凝练课程内容,优化课程之间的比例关系。

首先是处理好基础课与专业课的关系。基础课的学科视域往往比较宽广,可以适用于同一学科的多个专业甚至是多个相近学科,同时不同的学科或专业对基础课要求掌握的深浅和宽窄程度并不完全一样。因此,在课程体系设计时,可以加强跨学科、跨专业的横向联系,建立基础课程平台,在一些学科和专业之间实现课程资源的共建和共享。同时,根据课程的深浅度和难易度,加强纵向贯通,在不同层级的课程间培育课程树,使课程的层级和结构清晰得当,以适应不同专业学生对基础课的不同需求。

其次是把握好必修课与选修课的关系。选修课一般分为专业选修课和通识类课程。在大学的课程中,选修课是拓展应用型人才的专业视野、增进其知识面的宽度和广度、培养其公共能力和通用素质的主要途径。选修课的开设切忌"散",要根据不同专业应用型人才培养的需要,对选修课的内容进行梳理,形成适合不同专业学生需要的课程模块,以防止知识的零碎化。在保证学生具有专业需要的完整的知识结构的前提下,尽量增大选修课的比例,让学生的精神世界得到更多的知识滋养。尤其要重视的是，要将教师的科技开发成果或企业的技术革新项目反馈到学生的选修课程体系里，以科技创新反哺教学，体现选修课程的前瞻性和先进性，为学生毕业设计选题打开思路，提高学生对行业企业技术创新的认知度，增强学生对未来职业的认同感。

再次是处理好课内课程与课外课程的关系。大学课堂上教师讲、学生听这种被动式的学习模式应该变革，应该建立以"学生为中心"的教学模式，课程的教学应该从学生的需要出发，重视学生对知识的主动辨识和主动建构，而学生对知识的主动接纳和建构建立在学生良好的学习体验和经验之上。因此，在处理课内课程和课外课程的关系时，应压缩课内学时，并将大课和多学时课进行拆分，在时间和空间两个维度上，将教学内容从课内向课外延伸拓展，增加学生的实践或体验式课程。

最后是正确认识隐性课程与显性课程的关系。学校的隐性课程主要体现为校园文化对学生心智、品格、精神信念和价值观等的涵养，即"以文化人"。良好的校园文化，如积极进取、遵守纪律、崇尚学术、开拓创新等，都会潜移默化、润物细无声地让学生养成勤奋学习、诚实守信等良好品格。教育实践证明，在培养学生的精神品质和习惯态度方面，文化的熏陶这一教育的隐性课程所达成的效果比学校按教学计划安排的显性课程会更持久。因此，学校要加强学生学习的规范、教学和从事研究的规范等制度体系建设，推动隐性课程与显性课程的互动互补。

（四）构建基于创新能力培养的实践教学体系

2015年5月，国务院办公厅发布《关于深化高等学校

第三章 民办高校应用型人才培养体系的建构

创新创业教育改革的实施意见》（国办发〔2015〕36号），明确指出，要"促进专业教育与创新创业教育有机融合……挖掘和充实各类专业课程的创新创业教育资源，在传授专业知识过程中加强创新创业教育"，"使创新精神、创业意识和创新创业能力成为评价人才培养质量的重要指标"。从创新的机理来说，创新不是一蹴而就、说有就有的活动，创新是一个漫长曲折的过程，源于创新者对知识的积累、在实践中的不断反思，以及强烈的问题意识和钻研精神。对于应用型人才的创新能力培养来说，关键是在学中做，在做中思，建立融理论学习和实践探索为一体的实践教学体系。目前，在民办高校应用型人才培养方案中，实践教学比例显示在方案文本上一般都达到了国家规定的30%左右，但实际情况不容乐观。由于受办学经费的限制，实验实训条件建设还不能完全满足学生进行专业实践的需要，指导学生专业实践的教师缺乏或现有教师达不到能够指导学生的要求，这种状况亟须得到改善。

  首先是要树立正确的实践教学观。实践教学对于应用型人才培养来说，是整个教学中一个非常重要的环节。实践教学有三个层次：第一个层次是理论课中的实践，强调"在学中做"；第二个层次是独立于理论教学的集中实践，强调"在做中学"；第三个层次是与理论教学相融合，强调"在做中思"。对于这三个层次实践的安排权重，要压缩验证性实验，增加综合性、探究性、设计性实验，让学生能够在思考中实践，在实践中思考，注重把企业的技术革新项目作为培养学生创新意识和创新能力的载体，推行案例教学、项目教学，让学生在综合实践中能够或多或少地参与到项目的研究实践中。

其次是要建立一个逻辑严谨的实践课程体系。对于应用型人才培养来说,实践教学环节主要有:工程训练、实验课程、课程设计、认识实习、生产实习、企业综合实习、科技创新活动、毕业设计(论文)等。要使这些实践环节的教学内容之间相互支撑、相互联系,形成一个逻辑严密的应用性知识体系,凸显实践教学在应用型人才培养中的重要作用。在实践教学体系中,毕业设计(论文)是培养学生创新能力的重要途径,要通过制度设计鼓励和引导学生把行业企业一线需要作为毕业设计选题的来源,使学生的毕业设计贴近企业的真实需要,增强毕业设计的实践性和可操作性。

最后是提高实践教学的学时比例。三部委《关于引导部分地方普通本科高校向应用型转变的指导意见》明确要求,加强实验、实训、实习环节,实训、实习的课时占专业教学总课时的比例达到30%以上。民办高校在修订人才培养方案时,在思想上要高度重视实践教学,要加大对学生实验和实训条件的建设力度,力争使实践教学环节在整个教学过程中的比例达到国家的要求,并能在实际的教学过程中真正得到落实。

四、严把出口关,保证毕业生的质量标准

相关研究显示,我国大学课堂的挑战度较低,与美国等教育发达国家的高校相比存在一定的差距。2018年6月,教育部陈宝生部长在新时代全国高等学校本科教育工作会议上的讲话中说,"学生的第一任务就是读书学习,高校必须围绕学生刻苦读书来办教育""玩命的中学、快乐的大学"这

第三章 民办高校应用型人才培养体系的建构

种现象应该扭转,对中小学生要有效减负,对大学生要合理增负,严把出口关,改变学生轻轻松松就能毕业的情况。要保证高校毕业生的质量标准,首先是要提升学业挑战度,把存在的一些"水课"变成有深度、有难度的"金课",彻底改变民办高校教师由于学校教学考核评价体系不完善而导致的混课时的现象,提升课程质量;其次是要进行考试评价制度的改革,坚决取消毕业前的"清考"制度,不给不认真读书的学生最后蒙混过关的机会;再次是严格过程性考评,增大平时作业、小测验、综合训练、课堂研讨等过程性考核的比重,减少期末一次性考核的权重,加强学习质量的过程性控制;最后是建立学业预警制度。以不及格的累计学分量设定一条预警线,达到预警线的学生要受到教务部门的警告,并且在预警解除之前,只能重修不及格的课程,不能修续新的课程,以使学生保持一定的学业压力,激发学习的动力,从根本上提升应用型本科教育的人才培养质量。

第三节 民办高校应用型人才培养的行动路径

如果说关于人才培养目标定位和人才培养方案设计是从理论层面对民办高校人才培养体系进行探讨和研究的话,那么,民办高校应用型人才培养体系实际上还存在着一个行动层面的建构,也就是民办高校应用型人才培养目标和培养方案的执行机制。这主要体现在以下五个方面。

一、建立多方位考虑和多主体参与的人才培养方案制订机制

应用型高校人才培养活动的目的有两个方向：一是适应区域经济社会发展的需要；二是促进人的全面发展，并通过后者的实现来达成前者。人才培养方案是实现人才培养活动目的的行动方略，其订立应从两个方面考虑。

（一）从人才培养的需求端考虑

应用型高校培养的应用型人才，最终要走向生产、建设、管理、服务的第一线，从事实际的工程设计、生产管理、产品开发、技术服务等工作，这些人才的知识、能力和素质表现在走上工作岗位后能否达到行业、企业的要求，最终是由聘用的行业或企业来检验。因此，在订立专业人才培养方案时，需要有企业人员的参与，需要学校到行业和企业进行人才培养质量的调研。而现实的情况是，一些民办高校在制订专业人才培养方案时，有的是让校内的相关教师或某一个教师来制订，而这些相关的教师由于缺乏相关信息，也就只能参考同类学校的专业人才培养方案或凭自己的经验进行编撰，并没有进行相关的实地调研和用人单位的参与。人才培养方案是人才培养活动的行动指南，是进行人才培养活动和对人才培养质量进行评价的基本依据。轻视和敷衍人才培养方案的制订，无疑会使后续的人才培养各项活动的质量得不到保证。

制订专业人才培养方案，需要建立企业调研制度。例如，到企业对学生的知识、能力和素质结构能否满足企业岗位需求的学生社会适应性调研；毕业生和用人单位调查与回访；

专业实习与实践基地建设调研；专业设置与综合改革调研等。把调研得来的信息进行整理和归纳后，形成调研报告，为专业的设置与调整、专业人才培养方案的设计提供参考依据。

（二）从人才培养的供给端审查

民办高校培养的学生能否达到地方行业、企业对人才质量的要求，既决定于学校层面的教学活动的组织与开展，也决定于学生本身的知识基础、能力水平和学习态度与习惯。所以，人才培养方案的制订，还需要通过动态的教学评价来提供决策信息。要不断跟踪学生的学习情况，考查学生通过学习能否达到原先设计的培养规格，如果达不到培养规格的要求，是学生身心素质的原因还是教学的设计问题。动态的教学评价，可以使教师不断优化和调整教学方案，同时也可以从供给端为人才培养方案的制订提供必要的信息。

综上所述，人才培养方案的制订，在收集相关信息的基础上，还要进行充分的讨论，建立人才培养方案的论证和审议制度。由有企业、行业专家参与的专业指导委员会对预设的人才培养的质量和规格与行业、企业需求的匹配度，与学生实际的认知水平及学习能力的适切度进行认真的审议和论证。论证和审议不是一次终结，也可以根据情况进行多次的审议和论证，以保证人才培养目标和规格制定的科学性、准确性和合理性，真正成为人才培养活动的指南和最终考查人才培养质量的依据。

二、构建与人才培养目标和规格相对应的课程体系

人才培养规格是人才培养目标的核心，是人才培养的质

量标准。而课程及其体系则是实现人才培养活动达到这个质量标准的核心。从课程与人才培养规格的关系来看，应将人才培养规格中人才应具有的知识、能力和素质进行细化和分解，分解出知识要素、能力要素和素质要素若干条，并将这些要素与课程体系应传递给学生的知识点、能力点和素质点建立对应关系，明确每一个知识点、能力点和素质点的实现程度，在此基础上，再将课程体系进行结构和顺序的设计与划分。这是从应然层面的讨论，但在实然层面，民办高校的课程设计还表现出一定程度的盲目性和随意性，课程及其体系的设计还缺乏严密的设计和论证，往往还存在着教师根据自己的知识特长和兴趣偏好设计课程，使课程的开设偏离了人才培养目标和规格的要求。

为改变课程设计的随意性和盲目性，改善课程设计由某一个人或某几个人说了算的现状，要建立和完善课程设计的论证与审议机制。由有行业、企业专家参与的专业教学指导委员会对课程开设的目的、价值和意义进行充分的讨论和审核，明确课程对应的知识要素、能力要素和素质要素及其对这些要素的实现程度。防止符合人才培养目标和规格的课程无法开设，不符合教师个人志趣的课程不愿开设，以及课程内容重复和因人设课等不正常现象的出现，逐步提高和改善课程体系与人才培养目标和规格的匹配度和适切度，最终构建与人才培养目标和规格相适应的课程体系。

三、建立课程教学目标、课程大纲与课程教学相统一的课程实施体系

课程教学目标是该课程对学生在相应的知识、能力和素

第三章 民办高校应用型人才培养体系的建构

质方面的达成度进行的规定。教学大纲是以纲要的形式对课程教学的内容、体系、范围、教学要求进行规定的教学文件，是实施课程教学的基本保证和指导性文件，也是指导学生学习、进行课程评价的主要依据。甚至可以这样说，课程教学大纲是课程实施的起点、驱动力和归宿。课程教学只有依据教学大纲的要求进行，才会实现课程教学目标。但在民办高校的教学实施过程中，常常存在课程教学大纲偏离课程教学目标、实际教学偏离课程教学大纲的现象，大大影响了课程教学的质量。为此，需要建立教学大纲的制订、论证和执行规范，以提升课程实施对人才培养目标的实现程度。

一是建立教学大纲的编写规范，促使教师编制基于教学目标实现的详尽明晰的教学大纲。关于教学大纲的编制和使用，国外的教学模式值得借鉴。在西方一些发达国家如美国的教学模式中，教师教学非常重视课程教学大纲（Syllabus）在教学中的地位和作用。很多学校的 Syllabus 内容项目的要求很详细，甚至多到 15 项，这里主要列举 7 项，具体见表 3-3。每一位上课的教师，在课程开始的第一节课，会把 Syllabus 发给学生或要求学生去学校系统的网站上下载进行阅读并签字，以表明学生已经阅读并且清楚这份课程纲要的内容及本门课程的要求和政策。这样做的好处至少有三点。第一，培养学生做计划并依计划而行的习惯和能力。学生在一门课程的开始就知道课程学习的大致内容、考核及作业的具体要求，知道什么时间节点需要完成哪些任务，这就要求学生按教师制订的计划合理地规划自己的时间，并且有序地完成每一项任务。如果不按计划完成，其将承受很大的损失，如不按规定内容的要求完成作业，或作业迟交，都将使

表 3-3　Syllabus 的要素及主要内容①

序号	要素	内容及说明
1	教授简介	简单的个人介绍、联系方式等。其中重要的是教授本人的 Office Time，这个时间学生有问题，无须预约，可以直接去办公室询问
2	课程信息	课程的概况
3	课程要求	包括教授指定的教材、课外阅读材料等。另外会规定对学生的一些具体要求，比如缺勤、迟到、早退、作弊等的处理。有的教授甚至会把给他发邮件的具体格式都提出详细要求
4	教学安排	说明每周的学习内容，哪一周学到哪一章节。部分教授会详细说明每堂课要讲的章节内容
5	作业	详细列出每一次作业的要求，比如论文的格式、引用文献数目、作业篇幅（具体到字数、字体、间隔等）、主题范围、截止日期。小组作业还需要学生开学就寻找小组成员，组成小组后定期学习完成任务。理工科学生每周需要多少小时的实验，实验报告如何撰写，等
6	考试安排	包括考试日期和考试的内容，评分审核的各项组成、占比等
7	评分细则	规定出勤、作业、课堂表现、考试成绩等的占比

---

① 陈岩：《Syllabus（课程教学大纲）的重要性及其在美国大学中的应用》，见吉林财经大学教师教学发展中心网站（http://cftd.jlufe.edu.cn/NewsShow.aspx? Id=1914&ClassId=43）。

这门课程的考核成绩受到极大的影响。这种计划能力也会成为未来工作中的一种优势。第二，提高学习效率。通过 Syllabus 学生提前知道需要阅读的书籍、资料和需要做的准备，学生上课带着对问题的思考而来，比事先没有任何思考的听课效率会大大提高。第三，让教师和学生双方都成为学习过程中的平等主体，都受到 Syllabus 的约束。通过 Syllabus，不仅学生受到约束，要按计划完成相应的任务，教师也不能随心所欲地教，需要按照 Syllabus 规划的计划而行，这使教学成为学生和教师相互监督的过程，增强了计划的权威性。当然，一位教师的 Syllabus 在发给学生之前，会结合教学设计、经验和上一届学生对 Syllabus 的评价反馈等，进行反复修订。民办高校在规范教师编写课程教学大纲时，可以参照美国和我国香港高校的 Syllabus 的编写内容，结合每门课程和学生的特点，要求每一门课程的教学大纲除具有一般规定性的内容外，特别强调要有明确的与专业培养规格相对应的知识目标、能力目标和素质目标，并对这些目标的实现程度进行有区分度的描述，强调对规定的阅读任务、作业、考核的要求及其完成的时间规定，以及未达到要求或未按时间完成的处罚等。考虑到民办高校学生的学习动力和学习习惯的问题，在教学大纲的编写中，还应确立对学生的考勤进行相关规定，将学生上课的出勤情况与对学生的学业考核直接紧密地联系起来。

二是建立教学大纲的审核论证制度。成立课程教学委员会，教师编写的教学大纲要经过课程教学委员会的集体审核和论证，以确保教学大纲的科学性和合理性，彰显课程教学大纲对课程教学的权威性和指导性。对于学科的基础课，由于其知识体系具有稳定性，一定要请有教学经验丰富的老教师参与的课程教学委员会进行集体审核。对于一些应用性和技术性的课程，由于其知识内容具有动态特征，也应以课程组的形式精心设计和论证。另外，在课程组倡导建立教学共同体，鼓励教师积极研究课程教学，深挖课程在整个课程体系中对实现人才培养目标的价值和意义，深刻理解和认同课程教学的规范。

三是建立教学大纲的执行机制。教师在实施课程教学时，能否依照教学大纲的规定施教，如对教学内容的范围和深度的把控，教学进度和教学的方法和手段的运用，考核内容和方法的确定，课程目标与教学任务的实现度等，这些都需要通过定期的教学检查和评价来进行诊断。为实现课程教学大纲与课程教学的一致性，需要重视课程教学的定期检查和评价。通过定期的检查和评价，对课程的实施进行过程控制，防止教师在课程实施中按自己的知识和兴趣对课程内容进行过度的自由裁量而使课程实施偏离教学大纲的要求，进而影响课程质量。

四、建立基于课程教学大纲的课程教学评价机制

课程实施的目的是实现人才培养的目标，因此，可以说，课程评价的本质就是测量课程教学在多大程度上实现了人才培养目标的要求。课程的实施，只有遵循课程教学大纲的规定，在课程教学内容、教学要求、考核方式等方面依教学大纲的框架开展，才能保证课程实施的质量，保证课程对人才培养目标的实现程度。课程教学大纲既是课程实施的纲领性文件，也是评价课程质量的主要依据。但在民办高校的

第三章 民办高校应用型人才培养体系的建构

实际教学过程中,课程质量的好坏往往根据学生考试的分数来衡量,却忽略了学生考试分数的好坏由多种因素制约的事实,例如,试题难易程度,学生的知识基础和能力水平,教师在教学过程中能否根据教学目标和学生的身心素质选择教学内容和教学方法等。因此,对于课程教学,亟须形成基于教学大纲的科学合理的评价考核机制。

一是形成科学严格的教学效果评价制度。对教师的教学效果最直接的评价载体就是学生考试的试卷。民办高校为了迎接政府对学校办学水平的评估,学校教务部门对试卷的质量给予了高度的重视,实行试卷质量的审查制度,如对试卷内容的难易程度、考试形式等与教学大纲的符合度,试卷的计分方法和对错标记是否规范等进行检查。但由于受各种因素的制约,这样的检查往往流于形式,院系教学负责人和教研室主任大都是为应付而走过场,并没有真正对试卷考核内容的深度、覆盖面,考核的形式与教学大纲的规定的契合度进行严格的审查,因而也就无法保证课程教学对课程教学目标的实现度。对此,学校可赋予教学督导相应的查阅、评审试卷质量的权力,责成教学督导根据教学大纲和课程教学目标的要求在考前对试卷内容的难易程度、试题的类型、形式和规范程度进行认真的评估,在考后对阅卷的情况、学生分数分布的状况进行严格审查。对于教学评估和检查的结果,教务部门要及时跟进处理。

二是实施教考分离。对于一些具备充足的师资条件的基础课、专业核心课等课程,尝试实行教考分离,防止教师偏离课程教学大纲要求而随意增大或降低课程考核难度,增加考试评价的客观性。

三是加强对教学过程的检查和评价。定期开展教学检查，让教师提供教学进度表、教案、学生作业情况等反映教学过程的资料，对照教学大纲的要求进行审核和评价，通过定期的检查与审查，力促教师养成依教学大纲实施课程教学的态度和习惯。

五、积极推进以产业学院为重点的校企合作平台建设

（一）产业学院是探索校企合作平台建设的必然结果

应用型人才培养的实践证明，产教融合、校企协同育人是应用型人才培养的重要手段和重要途径。在向应用型转型的实践和探索过程中，各转型高校为加快融入区域经济社会发展，更好地与当地创新要素资源对接，与行业企业人才培养和技术创新需求对接，积极通过项目联合、校地共建、合作培养等形式与企业共建合作平台。这些合作平台，为学生了解社会、融入社会、服务社会构筑了"走出去，引进来"的多种渠道，成为应用型人才培养的宝贵教育资源。但是，在校企合作平台的建设中，校企两个主体的主动性和积极性表现程度不同，往往是校方主动，企业被动，校企合作平台的建设效果并不能尽如人意。存在这种现象的原因主要有两个：一是双方在合作中并没有成为一个共商、共建、互惠、互赢的利益共同体；二是缺乏一个维护这个利益共同体存在的组织机制。2014年5月，国务院发布《关于加快发展现代职业教育的决定》，首次提出建设"股份制、混合所有制职业院校"。2015年，教育部《高等职业教育创新发展行动

计划（2015—2018年）》进一步鼓励企业和公办高等职业院校合作举办适用公办学校政策、具有混合所有制特征的二级学院。2017年12月，国务院办公厅发布《关于深化产教融合的若干意见》（国办发〔2017〕95号）指出，要构建教育和产业统筹融合发展格局，强化企业重要的主体作用，鼓励有条件的地区探索推进职业学校股份制、混合所有制改革，允许企业以资本、技术、管理等要素依法参与办学并享有相应权利，深化"引企入教"改革，促进企业需求融入人才培养环节。应用型高校在校企合作平台建设中的积极探索，以及国家层面的政策推动，使"产业学院"这个新的组织模式成为应用型高校的内部组织系统中的一个"亮点"，在应用型人才培养中发挥着越来越重要的作用。

（二）产业学院是对传统大学内部组织模式的重构

传统大学的内部组织主要是依照学科知识体系的逻辑架构而成，如二级学院和相关系、所是以学科或专业群为维度来划分的学术组织。但随着科技进步和产业的转型升级，社会对人才素质的需求发生变化，高等学校中仅以学科或专业为根据来建构的组织已经不能完全满足培养符合社会需求的人才的需要，于是高校里除了二级学院、系、所等学术组织外，还出现了许多功能性组织，如创新创业学院。为了进一步深化产教融合，推动校企合作步入新的阶段，深入贯彻国务院《关于深化产教融合的若干意见》的精神，许多高校积极探索建设产业学院。产业学院作为产教融合、校企合作的新型组织，表现出独有的内涵和组织特征。

1. 产业学院的内涵

"产业学院"一词最早源于 2000 年英国创办的开放式的远程学习组织，该组织旨在通过网络和现代信息技术向社会提供高质量的学习产品，以提高企业的生产力和竞争力。虽然该组织被称为"产业学院"，但与我国"产业学院"的内涵不同。我国的"产业学院"源起于广东中山。中山职业技术学院、中山火炬职业技术学院等高职院校主动对接当地产业发展需求，与中山市的产业行会以及行业龙头企业共同兴办沙溪纺织服装学院、南区电梯学院、古镇灯饰学院、小榄工商学院和"互联网＋"产业学院等多个二级学院。这些二级学院依托学校的优势专业对接当地产业的人才需求和科技服务需求，以服务相关产业集群为宗旨，因而被称为"产业学院"。[1]

关于产业学院的内涵，学界有着不同的表述。表现为：产业学院是职业技术学院的"二级学院或以二级学院机制运作的办学机构"[2] 产业学院是具有明确产业服务对象"产教深度融合的新型办学实体"[3]；行业学院（产业学院）与行业或产业中的骨干企业、典型企业进行紧密融合，以行（企）业生产链、产品链、技术链和服务链为对象，共同开

---

[1] 张艳芳、雷世平：《论混合所有制产业学院的内涵、地位及属性》，载《中国职业技术教育》2018 年第 34 期，第 50 – 55 页。

[2] 李宝银、汤凤莲、郑细鸣：《产业学院的功能设计与运行模式》，载《教育评论》2015 年第 11 期，第 3 页。

[3] 蔡瑞林、徐伟：《培养产权：校企共同体产业学院建设的关键》，载《现代教育管理》2018 年第 2 期，第 89 页。

第三章 民办高校应用型人才培养体系的建构

展人才培养和科技服务的应用型专业学院"[①]。虽然学界从不同的侧面表达了对产业学院内涵的看法，但归纳起来不外乎三点：第一，从目前较为普遍的做法来看，产业学院更倾向于是大学里以二级学院建制的应用型专业学院；第二，产业学院紧密对接特定的产业需求，旨在为特定产业培养急需的应用技术人才和提供科技服务，人才培养具有明确的对象性和针对性；第三，产业学院由校企双方共管共治，校企合作更为紧密，合作演变为"你中有我，我中有你"的融合。

2. 产业学院的组织特征

（1）校企双方共建共管。产业学院是校企双方在人才培养、科技服务等方面全面开展的合作，是校企紧密融合的一种实践探索。校企双方在签署合作协议的基础上，共同投入教学和实验实习场地、科研设备等，或双方按协议根据各自的资源优势分类投入，场地、设备等教学资源向双方开放共享。在管理运作上，由双方共派人员组成领导班子和管理团队。产业学院领导班子有学校的领导、对接学校二级学院的负责人、学科专业带头人以及骨干教师等，企业方面有企业的董事长、总经理、总监以及技术骨干等。除成立领导班子外，产业学院校企双方还共派人员组成管理团队。管理团队在产业学院院长的直接领导下，负责学院日常的教学运行和人才培养工作。

（2）校企双方共同制订人才培养方案。产业学院的设立

[①] 徐绪卿、金劲彪、周朝成：《行业学院：概念内涵、组织特征与实践路径——兼论民办本科高校应用型人才培养》，载《浙江树人大学学报》2018年第1期，第1-6页。

是针对特定行业或企业的需求，为特定行业或企业培养应用型人才，所以在人才培养方案的制订过程中，课程内容和体系的设计要紧紧围绕行业或企业对人才在知识、能力和素质方面的要求，要依托学校现有专业的优势，将职业标准引入课程体系，对课程内容进行系统的整合和调整优化，使人才培养方案在培养目标、培养内容、培养方式等方面全面适合企业产业链、产品链和技术链对应用型人才的需求。产业学院的人才培养方案由校企双方共同制定，这样一方面可以使人才培养方案更加适应企业对特定专业能力的应用型人才的需求，另一方面也保证了教学的实施能遵循高等教育办学规律以及学生成长的规律。

（3）校企双方共同组建教学团队。应用型人才的智能结构需要具备两个方面的特征：一是要具备相应的专业知识和基础理论；二是将专业知识和基础理论转换成解决生产过程中实际问题的能力，也就是知识的应用能力或技术能力。这就决定了支持应用型人才培养的教师队伍的多元化，这种多元既体现在教师能力的多元，如既具有深厚系统的专业理论知识，同时也具有专业实践能力的"双师双能型"教师，也体现在教师队伍来源的多样化，如既有来自高校的毕业生，也有来自企业、行业的技术专家和管理骨干。产业学院由校企双方共建共管，针对特定产业的需要培养应用型人才，共同组建教学团队，体现了产业学院人才培养的特殊优势。高校教师不可能长期处在生产现场，对行业技术前沿的了解可能不及时、不全面、不深入，而行业、企业的技术专家正好在这方面具有得天独厚的优势，两类人员共同组建教学团队相得益彰，实现了产业学院教师资源的共享和互补。行业、

第三章 民办高校应用型人才培养体系的建构

企业技术专家纳入课程教学团队，可以使课程教学与行业、企业对人才技术应用能力的需要很好地对接起来，也可以使学生在实习实训、毕业设计等环节得到更多的企业导师的实际指导，大大提高了人才培养的针对性、精准性、适切性和有效性。另外，聘请企业导师也缓解了民办高校师资数量相对不足的问题，优化了师资队伍的结构，提高了师资队伍的技术水平。

（4）共同推进教学和科技服务改革。产业学院不同于传统的以学科或专业群划分的校内二级学院，因此，在学生的培养计划、培养内容和培养方式上都需要做出相应的改变和调整，这必然涉及教学改革，而改革的承担者和推进者必然是双方共同组建的教学与管理团队。如在学期制方面，可以采用多学期制，使理论教学与生产实践方面可以根据需要多次在学校和企业间轮换，增强理论学习与实践练习在时空上的可交叉性与灵活性；在教学组织形式方面，可以依托某个专业单独建班，也可以跨学院、跨专业在全校范围内单独招生建班；在课程资源方面，发挥校企双方的优势，共建一些适合产业学院培养模式的课程模块和新型教材；在应用技术研发方面，面向企业的技术改造、产品升级和转型发展，学校发挥学科优势和人才优势，企业发挥技术应用优势，校企双方共同围绕生产服务一线的技术问题，以立项的形式共同进行合作研究。对于民办高校来说，由于科研基础相对薄弱，找寻企业的合作项目不易，产业学院的建设可以在一定程度上为教师科研工作的开展提供一条新的通道。

（三）推动产业学院建设的实践路径

产业学院作为校企合作的组织创新，突破了原有的校企合作的障碍，为高校传统的以学科专业为逻辑架构的二级学院发展模式注入了新的活力，已成为民办高校应用型人才培养的重要模式。目前，一些民办高校根据自己的专业资源优势以及当地的产业结构，在学校设置了多个产业学院，如浙江树人大学、广东理工学院、广东科技学院、广东东软学院等，产业学院的设置，有力地推动了学校的应用型改革，为培养具有广泛行业适应性和行业需求的应用型人才奠定了很好的基础。产业学院的建设有其共性的路径可循，可以为民办高校推动产业学院建设提供参考。

1. 依据学科专业资源主动对接地方产业需求

产业学院是学校与企业的合作与连接，彼此都有一个与对方连接的载体。学校端表现为学科专业的特色和优势，企业端是企业的生产链、产品链、技术链和服务链对人才和技术的需求。两者进行紧密的对接，或者说学校的学科专业以企业对人才和技术的需求为服务对象，构成了产业学院设置和建设的基础。因此，民办高校要建设产业学院，首先必须了解、调研地方的经济社会发展的整体情况，了解地方的产业发展及其对人才和技术的需求状况，在此基础上，再根据学校的学科或专业资源，以开放的姿态主动出击，寻求与地方新兴产业、主干产业或核心产业、特色产业需求的紧密对接。

民办高校虽然办学基础薄弱，学科和专业建设以及教育教学水平相较公办高校还存在很大的差距，在自身建设上还有很多亟待解决的问题，但这并不意味着民办高校要先将自身的人才培养和服务水平提升到和公办高校一样之后，才开始考虑产业学院的设置和建设。民办高校也要开放办学，积极融入地方经济社会发展，主动服务地方产业的转型升级，

第三章　民办高校应用型人才培养体系的建构

并在融入和服务地方发展的过程中，不断提高自身的办学水平和人才培养质量、学校办学水平的提高和服务地方是一个问题的两个方面，是相辅相成、相得益彰的事情。因此，民办高校要根据地方经济结构的调整和产业的转型升级，不断进行专业的调整、改造和建设，并以学科或专业的优势或特色主动对接产业需求，大力推进产业学院的建设。

2. 围绕产业需求调整和集聚学科与专业

产业学院的出现，使高校内部出现了两种类型的二级学院：一种是传统的以学科专业逻辑组建的学术型学院；一种是以产业需求逻辑组建的应用型学院。按照系统科学的理论，在一个组织内部，两种类型的事物都要得到发展，两者之间必然需要相互联系、相互作用与相互协调。学科与专业是人才培养的依托，无论是传统的学术型学院还是应用型的产业学院，其人才培养都离不开学科和专业对其的承载。但由于两者组建的逻辑基础不同，因而围绕两者的学科和专业的结构或组成不同。学术型学院和产业学院两者在一个组织内部要协同发展，必然会引起学校对学科和专业进行重新的调整和集聚。浙江树人大学在这方面做了一个很好的改革示例。如学校在创建每一个产业学院的过程中，围绕产业的需求，都对学科与专业资源进行不同层面和不同程度的调整，形成"行业学院—传统学院—学科专业群"之间的对应衔接关系，形成围绕行业发展方向的学科与专业协同，具体见表3-4。[①]

[①] 徐绪卿、金劲彪、周朝成：《行业学院：概念内涵、组织特征与实践路径——兼论民办本科高校应用型人才培养》，载《浙江树人大学学报》2018年第1期，第1-6页。

表3-4　浙江树人"大学行业学院—传统学院—学科专业群"的对应衔接关系示例

行业学院	传统学院	学科专业群	专业
树兰国际护理学院	健康与社会管理学院	现代服务专业群	护理学、老年服务与管理、社会工作、公共事业管理
华为信息与网络技术学院	信息科技学院	电子与信息专业群	计算机科学与技术、电子信息工程
绍兴黄酒学院	生物与环境工程学院	化工与环境专业群	环境工程、食品质量安全
……	……	……	……

3. 引入行业标准改造课程体系

产业学院培养的是面向特定行业的应用型人才,这就意味着产业学院的课程体系中应该引入行业标准,这样才能使人才的知识、能力和素质具有行业岗位要求的适应性和针对性。专业是人才培养的基本单元,课程是人才培养的核心要素,产业学院的建设除对学科和专业进行各个层面的调整和集聚外,关键是要通过引入行业标准来对原有课程内容及课程体系进行调整和改造,使课程的基础理论和知识体系在保证学生基础能力和通用能力培养的基础上,与行业生产实际要求的知识和技术相对应和衔接,使产业学院的课程内容既具基础性和发展性,又具行业的适用性和精准性。课程要面向特定行业和职业,将行业或职业岗位需要的知识、能力和素质进行细化分解,形成条目和框架,并以此来引导或匹配课程内容和体系的调整与改造,形成适应产业学院人才培养

第三章 民办高校应用型人才培养体系的建构

和科技服务的课程体系。在实际的课程改革中，可以开发项目教学，将企业生产实际的项目引进教学，让学生走进真实的企业生产环境，让学生在真实的职业环境中体会企业的岗位责任意识和企业文化，以培养学生的职业能力、职业意识和职业精神。

4. 加强融合，完善管理的体制机制建设

产业学院是校企协同育人模式的一个创新，也是一个充满活力的新生事物。在民办高校，产业学院作为一个新型的二级教学单位，嵌入高校传统的组织体系之中，这必然催生新的管理模式。可以说，产业学院的发展，校企双方的进一步合作，在很大程度上依赖于产业学院管理体制机制的建立和完善。产业学院的管理，涉及三个层面。一是学校与对接的企业。双方可以互派人员组织理事会，如学校方面可以委派校领导、对接学院的领导、学科专业带头人和骨干教师，企业方可以派董事长、总经理、总监以及技术骨干等，这是产业学院管理的高层，位于产业学院管理体系的顶端，决策产业学院人才培养方案的制订、教师队伍的聘任以及产业学院的成立、撤销等重大事项。二是产业学院的院长。院长执行理事会的决定，全面负责产业学院的教育教学和日常行政管理工作。三是校企双方互派人员共同组成管理团队，在院长的领导下，负责产业学院的日常的教学运行与人才培养工作。在产业学院的管理框架基本定格后，产业学院的运行需要相关的管理制度的支持，所以，在产业学院的运行过程中，需要不断建立和完善相关运行制度，使产业学院的运行有良好的制度机制的保证。

民办高校由于与市场有着天然的紧密的联系，学校管理

的自主性和灵活性高，在构建和创新产业学院的体制机制方面，有着得天独厚的优势，应更进一步加大产业学院的建设，培养更多更高质量的应用型人才，为区域经济社会发展做出更大的贡献。

最后，应该指出的是，民办高校应用型人才培养体系建设除了对人才培养目标定位、人才培养方案设计和人才培养的实践路径进行探讨外，还应该涉及人才培养教学支持和保障体系的建设，如教师队伍、组织文化、办学经费保障、办学风险防范等，这些内容将在本书的后几个章节进行论述。

第四章　民办高校教师专业发展

"教师专业发展"和"教师队伍建设"是一个意义的两种表达：前者是从教师作为主体的发展需求和身心特点出发探讨如何促进教师发展，认为教师发展是教师作为发展主体主动、自觉地进行心理建构的过程；后者是从学校管理的角度，根据学校发展的需要来探讨教师的发展，其关注视角是国家和学校制度要求对教师发展的影响。两者偏向的角度虽有不同，但从人与组织相互依赖、相互支持的关系角度理解，两者最终的落脚点都指向教师队伍结构的优化和整体素质的提升。现代管理理论的基本原则是"以人为本"，因此，本书采用"教师专业发展"的表达来进行论述。

坚持走内涵式发展之路是民办高校可持续发展的必然选择。教师作为民办高校内涵式发展任务的承担者，其专业发展将为民办高校内涵式发展提供持续的动力支撑。从办学实际看，数量相对不足、结构不合理、专业发展水平偏低，长久以来成为民办高校教师队伍的基本态；从对民办高校教师发展的研究现状看，截至2019年8月2日在中国知网以"民办高校教师专业发展"为主题检索到的信息条目只有174条，现有研究成果不多，并且这些成果主要局限于对问题的表征及对策探讨，尚未触及深层次的理论问题。知者行之始,行者知之成。民办高校要切实推进教师专业发展,就必须从理论和实践层面对民办高校教师专业发展进行深入系统的研究和探讨,而问题研究的指向应聚焦于民办高校教师专业发展的内涵特征、逻辑过程和发展路径。

第一节 民办高校教师专业发展的内涵及其特征

一、民办高校教师专业发展的基本内涵

民办高等教育是我国高等教育系统中一个特殊的组织构成,同理,民办高校教师是高校教师队伍中一类特殊的群体,民办高校教师专业发展内涵必然包含高校教师专业发展内涵的共性特征,同时又有其特性表达。

(一)民办高校教师专业发展的一般内涵

关于高校教师专业发展内涵的界定,学界因角度不一,分别给出了不同的认定。

1. 从大学组织基本功能(人才培养、科学研究、社会服务)的角度

台湾学者陈碧祥(2001)认为,大学教师专业内涵至少应包括教学专业知能、研究专业知能、服务专业知能及批判社会知能等。其中,教学专业知能应包括教育理念与精神、课程能力、教学能力、学科知识、教学知识、评量知能、学习如何教学之知识;而研究专业知能应包括学术研究理论与精神,学术研究能力,学科专业知识,发表、欣赏及批判能力;服务专业知能应包括服务理论与精神、社会文化特性与

知识、社会批判理念与精神等。①

2. 从高校教师职业身份的角度

认为大学教师是一种学术职业，大学教师是学者，也是教师，是学者身份与教师身份的统一体。潘懋元先生（2017）对此做过精辟论述，他认为大学教师发展的内涵包含三个组成部分：一是要具有与学者身份相应的学科专业水平，要掌握所从事学科的学术新动向，除掌握自己所从事的学科专门知识之外，还必须有坚实的基础理论与广阔的跨学科、跨专业的知识，担负起创新知识和应用知识解决实际问题的任务；二是要具有与教师身份相应的教师职业知识与技能，懂得如何将自己的所学所知转化为学生的知与行；三是要具有与学者和教师双重身份相应的特殊的职业道德，即循循善诱、诲人不倦、敬业乐业的服务精神，以身作则、行为世范的自律精神，以及以自己的创新精神和创造能力来引领大学生成为创新人才的创新精神。②

3. 从高校教师个体专业心理结构及心理成长的角度

张宏玉（2008）认为教师专业发展主要包括五个向度的内容：教师信念、专业知识、专业能力、专业态度和动机以及自我专业发展的需要和意识。③ 美国教育协会在《高校教

---

① 陈碧祥：《我国大学教师升等制度与教师专业成长及学校发展定位关系之探究》，载《台北师范学院学报》2001年第14期，第181页。

② 潘懋元：《大学教师发展论纲》，载《高等教育研究》2017年第1期，第63—64页。

③ 吴美华：《技术本科院校教师专业发展研究》（学位论文），华东师范大学2013年。

师发展：增强一种国家资源》中认为，高校教师发展包括教学发展、专业发展、个人发展和组织发展。其中专业发展应帮助教师增强专业意识，获取专业知识和技能。[1] 学者赵明仁（2006）认为，教师专业发展内涵涉及专业理念、专业知识、专业能力、专业情意（情感、态度和价值观）、自我专业发展需要或意识等，教师专业发展一般需要经历教师专业意识的增强、专业知识技能的掌握、专业能力的增强、专业情意的转变以及教师作为人的自身主体性和价值的提升过程。[2] 这个过程蕴含着教师专业心理的不断丰富和重塑，其中充满教师专业心理结构的不断流变和革新。

以上界定虽然角度不一，指向有异，但所揭示的教师专业发展的内涵与高校的组织功能具有一致性。高校对社会承担着人才培养、科学研究和社会服务的职能，这就要求以实现高校职能为己任的大学教师具有教学能力、研究能力和服务能力，同时也就决定了大学教师既是教师也是研究者的双重身份。而基于此双重身份应具有的学科专业知识技能、教师职业知识技能、师德与学术道德应符合高校实现教学、研究、社会服务功能的需要。在教师专业发展与高校组织功能实现的互动影响中，教师的专业心理得以完善，主体价值得以提升，与此同时，组织的功能得以增强，目标得以实现。

---

[1] 陈时见、周虹：《高校教师教学发展的内涵特征与实践路径》，载《高等教育研究》2016年第8期，第36页。
[2] 赵明仁：《论教师专业发展的再概念化》，载《教师教育研究》2006年第4期，第1-5页。

第四章 民办高校教师专业发展

(二) 民办高校教师专业发展的特殊内涵

由于民办高校特殊的发展历史与现实,无论是从大学组织功能、教师职业身份,还是教师个体专业心理结构的角度来理解教师专业发展的内涵,民办高校教师专业发展在各个内涵要素上的发展程度要求或侧重点相较公办高校都会有所不同,也就是说,民办高校教师专业发展内涵有其特殊性。

1. 民办高校组织发展定位对教师专业知能的特殊要求

经过近40年的发展,我国民办高等教育的发展获得了长足进步,但从办学水平和在我国高等教育系统中的地位来看,其整体的办学实力和服务经济社会发展的能力仍然相对较弱,在教学、科研(知识的创新与生产)和社会服务活动三者中,教学仍是民办高校教师的主要任务,科学研究和科技创新由于办学基础薄弱而发展迟滞。目前阶段,民办高校人才培养的目标定位表现为应用性,主要是为经济社会发展培养应用技术型人才;服务面向的定位表现为地方性或区域性,其培养的人才或技术创新主要服务于地方或区域经济社会发展。

基于教师专业发展与组织发展定位一致的原则,民办高校教师专业发展的方向在教学、研究与社会服务三者中,应着重发展其教学研究能力,着力培养教师能够对接应用型人才培养的要求,针对教学内容和教学方法进行改革与研究,倡导教学行动研究,以切实提高教学研究能力和教学学术水平,培养能够服务地方经济社会发展需求的应用技术人才。借鉴美国学者厄内斯特·博耶(Emest L. Boyer)所主张的"教学学术(scholarship of teaching)"的概念——教学学术是教师以本学科的认识论为基础,对在教学实践中存在的问题进行系统研究，并将研究结果公开与同行进行交流，接受同行评价并让同行在此基础上进行建构的学术，教学学术能力应是民办高校教师专业能力的核心所在。①

另外，为适应民办高校人才培养定位的应用性特征要求，教师的专业能力结构要突出与行业、企业的沟通能力，学习熟悉与专业相对应的产业、产品及生产情况的能力，指导学生培养专业实践能力，以及与当地行业、企业合作开发科技项目的能力。

2. 民办高校的组织特征对教师专业情感的发展要求

民办高校办学的政策环境、经费来源、教师待遇、内部管理体制等组织特征与公办高校不同，由此对教师的专业情感发展提出了特殊要求。民办高校的组织特性首先体现在教师身份和待遇方面，教师不具有事业编制，其工资待遇和社会保障远远低于公办高校教师。其次体现在学校和教师的关系方面，学校与教师是在契约（聘用合同）基础上形成的双向选择、彼此依赖的平等主体的关系，教师的去留有较大的选择余地。最后体现在学生的特征上，仅从高考录取的分数衡量，民办高校的生源素质相比同层次公办高校存在一定的差距。

民办高校的"民办"特征使其在吸引和留住人才方面缺失了与公办高校的竞争力，成为制约学校内涵式发展的重要因素。如何让教师留下来为民办教育事业长久奉献，除了提高待遇、改善学习工作条件等物质诱因外，还需要教师对民

---

① 魏宏聚：《厄内斯特·博耶"教学学术"思想的内涵与启示》，载《全球教育展望》2009年第9期，第38页。

办教育事业和民办高校教师职业有一定的"价值意义"层面的深刻理解和认同,需要教师在内心形成从事民办教育事业的光荣感和使命感,对民办高校和民办高校教师身份形成一种积极的情感倾向。因此,在民办高校教师的专业发展中,专业情意作为专业发展的动力因素,需要得到积极的发动和维护。

3. 民办高校教师专业发展的自主性对专业自我发展意识的要求

专业自我发展意识是教师专业发展的起点和内源动力。从内因和外因的关系角度来看,如果教师缺乏专业自我发展意识的发动,即使组织提供了良好的发展环境和资源支持,教师个体的专业发展也难见成效。实践表明,民办高校教师专业发展的水平与其专业发展的自觉程度呈正相关。虽然随着民办高校的发展,民办高校教师提升专业水平、增强专业能力的需求呈逐渐上升的趋势,但教师队伍整体专业水平仍然相对较低,仍有为数不少的教师缺少专业发展总体规划,自我发展意识不强,自主发展积极性不高,职业倦怠感严重。[①] 基于此种情况,专业自我发展意识的唤醒和维持成为民办高校教师专业发展内涵的重要指向和特殊要求。

4. 民办高校教师专业发展的动机形态对专业发展价值取向的要求

根据教师发展理论,教师对专业发展的价值判断存在两种倾向:一种是将专业发展作为个人内在生命品质丰富和提

---

① 吕春燕:《民办高校教师专业发展的现状与问题分析》,载《教育与职业》2011年第33期,第74-75页。

升的途径；一种是将专业发展作为教师职业的外在要求和个人获利的砝码。从心理学的理论看，前者的发展动力来自内部，其动机类型属于内部动机，这种动机持续而稳定，有利于教师专业的持续发展；后者发展的动力来自外部，其动机类型属于外部动机，外部动机具有不稳定性，容易随外部条件的满足而消失。

相关研究发现，民办高校教师参与专业发展活动的功利性很强，主要是为了评职称，较少关注教学效果和学生学习能力的提升。[①] 这表明民办高校教师专业发展的动力主要来自外部利益的诱惑（职称的晋升或将获得工资待遇的提高），虽然这在一定程度上推动了教师的专业发展，但这种发展动因的外部性（外部动机）使教师专业水平的持续提升后劲不足，无形中阻抑了民办高校教师队伍的发展活力。因此，民办高校教师专业发展方面不能仅仅停留在关注专业发展的外部价值和短期效益，更要立足长远，重视专业发展的内在价值，重视专业发展对个人品质的提升和对学校、个人发展的长期效益，形成正确的专业发展的价值取向，以利于专业发展的外部动机向内部动机转换，使专业发展获得持续不断的动力源泉。

5. 民办高校教师专业发展需求层次对专业学术能力的要求

曾有研究者对民办高校教师职业发展的需求进行过调查，调查内容为与教师职业发展相关的 17 个项目要素，经

---

① 秦立栓、宋哲：《社会资本视角下民办高校教师专业发展影响机制研究》，载《高等农业教育》2013 年第 11 期，第 50 – 53 页。

第四章　民办高校教师专业发展

因子旋转后,得到4个主因子,并依次命名为职业保障需求、职业成就需求、职业尊重需求和职业安全感需求。根据调查结果,体现物质需求的"职业保障需求"在民办高校教师需求结构中居于首位,体现专业成长的"职业成就需求"排在第二位。在17个项目中,以"最关心的项目"和"最希望改变达到的项目"两个测量角度让受访者进行选择,结果显示:在"最关心的项目"中,受访者中超过半数的教师把"学习进修机会"项排在第1位,把"教学科研条件"排在第2位;在"最希望改变达到的项目"中,职称晋升排在第2位,仅次于工资待遇,学术成就排在第4位,仅次于学习进修机会。这说明民办高校教师在专业学术能力提升方面有着较强烈的追求,专业成就需求在民办高校教师的需求结构中占据相当重要的位置。根据需求层次理论,在教学科研条件等物质需求相对满足的情况下,追求专业学术提升将成为民办高校教师职业发展需求中的优势需求。[①] 因此,发展专业研究能力,提升学术能力和水平也是民办高校教师专业发展内涵特殊性的一个重要体现。另外,专业学术能力的发展不但是民办高校教师个体的发展需求,也是高校实现"科学研究"这一组织职能的要求。

二、民办高校教师专业发展的主要特征

民办高校教师专业发展的主要特征表现为两个方面:一是民办高校教师专业发展与组织的发展紧密关联;二是民办

---

① 王义宁、徐学绥:《民办高校教师职业发展需求研究——基于广东省的调查分析》,载《高教探索》2018年第1期,第102页。

高校教师专业发展与教师个体的心理需求紧密关联。

（一）民办高校教师专业发展与组织内涵式发展紧密关联

1. 教师专业发展是学校内涵式发展的内核和动力

内涵式发展旨在实现以组织内部因素的激活为动力的发展方式，组织内部的因素便构成了内涵式发展的基本动因。高校内涵式发展是一个复杂的系统工程，构成这一系统的基本要素主要包括人才培养体系改革、学科或专业建设、教师发展、教学科研条件建设、学校治理机制的完善和优化等，这些要素之间互动、协调与统一的目标指向为学校办学质量的提升和效益的增强。从驱动内涵式发展的要素看，教师专业发展乃是学校内涵式发展的内核；从人与组织的关系上看，教师被视为学校内涵式发展任务的承担者，即学校内涵式发展有赖于教师专业发展的实质性推动，有赖于教师专业发展为其提供持续的动力支撑。由是以观，教师专业发展在其内涵上与学校内涵式发展便具有了内在的一致性和高度的统一性。

2. 民办高校内涵式发展特性对教师专业发展的内涵提出了要求

民办高校由于办学体制机制独特，加之办学历史较短、办学积累有限、办学基础薄弱等组织特征的制约，相比同类型的公办高校，内涵式发展在各个要素上的起点和水平不同，目标任务与路径选择不同，内涵式发展道路有其独特性。基于教师专业发展内涵与学校内涵式发展的一致性考量，民办高校内涵式发展对教师专业发展具有相应的规定性，其表现在以下三个方面。

第四章 民办高校教师专业发展

其一，民办高校人才培养的特性对教师专业发展中的"专业知能"提出了要求。民办高校人才培养的特性要求教师具有相应的专业知识和能力，这是教师从事教学、研究和社会服务工作的基础。在专业知识和能力结构中，民办高校教师的教学学术[①]即研究教学的能力需要得到强化和凸显。就院校层次而言，民办高校属于地方梯队，其服务面向是为地方经济社会发展培养应用技术型人才。相比同层次同地域的公办高校，民办高校的学生一般来源于高考招生分数的末段位。学校办学定位和教育对象的特殊性也对教师应有的专业知识和能力提出了相应的要求。第一个要求，研究学生和因材施教。民办高校的学生通常在学习基础、知识结构、学习习惯以及学习的主动性和积极性方面落后于公办高校的学生，教师只有对学生进行深入研究，把握民办高校学生的个性特点和学习习惯，才能进行有针对性的教学。第二个要求，研究教学内容与方法。这既需要教师根据学生的学习基础和发展变化选择教学内容和教学方法，使教学符合学生的自身要求；同时，民办高校服务面向的地方性和应用性，也需要教师能够及时研究行业对人才知识、能力、素质的具体要求，能够根据行业或社会变化的趋势，适时调整教学内容，优化课程结构，使人才培养符合社会的需求。教师的研究能力是大学组织探究高深学问的组织使命使然，民办高校虽处于我国高等教育系统的"底层"，但其属性仍是大学，其组织属性和基本社会职能并未改变。研究以问题的发现和

---

① 魏宏聚：《厄内斯特·博耶"教学学术"思想的内涵与启示》，载《全球教育与展望》2009年第9期，第39页。

解决为导向，教师如果不注重发展研究能力，对问题的认识和理解就难以达到应有的高度和深度，就无法应对高质量人才的培养要求。现阶段，民办高校教师的研究能力和水平相对较低，教师研究能力的改善，倾向于通过教育教学的研究以及为企业、行业提供服务的应用技术研究来实现。

其二，民办高校专业建设特性对教师专业发展中的"专业文化塑造"提出了要求。专业是人才培养的基本单元，也是实现学校内涵式发展的核心要素。民办高校的学科专业建设整体上处在起步阶段。因办学资源受限，相较于公办高校，民办高校在学科专业建设方面难以挤入"主通道"，这给学校的内涵式发展提出了议题。民办高校必须在市场中寻找自身可能的发展点和竞争区，才不至于被市场淘汰。这一问题反映在专业建设中，则要求民办高校寻找细分市场定位，明确服务面向和人才培养规格，在积极研判和辨识自身发展与同行发展优劣势的基础上，进行专业建设、改造、更新和整合创新，形成与同类型学校差异发展和错位竞争的态势。① 这需要教师在专业发展中的实现富含创新特征的竞争性专业文化塑造，使民办高校的学科专业发展能够在低位突围，在夹缝中寻找生机，以寻求和满足社会需求的方式来维持和发挥自己的优势。

其三，民办高校教师特征对教师专业发展中的"专业自我实现"提出了要求。一般来说，民办高校教师在教学、研究和服务社会方面所展示的专业能力和水平整体低于公办高

---

① 王和强、李文国、王玉兰：《内涵发展是民办高校的必然选择》，载《中国高等教育》2016年第8期，第28-30页。

第四章 民办高校教师专业发展

校教师。在学校内涵式发展理念的导引和科研政策的驱动下，教师尤其是中青年教师，萌生了进行教学研究并力争产出成果的良好愿望，但对如何确定研究方向，怎样运用专业理论，选择什么研究方法尚缺乏系统学习和研究的实践，研究水平往往停留在一般层次，无法达到学校内涵式发展的要求。民办高校教师专业发展的困境非常突出：一是自身的专业发展水平较低；二是学校整体的学科建设和专业建设水平较低，这使教师专业发展缺乏有利的学术环境的支持。以上两个因素决定了民办高校教师专业发展要达到一定高度，是一个颇为艰辛的过程，而驱动这一过程并非源于薪酬待遇等物质因素，而是取决于对专业理想和专业价值的不懈追求，即专业的自我实现。因此，如何促使教师把以谋生为目的的职业变成追求专业理想实现的事业，是民办高校教师专业发展中尤其值得关注的重点。

（二）民办高校教师专业发展与教师个体的心理需求紧密关联

在专业发展方面，民办高校教师个体的心理需求主要表现为教师对专业发展的自我评价、教师专业发展的需求层次表现、教师的组织承诺状况。

1. 教师专业发展自我评价是激发教师专业发展的动力源泉

教师专业发展自我评价是教师在对自我专业发展情况进行审视和研判的基础上，找出自我专业发展方面存在的劣势和不足，从而努力寻求专业提升途径的过程。教师在进行自我评价时，一般会有两个参照，一个是外部的价值准则，另一个是他人的表现，特别是周围人的表现。教师通过与社会要求和他人比较而产生差距感,这种心理感受会促使教师试图努力去弥补这种差距,从而形成个体发展的自我意识。所以说,自我评价是自我发展意识形成的前提,是自我发展的动力源泉。但自我评价受人的有限理性和环境因素的影响,往往与客观实际情况存在向上或向下的偏差,表现为一定程度的高估或低估。低估自我往往会降低主体的自我价值感和自我效能感,高估又往往使主体忽略了或意识不到自我改进的必要,两者都不利于自我专业发展和自我人格的完善。

有研究者从专业情感、专业理念、专业道德、专业知识和专业能力5个维度设计了含有28个项目的调查问卷,对广东白云学院、广东理工学院、广东培正学院、广东科技学院、广东东软学院、广州工商学院、广东工商职业技术大学、广东岭南职业技术学院、珠海艺术职业学院9所独立设置的民办高校进行了教师专业发展自我评价的研究。[①] 该研究通过对1235份有效问卷的数据分析,提取6个主因子,并根据方差解释贡献率的大小依次命名为教学知能、学术情感、学术知能、学术道德、教学情感、教学道德。研究结果从整体情况和差异性显著两个方面进行了说明。第一,从整体情况看,在专业知识和能力方面,受访者对自己的专业知识和能力表现出过高的评价。教师对自己拥有的教学知识和教学能力持非常肯定的态度,对自己在学术研究方面的知识和能力表现持比较肯定的态度。这种对自我的高估与客观实际或社会常识中认为的民办高校教师整体教学水平和研究水

---

① 王义宁:《民办高校教师专业发展自我评价的实证研究——以广东为例》,载《高教探索》2019年第5期,第95-102页。

平较公办高校低的情况相悖。究其原因，研究者认为在学校层面，可能是由于民办高校教师的评价机制还不完善，评价标准不全面，且要求过低，如教师合格的标准就是不引起学生投诉；工资待遇偏低难留住优秀教师，教师自我评价时周围缺乏高水平主体的对照；教师本身自我反思能力、客观认知自己能力的水平较低等。这些因素在一定程度上造成教师对自己的专业知能的高估。在专业情感方面，民办高校教师提高学术能力的愿望较为迫切，表现出对教学和学术研究的浓厚的兴趣和热爱之情。这可能既是高校承担的职能对教师专业发展需求产生的影响，也是教师专业发展适应学校发展要求的必然结果。第二，从差异性显著方面分析，在专业知能方面，年龄在31～40岁的中青年教师对自我教学知能和学术知能的评价相对较低，中老年教师自我评价相对较高。本科学校的教师自我评价低于高职学校的教师。分析认为，这种现象或许是因为民办高校中青年教师一般处于讲师到副教授的职称转折期，科研压力大，自身学术积淀与产出高水平成果的要求差距比较大，因而会产生相对较低的评价；而中老年教师一般都具有高级职称，教学经验丰富，学术成果较多，因而自我评价相对较高。可能是由于元认知（meta-cognitive）能力（对自己的能力进行评价的能力）水平相对较低，高职院校的教师对教学知能的自我评价高于本科高校教师。在学术情感上，教龄不到2年的年轻教师和从教6～10年的教师表现出强烈的参加学术活动、提升自我学术能力的渴望。

科学准确的自我评价是激发教师专业自我发展意识、促进教师专业发展的内在机制和动力起点。研究表明，民办高校教师对自我专业发展各个侧面的评价在人口统计变量上存在一些或高或低的现象，但整体自我评价存在显著的高估偏向。这虽然或许可以让教师体验到自尊、自信，有助于增强教师的自我价值感，却有碍于教师发现自身的不足和发展的劣势，最终不利于教师的成长。因此，民办高校教师专业发展，需要以形成教师客观准确的自我评价为起点，以形成教师良好的专业自我发展意识为动力，持续不断地为教师专业发展提供动力源泉。

2. 教师专业发展需求特征驱动专业发展的努力方向

从教师专业发展的内在机理看，当教师主体感知、理解外部要求或与他人比较时会产生差距感，当这种差距感让主体感到压力时就会产生去弥补这种差距的愿望，于是这种差距感就会被主体接受进而形成主体的主观需要。根据激励理论的观点，主体的需要是直接推动主体进行认识和行动的原动力。因此，民办高校教师专业发展的需求特点决定了教师专业发展的努力方向，同时也是民办高校组织促进教师发展策略选择的重要依据和立足点之一。

上海师范大学的黄海涛教授（2019）对民办高校新教师的专业发展需求特征进行了研究。[①] 研究选取了上海建桥学院、上海外国语大学贤达经济人文学院等6所民办本科高校和上海工程技术大学、上海对外经贸大学等9所公办市属本科高校的教师作为研究对象进行比较研究。研究结果表明，

---

① 黄海涛：《民办高校新教师专业发展需求特征与策略选择——基于与公办高校的比较》，载《高等教育研究》2019年第5期，第57–63页。

第四章　民办高校教师专业发展

在教学发展需求、科研发展需求和社会服务需求三者中，民办高校教师与公办高校教师同样都存在较高的专业发展需求并且教学与科研的发展需求程度明显高于社会服务需求。公办高校教师的科研发展需求程度明显高于教学发展需求，民办高校教师教学发展需求程度略高于科研发展需求。民办高校与公办高校相比，民办高校教师在教学方面的发展需求程度高于公办高校，但两者之间没有显著差异；在科研发展方面的需求程度明显低于公办高校教师，且两者之间存在显著差异；在社会服务发展需求方面，公办与民办两者之间不存在显著差异。分析认为，民办高校经过近40年的发展，为适应竞争和高等教育内涵式发展的要求，其创办之初的营利驱动渐渐有所弱化，组织的学术属性日渐显现，教师对自己的学术身份产生高度的认同，对学术发展有着较高的期望。另外，分析还认为，除了民办高校组织的变化导致教师需求发生变化外，教师个人面临的各种环境压力也影响其需求发展，如教师希望通过专业提升来增强自己抗风险的能力，为将来寻求更好的工作做好准备等。黄海涛教授的研究还发现，教学发展需求是民办高校新教师专业发展的第一需求，这主要与他们个人的教学经验缺乏、面对的学生素质相对不高、授课的类型不完全匹配自己的专业等因素有关。在提升教学能力的诸因素中，民办高校新教师的需求首先是转变教学理念与态度，其次是提升教学技能。此外，值得引起注意的是，虽然新教师的教学发展需求居于首位，但其科研发展需求只是略低于教学发展需求，处于大致相当的水平，这说明民办高校教师不满足于只做一个平平常常的"教书匠"，还希望成为教学专家，成为专业领域的研究者，在知识的传承和创新两个方面都能做出贡献。在提升科研能力诸因素中，民办高校新教师非常需要"专家在课题申报中给予指导"，非常希望组建或加入科研团队。①

以上研究虽然是针对民办高校新教师的专业发展需求进行探讨，但对了解和分析民办高校整体的教师发展需求具有重要的借鉴和参考意义，可以在一定程度上说明民办高校教师专业发展的需求状况。教师专业发展需求是推动民办高校教师专业发展的直接动力。因此，民办高校教师专业发展的需求分析是促进民办高校教师专业发展的基础性工作，是民办高校促进教师专业发展政策制定的重要依据。民办高校只有采取措施有针对性地满足教师的专业发展需要或激发其潜在的需要并予以满足，继而引导教师朝着组织目标的方向积极努力，才能真正促进教师的专业发展并实现组织目标。

3. 组织承诺为民办高校教师专业发展提供心理保障

组织承诺（Organization Commitment）是指个体认同并参与组织的强度，是个体与组织缔结的心理合同。在此语境下，"承诺"意为"应允同意；受领要约之相对人，以与要约人订立契约为目的所为之意思表示"。② 一直以来，管理理论把组织承诺作为预测员工工作业绩和去留意向的重要态度变量。按照阿伦（N. J. Allen）和梅耶（J. P. Meyer）提出的三维模型，组织承诺分为感情性承诺（Affective Commit-

---

① 黄海涛：《民办高校新教师专业发展需求特征与策略选择——基于与公办高校的比较》，载《高等教育研究》2019年第5期，第57-63页。

② 承诺，见汉典（http://www.zdic.net/c/f/10A/288891.htm Orga-nization Commitment）。

ment)、持续性承诺(Continuance Commitment)和规范性承诺(Normative Commitment)。感情性承诺表示个体对组织的积极性情感以及认同和肯定的心理倾向;持续性承诺具有浓厚的交易色彩,是指员工衡量离开组织的利弊得失后不得不留在组织从事组织安排的活动的一种心理倾向;规范性承诺是基于员工对规范的理解,基于员工的道德感或责任感,而使个体留在组织工作的心理倾向。组织承诺是一种心理倾向,受文化和制度的影响,不同的制度和文化中,组织承诺的表现内容会存在差异性。我国学者根据我国高校教师组织承诺的现状,在组织承诺三维模式的基础上,增加了理想承诺、关系承诺和条件承诺。理想承诺是指教师追求个人目标和理想实现的倾向,并由此而对学校提供的个人成长机会和条件表现出的一种满意程度;关系承诺是指基于对学校领导关系、同事关系和师生关系的感受而愿意继续留下来为学校工作的心理倾向;条件承诺表达的是一种对学校的工作环境、教学科研设备等条件的满意或认同的程度[①]。

从高校教师组织承诺的内涵来分析,组织承诺作为一种重要的工作态度变量,对外表现为教师工作绩效和教师的去留意愿,对内则表现为对学校的心理归属和工作投入。组织承诺水平高的教师表现出强烈的职业认同,对工作尽心尽力、充满热情,这种正向积极的心态为教师专业发展提供了强大的心理背景,间接推动和影响了教师的专业发展。徐雄伟(2017)对上海市8所民办高等学校(本科高校4所,高

---

① 刘耀中:《高校教师组织承诺结构维度及其测量》,载《心理科学》2009年第4期,第958—961页。

职院校4所）的教师进行专业发展影响因素的问卷调查发现，职业认同与活力、奉献、专注均呈中等正相关，科研投入与奉献之间为弱的正相关，教学投入与活力、奉献、专注呈弱的正相关。[①] 职业认同、活力、奉献、专注都是高校教师组织承诺所释放出来的精神动力和心理品质，这种心理力量助推了教师的专业发展。

根据相关研究[②]，民办高校教师组织承诺各个维度的表现水平不一。在感情承诺方面，教师对学校有着中等水平的认同和工作卷入度；在关系承诺方面，教师对现有的同事关系、师生关系和上下级关系呈总体满意的状态；对于条件承诺，教师虽然对学校的发展前景持比较乐观的态度，但对学校提供的薪酬福利和工作条件的认可度较低，条件承诺总体水平偏低；持续承诺处于六个因子中的最低水平，薪酬待遇成为教师离职的首要因素。教师对自我的责任感和道德感有着很高的评价，责任承诺居于组织承诺六个因子的首位。从民办高校教师组织承诺的现状可见，大力提高教师的薪酬和福利以及工作科研条件，既可提高民办高校教师持续承诺和条件承诺的水平，形成教师正向积极的心理能量，也可吸引和留住教师，为促进教师专业发展提供心理和物质层面的支持。

[①] 徐雄伟：《民办高校教师专业发展影响因素的实证研究——以上海为例》，载《教育发展研究》2017年第7期，第78-84页。

[②] 王义宁：《民办高校教师组织承诺研究——基于广东民办高校的实证》，载《黄河科技学院学报》2019年第4期，第1-9页。

第四章　民办高校教师专业发展

第二节　民办高校教师专业发展的实现机理

民办高校教师专业发展不是自然而然就能够实现的，而是具有其自身发展的规律，依据一定的逻辑展开，遵循其内在的机理实现的。

一、教师专业发展的目标指向：满足个体需要，实现组织目标

教师专业发展目标指向有两个层面，一个是个体层面，另一个是组织层面。就个体层面而言，教师专业发展的目标是满足教师专业发展的需要。但若仅仅停留在这个层面，那么教师专业发展就成了"无源之水，无本之木"。因为，教师的需要来自哪里，如何产生，如何驱动教师专业发展等，这都是需要深究的问题。按照心理学的理论，当外部环境的要求被主体感知、理解和接纳时，主体才会将外部环境的要求与自身的状况进行比对，产生差距感，进而形成弥补差距感的主观需要，为了满足自身的需要，主体才会产生直接推动行动的力量。在学校组织里，容易刺激教师形成主观需要的"外部环境"主要是指体现学校目标导向的教师评价标准，以及教师本人周围的其他教师，尤其是同类学科或专业的教师。可见，教师专业发展需要的产生与学校对教师的要求和评价密不可分。那么，学校对教师的评价标准和学校制订的激励教师成长的政策的逻辑起点是什么？依据组织理论，学校满足教师发展需要的目的不是单纯为了满足而满

足,其满足教师发展需要的目的是实现组织的目标。所以,学校会以组织目标的实现为导向来制定教师发展政策和评价标准,以此来刺激和诱导教师产生需要,使教师发展的需要与组织的目标要求趋于一致,组织在满足教师发展需要的同时实现组织目标,因而,教师专业发展需要的满足是前提,组织目标的实现是落点。教师专业发展需要从产生到满足的每一个环节无不体现着组织的发展目标和价值追求。

教师专业发展的目标指向于教师个体专业发展需要的满足,也指向于组织目标的实现。按照组织理论的理解,个体需要的满足和组织目标的实现两者并不是毫无关系的平行线,而是相互交叉、缠绕,相互作用,紧密关联,最终走向"你中有我,我中有你"的融合。个体需要的产生离不开组织的要求,其满足将推动组织的发展,组织的发展将激发教师产生更高层次的需要。

教师是提高教育质量的第一资源。在国家加快推进"双一流"建设、实现高等教育内涵式发展的当下,民办高校作为高等教育系统的重要组成部分,不可能"置身事外",迫切需要打造一支优秀的教师队伍来支撑学校高质量发展。因此,驱动教师专业发展,增强教师专业能力,提高教师专业水平,不仅是教师自我实现的需要,更是改善专业文化、驱动内涵式发展、提升民办高校人才培养质量的长期需要。

二、教师专业发展的规律表征:发展的阶段性、内在性和生态性

(一)教师专业发展的阶段性

按照马克思主义哲学的观点,发展是事物由小到大、由

第四章 民办高校教师专业发展

简到繁、由旧到新、由弱到强、由低级到高级的连续变化的过程，体现着事物的过去、现在和未来之间的紧密联系。发展的过程有量变也有质变。教师专业发展遵循事物发展的一般规律，也是一个由旧质到新质、由弱到强的动态的持续过程，存在过去、现在与未来的相互连接关系。在教师专业发展的过程中，教师过去的专业经历与经验影响着当下的专业实践与专业发展，而当下的专业实践和专业规划又影响着未来的专业发展。在教师专业动态连续的发展过程中，按照发展的规律，其中既有量变的特征，也存在质变的特征，量变与质变的规律运动使教师专业发展呈现一定的阶段性，每一个阶段都有其不同于另一个阶段的"质"的特征。综合有关教师专业发展的阶段理论，结合民办高校教师专业成长和相应等级职称的一般获取时间，拟将民办高校教师专业发展分为三个阶段。

稳固期（入职后约5年）：是民办高校对教师的培养阶段。这个阶段是教师积累教学和研究经验的阶段，教师的教学和研究能力都会随着实践而逐步提高。在这个阶段的后期，大多数教师都会获得中级职称。这个阶段最显著的特点是教师对民办高校的认同度较低，流动性最大，有相当多的教师可能通过选择考公务员、报考博士、去公办高校或其他民办高校而离职，如果度过了这个时期，离职的概率就会显著降低，因而，这个时期可以冠之为民办高校教师发展的稳固期。

提升期（入职后5～15年）：是民办高校教师专业发展的关键阶段。大多数已获得中级职称的教师在向高级职称努力。教师的教学技能趋于成熟和稳固，在教学上是"熟手"。

研究能力在逐渐提升，科研产出的数量较多，质量也在逐步提高。经过这个阶段后，一部分获得高级职称的教师会进入更高一层的梯队，会有一部分教师将一直留在这个梯队里。教师对民办高校的认同逐渐加深，专业情感深厚，职业趋于稳定。

完善期（入职后 15 年至退休）：教师的教学能力和研究能力都趋于成熟，进入事业发展的黄金期。大多数教师拥有副高级职称，一部分教师会获取高级职称，拥有高级职称的教师从原来的"熟手型"教师成长为"专家型"或称为"研究型"教师。专业情感稳固，对民办高校的认同度高，愿意为民办教育事业奉献才智。

（二）教师专业发展的内在性

教师专业发展的内在性体现在这样几个方面。一是教师专业发展的内驱力源于教师的主观需要。虽然教师专业发展离不开外界环境的刺激和要求，但外在的刺激和要求只有被教师感知、理解和接受后，经过个体的自我反思和心理重构，内化为主观的需要，才能成为教师专业发展的动力。二是教师专业发展成效的取得与教师个体的心理品质关系密切。按照事物发展变化的规律，教师专业水平的提高和能力的增强，是一个漫长且连续的过程，这个过程并不是轻轻松松就能完成的，每一次提升，都是一种自我突破，是一种旧质到新质的转换，一次低级到高级的跃升，这种突破、转换和跃升必然伴随新旧换挡的阵痛，需要有坚忍的意志品质的支撑。另外，进行专业教学的研究和其他研究工作，都是致力于解决问题的过程，是一种探索、发现和创新的过程，由于人的有限理性以及环境中各种因素的影响，教师在这一过程中必然遭遇各种各样的挫折，需要个人拥有愈挫愈勇、永不退缩、永不放弃的精神品质，这样才能进入"千淘万漉虽辛苦，吹尽狂沙始到金"的境界。如果教师个人不具备探索未知的坚韧意志和心理品质，是无法真正使其专业水平不断抵达新境界的。

民办高校身处高校场域中的底层，在诸多学术资源的竞争中处于绝对劣势，教师的专业成长相对缺乏高水平学科或专业带头人的指导和引领，教师自身的学术积累不够，虽然随着民办高校的发展，民办高校教师的学术身份认同得到了增强，一些教师热切地希望提升教学和科研水平，但在短时间内一时还未能找到发展方向，难以进入学科前沿。由于缺乏相应的学术资源的支撑，民办高校教师的专业发展是一个尤为艰辛的过程，其间所经历的磨砺和艰辛更需要教师个人拥有适应探索和创新的精神意志和品格，在历经困境和挫折中能实现自我突破、自我更新。

从教师专业发展的研究的脉络看，教师专业发展的研究也经历了一个由外而内的过程，前期研究是将教师专业发展视为一种外在的要求，教师在国家和学校制度的要求下被动地进行发展；后期研究提出了"内在发展"的思想，视教师专业发展为教师作为主体自觉、主动、能动、可持续的建构过程。后者体现了"以人为本"的发展思想，是教师发展视角从组织宏观到个人微观的切换，是从外促到内发的一种演化，符合教师专业发展的内在性规律。

（三）专业发展的生态性

在生态学中，"生态"主要强调系统中各因子之间相互联系、相互作用以及功能上的统一，含有系统、整体、联系、和谐、共生和动态平衡之意。① 随着生态文明逐渐成为全球发展的价值共识,"生态化"已超越了一般意义上的自然生态内涵而成为一种思维方式和方法体系,正广泛应用于社会生产和生活中的各个领域,为科学研究以及解决各种社会问题提供一种新的思路和新的视角。② 生态作为一种发展理念,具有深刻的哲学意蕴,其实质是对事物之间关系的把握,用于解释事物之间相互依赖、相互促进的关系。因此,引入生态化理念,可解释民办高校教师专业发展各影响要素间的关联性。

为了研究和阐述的方便,一般研究者会将民办高校教师专业发展划分出若干个阶段,且每个阶段的发展目标、发展任务、发展侧重以及教师本人的心理建构皆有不同。但事实上,由于教师发展的复杂性和影响因素的多样性,民办高校教师专业发展各个阶段之间,各阶段的发展目标、任务、侧重和教师的心理建构之间,并不存在截然明确的划分,各种内外部的要素之间更多地体现为一种相互关联、相互促进,你中有我、我中有你、难解难分的"共生互动"关系,并表现出整体、系统和动态的生态化特征。

三、教师专业发展的逻辑过程:由知能建构走向文化塑造

从心理学层面而言,民办高校教师专业发展的逻辑过程

---

① 梁健惠:《现代高校德育理念与行为实现的生态化思考》,载《现代教育科学》2016年第6期,第74-77页。
② 彭福扬、邱跃华:《生态化理念与高等教育生态化发展》,载《高等教育研究》2011年第14期,第14-18页。

第四章 民办高校教师专业发展

是教师个体专业心理不断建构、深化、丰富和提升的过程。从管理学的角度而言，民办高校不断促进教师专业发展以持续驱动办学质量提升的逻辑过程可以大致勾画为：以遵循教师专业发展规律为基本前提，以专业知能建构为能力基础，以专业情意发展为内生动力，以专业自我实现为价值驱动，以专业文化塑造为精神引领，在教师专业发展的各个阶段实现和完成不同的发展目标和发展任务，进而整体指向民办高校办学效益和社会价值的最大化，这一过程的具体路线如图4-1所示。

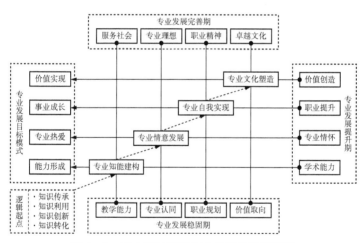

图4-1 民办高校教师专业发展的逻辑图谱

（一）专业知能建构：夯实专业发展的能力基础

心理学认为，能力是一种个性心理特征，在影响活动效果的诸因素中，能力是最基本的因素。知识与能力可以相互转换，能力是掌握知识的必要前提，同时，知识的掌握也可以促使能力得到提高。

高校教师的身份具有两重性，既是教师又是研究者，这就要求教师的专业知识结构涵盖基本的科学文化知识、教育理论知识、学科专业知识和实践性知识。广博的科学文化知识中蕴含的人文精神可以涵养教师的精神，提升教师的素养，甚至可以使教师的教学和研究达到更高的境界；高校的根本任务是人才培养，教师的劳动对象是人，如何将学科专业知识和技能经过教师的教学活动转化为学生应掌握的知识和技能，这个转化过程需要教育理念、教学方法等的运用和支撑，因而教育理论知识是教师的必备知识；学科专业知识是教师进行专业教学和研究活动的基础，是教师知识系统中的本体性知识；实践性知识则包含教育实践性知识和专业实践性知识，前者主要是教师在教育教学实践中通过反思而形成的关于教育教学的方法性、技能技巧性的知识，当然也包含学术实践知识，而后者则是关于学科专业方面的应用性、技术性知识。

相对于教师身份的双重性，高校教师的专业能力应包含教学能力、研究能力、管理能力和专业反思能力。大学教育是一种专业教育，学生毕业后一般要直接面向工作岗位，所以与基础教育不同，大学教师的教学能力、课堂教学技能的提升是基础，但同时也要重视对学生思维方式的启迪和方法体系的塑造，引导学生对知识的应用能力，强调知识转化为实践能力的能力培养，对民办高校中的应用型本科高校来说，这一点尤为重要。在研究能力方面，民办高校教师主要侧重教学研究能力的养成，注重培养教师与产业、行业的对接能力以及产业技术研发与应用能力。管理能力有两个方面的能

第四章 民办高校教师专业发展

力：一是教育教学管理能力，如课堂教学活动的计划、组织、实施和评价能力，学生管理能力等，这是民办高校教师管理能力培养的重点；二是学术研究管理能力和职业发展管理能力，如学术生涯规划、学术项目管理、学术团队管理能力等，这是民办高校教师管理能力培养的难点。专业反思能力对于教师专业发展来说，也尤为重要。通过专业反思，教师已形成的专业认知结构得以重构，从而催生教育智慧和学术智慧，提升教学和学术境界。民办高校教师专业知能的系统建构，因教师专业发展阶段的不同而呈现出不同的偏向和侧重。

首先，在教师专业发展的稳固期，其主要发展任务为学会如何教学。民办高校刚入职的新教师基本为刚毕业的硕士研究生，而且这些研究生的本科毕业学校往往不是所谓的高水平大学，因而学科专业知识的积淀比较薄弱，教育教学经验基本空白。在这个时期，教师需要学习理解教育基本理论，熟知学科专业内容，逐步掌握课堂教学的基本技能，熟悉如何了解民办高校学生的学习特性并对其进行正确评价，熟悉行业发展和行业对人才规格的需求。对于学术研究，只是参与一些研究工作，且基本局限于教学方面的研究，尚不具备独立地开展研究工作的能力。在教师能够独立设计教学，完成教学任务的情况下，逐渐进入专业发展的提升期。

其次，处于提升期的教师专业发展任务为学会如何研究教学，开始尝试应用性研究。在这一阶段，教师要学会如何针对教学中发现的问题与困惑，拟定研究与解决方案，在方案付诸实践后，能够将研究结果与同行交流，接受同行评价并在此基础上改进教学，创新教学模式与方法，具有一定的教学研究与改革能力。同时，在此阶段，教师可根据个人的研究基础开展应用研究，并将研究结果充实到教学中去，反哺教学，在创新教学内容的同时锻炼提升自身服务社会的能力。

最后，进入完善期的教师专业发展任务为创造性地进行教学和研究，进一步提升服务社会的能力。在此期间，教师在教学、研究与管理方面积累了丰富的经验并具有较大的影响力，能够成为学科或专业建设的中坚力量甚或主导力量，在教学、研究和社会服务方面发挥领导或决策作用。

（二）专业情意发展：发掘专业发展的内生动力

所谓专业情意，是指教师在教育实践中基于对所从事专业的价值、意义的理性反思而形成的一种情感倾向，是教师对教育事业的情感态度与价值观的融合，是教师职业道德的集中体现。[①] 心理学认为，情感在心理活动中具有动力特征，因此，教师一旦缺乏专业情意，其专业发展就失去了动力和激情。教师专业知能的建构，离不开专业情意的维护和发动，专业情意是教师专业持续发展的动力源泉；同时，教师在建构专业知能的过程中，也加深了对专业的认识和情感，两者相生相融，互动发展。

专业情意的建立源于专业自我认同。根据认知心理学的理论观点，专业自我认同可以表述为教师基于自身专业经历与专业经验，通过对专业社会价值、身份与角色的反思性理解，由此获得专业意义感、自豪感或羞愧感与角色观等，从而确立自己的"身份"，找到自己的"归属"，达到对"我

---

① 陈梦然：《高校教师专业发展的基本标准》，载《高校教育管理》2013年第2期，第63页。

第四章　民办高校教师专业发展

是谁"的确认。① 参照布鲁姆的情感领域的目标分类，结合民办高校教师专业发展实际，教师专业情意的发展伴随专业自我认同的进行而呈现阶段性特征。

一是在稳固期，要着力发展教师对专业的自我认同感。在这个阶段，要通过学校对教师的教育影响以及教师个人对教育教学活动的积极反思，对在民办高校从事教育教学活动的价值产生认可、接纳、肯定的心理倾向，获得从事民办高等教育专业工作的意义感、身份感、归属感和自豪感，从而自觉自愿地留在民办高校。当然，认同感是具有一定道德意义的情感，在这个阶段，教师专业情意中的专业兴趣不可小觑。兴趣是人力求认识和趋向某种事物并与肯定情绪相联系的个性倾向。专业兴趣影响专业定向和专业选择，增强专业适应性和稳定性，构成教师专业发展的重要心理基础。

二是在提升期，教师专业情意表现为专业情操。情操是情感和思想结合起来的不轻易改变的心理状态，情操比一般的情感具有更高的稳定性、概括性、复杂性和倾向性。② 专业情操是教师对教学和研究工作带有理智性的价值判断的情感体验，包括教师对教育功能和作用的深刻认识而产生的光荣感和使命感——理智的情操，以及对教师职业伦理的价值认同而产生的责任感和义务感——道德的情操。进入专业发展的提升期，随着教师教学和研究工作的不断深入和扩展，教师对专业价值、身份和角色等反思与建构的不断深化，教

---

① 孙二军：《教师专业发展中的自我认同》（学位论文），陕西师范大学2009年。

② 《情操》，见百度百科（https://baike.baidu.com/item/%E6%83%85%E6%93%8D/7954308？fr=aladdin）。

师对专业规律和职业伦理的理性认识逐渐加深，在专业兴趣的基础上，专业情感和理智渐趋融合，形成更加稳固的专业情意——专业情操，并由此推动专业更加理性和良性地发展。

三是在完善期，教师专业情意表现为职业理想。理想集中体现了人内心对事物最高价值的认同和追求。教师对民办教育价值的反思深刻化、系统化，积极认同和追求民办高校教师职业的社会价值，将民办高校教师职业作为人生的最高追求，并从中获得人生意义和生活乐趣。拥有职业责任感、使命感、尊严感和荣誉感，以及目标明确的事业心和成就感。职业理想是专业情操的进一步深化和提升，在此阶段，专业情感与专业行为将高度融合。

（三）专业自我实现：实现专业发展的价值驱动

依照专业发展的递进式特征，在专业情意的推动下，专业知能水平不断提高，教师的专业发展上升到一个新的层面，即专业自我实现，教师谋生倾向的职业逐渐上升为精神追求倾向的事业。自我实现是人的发展追求的价值目标之一，不同的社会历史条件和不同的理论视角，人们对自我实现的解读不同。中国古代儒家提出"修身、齐家、治国、平天下"说，现代人本主义思潮的代表人物萨特提出"存在先于本质"（自我是作为人的本质的潜意识的"存在"，通过主观的选择、设计并付诸行动，自己规划自己，自己创造自己）说，人本主义心理学家马斯洛提出"需要层次理论"等，这些理论和学说尽管对人的自我实现的具体内容有着不同的表达，却无不蕴含了人在满足自我和社会需要的过程中对人生价值的确立、理想的追求和目标的实现等关于人的自我实现的深刻逻辑。自我实现的哲学阐释则认为，自我实现

第四章 民办高校教师专业发展

是指个人在实践活动中不断提高满足自身生存和发展需要的能力，发展自己的能力、才干与个性，实现自己确立起来的人生理想等价值追求的过程。① 依据哲学上的自我实现的概念，教师专业自我实现的含义应该指教师在专业实践的过程中，不断提高专业发展所需的教学、研究、服务等知识和能力，增长专业才干，实现自己专业发展理想等价值追求的过程。从人的自我实现与人的社会责任的关系来看，教师专业自我实现是两个方面的辩证统一，一是教师自身的专业能力不断得到提高，二是教师所从事的专业工作的效能或对社会的贡献度不断增强。

  教师的专业自我实现体现为一个过程，而不是一个结果。首先，稳固期表现为教师职业规划的制订。有志者事竟成，职业的开始属于立志阶段，教师要立志从事民办教育事业。教师需要对专业发展在教学、研究与服务方面应达到的目标进行思考，根据自己的专业志趣和实际情况，在专家的指导下制订切实可行的职业发展规划（分阶段的计划），并开始付诸实施，使专业发展具有目标动力。其次，专业发展的提升期是实施职业规划的关键期，也是教师专业能力提升的关键期。伴随教师对专业经历和经验的深刻反思，以及教师对专业发展内涵的积极辨识与主动建构，教师的专业能力和水平不断得到提升，教育教学效果不断得到增强。最后，进入完善期的教师对专业目标的追求、对职业理想的坚守更

---

① 吴倬：《人的社会责任与自我实现——论自我实现的动力机制和实现形式》，载《清华大学学报（哲学社会科学版）》2000年第1期，第1页。

突出地表现为一种职业精神。教师在民办高校工作，能做到在认识上敬业——认同自己专业的社会价值，在情感上乐业——从自己的专业工作中找到了人生的意义和生活的乐趣，在行为上勤业——忠于职守、努力进取、坚持不懈，在追求上精业——精益求精、追求质量、不断改进。

（四）专业文化塑造：凝聚专业发展的精神引领

专业文化塑造是教师专业自我实现价值追求的必然结果，教师专业自我实现价值追求的过程与专业文化塑造是同一过程的两个方面。专业文化塑造凝聚和彰显教师对专业的价值追求，引领民办高校教师专业发展的价值取向。

关于文化，国人已有定义，称"观乎人文，以化成天下"，此为"文"与"化"最早的并联。"文"原为"纹"，指"纹理"，是指一切自然现象或形象，"人文"是指自然现象经过人的认识、点化、改造、重组的活动。人文活动不仅表现为人对自然之物进行认识和改造，使之变为人造之物为人类实际所用，更表现在人对一切自然之物或人为加工之物赋予意义以表显人类的精神诉求，如食物不仅用来果腹，还用来怀古、联结人与人之情谊，规定进食之仪态等。人文活动不但扩展拓深了人的精神内涵，而且使一切被人所用之物具有无限的道德意义，于是人的自然行为化为礼行，自然秩序化为道德秩序。"化"有"生成"之义，依此可理解，人文化成，便为文化。马克思主义哲学认为，人是唯一一个自己创造自己的存在，人发展自己的过程也就是创造和生成文化的过程。在人自己创造自己的过程中，人按照自己的内在尺度（即实现其价值、理想和目的）进行选择，选择了想要的物质，就有了物质文化，选择了想要的制度，就有了制度文化，选择了想要的精神，就有了精神文化。①

依据文化生成和创造的论说，教师专业发展的过程也就是专业文化的形成和塑造过程：①稳固期。教师会对民办高校教师的职业价值、教学的规范和标准、专业研究的取向和目标、社会对专业人才培养的需求、专业人才培养在市场上的竞争力等进行辨识和反思，在主动辨识和积极反思的基础上，对专业进行价值判断并形成自己的价值取向和价值追求。②提升期。在教师专业自我实现的价值追求中，每一位教师依照自己的专业价值取向和价值目标进行专业活动，在对教学和研究的内容与方法、态度与行为、教学场景、师生交往模式的不断选择与建构中，教师共有的专业价值认同逐渐从教师具体的日常教学和研究行为中凸显出来。③完善期。在经过专业实践的累积和时间沉淀后，从每位教师日常教学和研究行为中折射出的共有的价值认同逐渐凝聚成专业的核心价值观和全体专业成员共同遵守的专业规范，即专业文化。因此说，教师专业自我实现的价值追求过程塑造了专业文化，同时，专业文化的生成也丰富了教师的精神世界，并引领教师的专业发展。

第三节　民办高校教师专业发展的实践路径

教师专业发展是一个双主体的活动，学校是教师专业发展的组织主体，教师是自身专业发展的事实主体。教师在组

---

① 翟媛丽：《人的文化生成》（学位论文），北京交通大学 2017 年。

织目标和制度文化的刺激和影响下，通过对组织要求的感知、理解和选择，将组织的要求内化形成自我专业发展的意识和专业发展的需要，以此驱动自身的专业发展。教师专业发展的结果在使自身的专业水平得到提升、能力得到增强的同时也促进了组织目标的实现。因此，教师专业发展是教师主体与学校组织主体两者相互作用、相互影响、共同实践的过程及结果。促进教师专业发展的实践需要教师主体和学校主体的共同行动与协调发展。

一、教师是自身专业发展的实践者

教师是其专业发展的事实主体，组织对教师的发展要求只有通过教师本人的选择和接纳，才能真正促使其进行专业发展的实践。因此，在专业发展的实践中，作为教师本人，需要在思想上和行动上主动进行专业发展的策略选择。

其一，在思想上要正视专业发展将会面临的困境。民办高校能提供给教师专业发展的外部环境和组织支持自然远逊色于公办高校，尤其在学术资源的竞争中，民办高校也往往处于劣势。面对自己所处外部发展环境的诸多"不利"因素，民办高校教师首先要正视客观上会面临的许多困难，如身边缺乏高水平的教授在科研方面的指导和引领，以至于虽有发展的理想，却不知道研究该如何下手，科研该怎样起步，研究方向该怎样确定，研究内容该如何选取，研究方法该怎样运用等，这些都是长期困扰教师的问题，亟待予以解决。困难是客观存在的，但困难也不是不能克服的，民办高校教师要有"不惧艰险，勇往直前"的韧劲和克服困难的毅力。其次要认识并在实践中逐渐体悟学术研究和创新是一个

第四章 民办高校教师专业发展

艰辛、漫长但又乐在其中的事情。专业提升的过程，其实就是一次次心理上的自我超越、自我突破的过程，这个过程不会是一个轻轻松松就能实现的过程，会碰到苦思冥想也找不到问题解决方案的时候，需要长久的甚至一生的努力，量变（日常学术积累）到质变（提升和更新）并非一朝一夕的功力可至。但是，通过努力带来专业上的跃升、精神上的丰满会使学术职业充满意义感和价值感，这样的生命幸福是任何物质带给人的快乐都无法比拟的。

其二，在行动上要自觉主动地寻求发展。面对外部发展环境的诸多"不利"因素，民办高校教师要学会主动寻求发展机会，自我创造发展条件。首先是要主动寻找专业发展的导师。民办高校虽然缺乏高水平的学科或专业带头人，但也并不是绝对没有，在一些专业或学科，一般民办高校还是聘请了一些高水平的教授，他们为学校的教学以及学科或专业建设起到了很好的咨询、指导的作用，民办高校的教师要充分利用这难得的专业学术资源，积极主动地找这些教授联络或加入教授的科研团队，请教学术问题，在"民间"层面结成相对稳固的"师生"关系，以使自己的专业发展能得到较有时效的引领和指导。其次是要主动寻求机会，争取利用假期外出接受培训，进行学术交流，到行业、企业进行专业实践。随着学校内涵建设日益得到重视，民办高校在教师的培养和培训方面投入的资金支持越来越多，教师要充分利用好学校的支持，通过各种平台寻找适合自己学科领域和研究方向的外出培训和交流机会，在平日提前做好假期计划，与院系层面主动沟通以寻求专业上的支持，与学校教师发展中心主动沟通以寻求资金支持，使假期的外出培训、交流能顺利进行。教师自己也可以主动联系行业、企业进行专业实践能力的培训并主动对接合作项目，寻找进行应用研究的项目或机会。再次是自发组建、积极参与学术共同体。在学术共同体里相互认同、相互启发、相互帮助，抱团取暖，找寻工作的意义和价值，增强学术职业的使命感和责任感。最后是要勇于尝试，根据个人的特点和发展取向，结合学科专业发展对个人知识、能力的要求来选择教研及科研方向，进行围绕专业的学术研究，提升专业学术研究的能力。

其三，要主动进行专业反思。专业反思是主动把自己的专业活动作为自己认识的对象，进行分析、评价和诊断，找出不足和需要改进的地方，是一种带有研究性质的自我活动。民办高校教师在日常教学和研究中，要主动养成反思的习惯，对自己的工作进行反思回顾，如每一次课后主动撰写"教学后记"，一个阶段工作结束后主动进行个人总结等，对周围同事的教学和研究状况进行积极的对照和反思，对教学与研究的关系进行认识和反省等。通过自我教育的方式来激励自身更积极、更有效地进行教学和研究，提高本人的教学学术能力和水平。专业反思可以催生教育智慧，凝聚生命能量，是促进教师专业发展的必要手段和有效途径。教师教学能力和学术水平的提高，将有利于深化教师的专业情意，提升教师的整体专业素质，增强教师服务社会的能力。

二、民办高校是教师专业发展的主导者

教师专业发展是学校组织与教师个体相互作用、相互影响、共同实践的过程和结果。根据组织行为学的观点，在这一过程中，组织对个体行为的选择或影响起主导作用。因

第四章 民办高校教师专业发展

此,在促进教师专业发展方面,民办高校作为组织主体的实践选择至关重要。按照教师专业发展的逻辑过程,从民办高校教师队伍建设的实际出发,民办高校促进教师专业发展的策略主要体现在以下四个方面。

（一）改善组织支持系统,强化教师专业的合理认同

强化专业合理认同是民办高校教师专业发展稳固期的主要任务。专业认同是专业情意形成的基础,关涉教师发展的动力和目标问题。从实践中民办高校教师流动的特征来看,如果这个时期教师不能形成专业的合理认同,教师的专业情意就无法得到正向发展,教师离开民办高校而另谋他就的几率就会非常大。

专业认同归根结底是一个专业价值问题,是教师对自身专业发展和生命意义的深层追问。根据施恩的锚理论,可将教师的专业价值分为两类:一是内在的专业价值,是指与教师专业本身相关的一些因素,如教学与研究上的创新、新知识的发现、对文化的传承等;二是外在的专业价值,主要体现在教师的地位与专业吸引力,如职业的安全性、声誉、经济报酬和职业所带来的生活方式等。① 教师在专业发展中的自我认同不仅关注专业的外在价值,如经济报酬、职业声望与安全性、与领导和同事的关系等,也关注内在价值,关注理想的工作状态、专业发展上升的空间、专业发展是否有助

---

① 埃德加·H. 施恩:《职业锚理论》,见百度百科（https://baike.baidu.com/item/%E8%81%8C%E4%B8%9A%E9%94%9A/1070868? fr = aladdin）。

于个人自我价值的实现等。因此，在民办高校教师发展的稳固期，要通过改善组织支持系统，让教师在教学与研究的实践中体会专业外在价值与内在价值的提升，逐渐固化教师对学校的情感，强化教师对专业的合理认同。民办高校教师在身份地位方面，与公办高校教师存在着事实上的不平等；在工资待遇和社会保障方面，远远低于公办高校教师；在教师与学校的关系紧密度上，民办高校相较公办高校比较松散，完全基于聘用合同之上的平等主体之间的关系使民办高校对教师的随意离职几乎失去了约束。以上这些因素促成了民办高校居高不下的离职率，尤其是年轻骨干教师的离职率。基于此，民办高校应该从以下四个方面着手进行改善。

1. 切实提高教师待遇，让教师享有公平的工资报酬

有研究显示，[1] 民办高校教师对工资待遇的满意度尚未达到一般满意的水平，在17个影响职业发展的因素中，有超过三分之二的教师选择"工资待遇"为最希望能够通过改变实现的因素。另有研究也表明，民办高校教师组织承诺中的持续承诺的水平最低，导致低水平持续承诺的核心要素是工资待遇。[2] 这说明改善组织支持系统的最首要的因素是提高教师的工资待遇。提高工资待遇关键是举办者投资理念的转变。民办高校的举办者要充分认识到：我国民办高校经过40年的发展，已经进入新的发展阶段，国家对"双一流"建设政策的实施，预示着高等教育已经完成了规模发展的任

---

[1] 王义宁、徐学绥：《民办高校教师职业发展需求研究——基于广东省的调查分析》，载《高教探索》2018年第1期，第102页。

[2] 王义宁：《民办高校教师组织承诺研究——基于广东民办高校的实证》，载《黄河科技学院学报》2019年第4期，第1-9页。

务。为适应国家创新驱动发展战略的实施,高等教育进入高质量发展阶段,实现高等教育内涵式发展已经成为高等教育的必然选择。在这样的形势下,民办高等教育也从"以量谋大"的外延式转向"以质图强"的内涵式发展模式。毋庸置疑的是,实现内涵式发展的关键是高素质的教师队伍。根据市场规律,高素质的教师队伍需要高水平的工资待遇来支撑,需要举办者更大的办学投入。在现阶段,如果学校仍然像规模发展阶段那样不注重人才积累的话,那么学校一定会失去发展的后劲,存在着被市场淘汰的风险。因此,举办者要树立投资于人就是投资于质量,投资于人就是投资学校未来的办学理念,从学校外延发展时期的投资于物的模式转变为内涵建设阶段投资于人的模式,以适应学校内涵建设的需要,适应教师对提高工资待遇的需求,增强学校未来的竞争力,深化教师对学校的认同感。另外,提高工资待遇还需要有一个设计科学合理的工资制度作为支撑。工资制度对内要具有公平性,依据工作绩效进行收入分配,多劳多得,优劳优酬;对外要具有竞争性,受办学经费限制,民办高校的工资体系无法针对所有人全面铺开地大幅提高,这种竞争性主要是针对优秀人才,要使外面的优秀人才引得进,里面的优秀人才不舍得出。

2. 积极营造和谐的校园文化氛围,让教师享有舒适的人际环境

因办学投入有限,民办高校难以短时间内普遍地提供像公办高校那样的物质待遇给教师,尤其是教师退休后的社会保障,或者说要在短时间赶上公办高校的工资待遇水平还存在相当大的困难。但民办高校在构建良好的人际关系方面具有其独特的优势,如因没有行政级别差异的约束,上下级关系更容易趋于平等化,教师与学校基于聘用合同形成的平等主体的关系,使教师之间、教师与领导之间更容易形成平等和谐的关系。因此,民办高校要发挥管理上的优势,构建平等民主、宽松和谐的工作关系、师生关系、上下级关系,为教师的工作创设良好的人际环境,使教师受到良好工作氛围的熏染,感受到工作的乐趣。

3. 提供教师专业成长的保障条件,让教师从专业提升中感受到工作的幸福

首先是设置教师专业成长的保障平台。教师专业发展的平台体系分为体制性平台和功能性平台。[①] 体制性平台是指在学校以及二级院系设立的服务于教师专业发展的专门机构。学校层面的教师发展专门机构,如教师发展中心,其主要职能是规划和统领全校的教师发展活动,制定教师专业发展规划;定期举办培训讲座,"灌输"先进教学理念;开展教学学术交流,促进教学反思等。二级院系层面的教师专业发展机构主要承接学校层面的教师专业发展工作任务的协调,并立足本院(系)学科专业建设和教师的发展需要,有针对性地开展教学和学术的培训和交流。功能性平台主要指能够对教师专业发展产生多方面影响的相对稳定和固化的一些渠道、手段或途径。体制性平台因得到政策和制度的支持而具有主渠道的主导作用和优势,但功能性平台更有针对性,对于教师个体专业发展的某一方面来说,功能性平台的作用有时是

---

① 马勇、魏婉东:《适应需求 着力建设高校教师专业发展的平台体系》,载《中国高等教育》2013年第24期,第29–31页。

第四章 民办高校教师专业发展

体制性平台所无法替代的,两者应互促互补。目前在民办高校,功能性平台的建设相对滞后,须引起重视并积极改善。体制性平台和功能性平台的功能作用如图4-2所示。

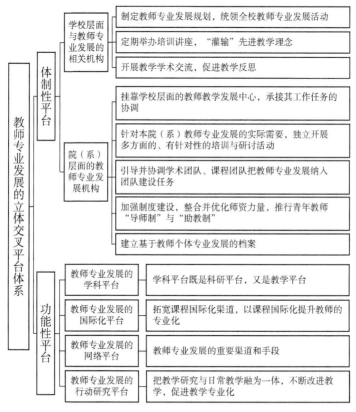

图4-2 教师专业发展平台体系

其次是建构并严格执行针对教师专业成长的相关制度。民办高校促进教师专业发展要有相关的激励教师专业成长的制度作为保障，例如，优秀人才培养制度，包括教学名师、学术骨干培养制度；中青年教师专业能力培养制度，包括国内外访学进修制度、中青年教师培养资助项目制度；教学团队建设相关制度；教师整体素质提升制度，包括学历、学位、职称提升、"双师型"教师培养等制度；青年教师培养制度，包括青年教师"导师制"，青年教师上岗前的专业知识、教育技术、教学和研究技能的培训等制度；教师队伍国际化的相关制度，包括聘请国（境）外专家并派教师参加国际学术交流等。这些制度既相互独立，又相互补充，形成合力，共同促进教师的专业发展，让教师体会职业成长带来的满足感和幸福感。

最后是对处于稳固期的教师开展有针对性的活动，让其在提升教学能力的同时感受到学校对教师专业成长的重视，深化专业认同。制订实施针对稳固期教师的培养提升计划，开展围绕提高教学能力的培养活动，如模拟教学训练（针对初任教师）、教学观摩（授课示范）、课堂录像、教学咨询、教学研讨会以及推行青年教师"导师制"等，使教师形成关注教学问题的职业习惯。

4. 注重职业规划教育，让教师对专业发展前景有所期望

职业规划教育是增强教师专业认同的重要手段和途径。民办高校要重视开展教师职业生涯规划教育，尤其是在新教师的培养阶段，要通过讲座、研讨和"导师制"培养，引导教师对民办高校教师的身份和角色进行理性思考，对本人专业应达到的高度和需要付出的努力做出审视，在老教师的指导下做好职业生涯的规划，确立符合民办高校教师特性的专业发展目标。有了规划之后，教师还需做出较为详细的可执行的发展计划，在实践中付诸实施。职业生涯规划并不是一次性完成的简单计划，而是需要教师在专业实践中不断改进和完善。通过职业生涯规划，教师就能够自觉地将专业发展作为认知和实践的对象，有利于形成和深化教师的专业认同。

（二）完善学术能力提升机制，促进教师教学学术成长

博耶（Boyer）认为，教学不单单是技能或技艺的活动，教学行为的背后是教师对教育理论和本学科知识的理解、思考和探索，因此，教学也是一种学术即"教学学术"。按此，教学被视为学术活动的一部分，教学与研究具有内在的联系。从民办高校的办学层次、定位和水平来看，相对于科学研究和社会服务，教学是民办高校教师的主要任务。缺乏对教学的研究就不可能有高质量的教学，因此，着力提升教学学术能力和水平是进入专业发展提升期的民办高校教师面临的主要任务。

1. 完善教师掌握学术研究知识和方法的机制

从办学实际来看，为适应质量建设的要求，民办高校陆续出台了一系列鼓励教师从事教学研究的制度和措施，对教师的专业发展起到了积极的推动作用，越来越多的教师逐步走上了教学研究和改革的道路。但由于教师队伍的整体学历层次偏低（虽然随着民办高校的发展，具有较高学术素质的教师逐步补充到教师队伍中），仍有相当部分的教师缺乏学术训练和学术实践，对研究方向的确定和研究方法的运用缺乏科学认知，科研不知如何入手，思想上长期处于摇摆状态。因此，民办高校应通过系列性、多元化的讲座、交流、

研讨、实战等方式让教师掌握进行学术活动的知识和方法，为教师开展教学研究搭建平台，打开思路。

2. 完善教学和研究制度设计与平台建设机制

教师教学研究能力的提升有赖于教师对从事教学研究方法的掌握，也有赖于真正的研究实践。民办高校教师有从事教学研究的愿望却苦于不知如何研究，其主要原因之一是因为缺乏引路人，缺乏相应的研究平台进行实际锻炼。所以，民办高校的决策者一定要转变观念，完善高层次人才的引进制度，完善教学和科研激励制度，完善教学和科研平台的建设和管理制度，在高层次学科或专业人才的引进方面要舍得花大价钱，花大力气，以高层次人才的引入为契机，组建教学或研究团队，搭建教学或科研平台，将培养教师教学和研究能力的任务纳入平台的建设任务之中，以此引领和带动教师教学和研究能力的提升。

（三）构建科学的教师评价制度，提升基于自我实现的专业发展目标

通常而言，教师专业发展的动力来源有两个方面：一是外部动力，如物质与非物质的奖与罚、业绩考核与评估、职称的晋升、工资及其他待遇的提高等；二是内部动力，如对自身成长与进步的反省，发展自身能力、实现自身专业理想和目标的需要（即自我实现的需要）等。根据激励理论，外部动力对推动活动的进行起一定的作用，但其作用会因外部条件的满足而消失，其动力作用具有一定程度的情境性；内部动力是推动活动进行的根本动力，其作用比外部动力更深刻、更持久，具有超情境性。如果民办高校教师专业发展过分关注外部动力，就会缺乏后劲，不利于教师专业的持续发

第四章 民办高校教师专业发展

展,最终不利于民办高校办学质量的持续提升。据此,为了使民办高校教师专业发展具有深刻持久的动力,需要强化教师基于自我实现需求的专业发展价值目标。

1. 教师自我实现专业发展目标的建立有赖于教师对专业价值和生命意义的深层追问与反思

教育不仅仅是外显的行为,其根本是塑造人的精神的复杂活动,是"师生共同进行知识建构、伦理探究、意义追寻与情感体验的过程"①,教师是用自身的生命品质影响学生。生命品质体现为人的精神的丰厚、高远、深邃和博大。教师应具有高尚的内在生命品质,这种生命品质不仅仅表现为教师系统丰富的专业知识和高强的专业能力,更表现为教师的职业精神和专业情操。因此,民办高校教师应不断提升自己的生命品质,不仅要持续完善专业知识和提高专业能力,更要树立从事民办高等教育的职业理想,不断淬炼和养成深厚的专业情操,对真理执着和探索,对民办教育事业热爱和追求。民办高校教师的发展不能只追求外在的功利目标,更要关注内在生命资源的增衍,形成基于自我实现需求的专业发展价值目标。

2. 教师自我实现专业发展目标的建立有赖于组织的制度导向

根据组织理论,在组织与人的关系中,组织对人的需要的产生具有主导作用,这种主导作用主要是通过组织的制度,尤其是与人的利益(精神的或物质的)密切相关的考核评价

---

① 陈时见、周虹:《高校教师教学发展的内涵特征与实践路径》,载《高等教育研究》2016年第8期,第38页。

制度产生的。教师评价是对教师具有的现实的或潜在的价值做出判断的活动,民办高校制定的教师评价制度是引导教师专业发展目标设立的外部动力。如果评价制度内含的价值取向是重质量、轻数量,重过程、轻结果,重内在激励、轻外在约束,尊重教师的专业自主,将学校的目标和教师发展需要结合起来,那么教师就容易接受制度规范的内容,并且会在专业实践中把学校的要求内化为自我发展、自我实现的价值追求。伴随着"放管服"系列改革措施的出台,教育主管部门已将诸如教师职称评审等教师管理权下放至高校,这为民办高校制定更加切合其实际的教师评价制度提供了机遇和动力。民办高校应以教师内在生命品质的提升为目标,建立科学的教师专业发展评价标准,这个评价标准应是为了发展的诊断性评价,而非为了惩罚的结果性评价,这个评价标准指向教师的专业提升,也指向学校内涵建设的要求,其价值旨归是学校发展要求和教师专业自我实现需要的有机统一。

(四)重视专业文化创新,以卓越文化引领教师专业发展

专业文化是教师在共同进行专业学习、研究和教学中形成的一种文化现象,其核心是师生围绕促进专业培养目标的实现而共同遵守的核心价值观,体现于该专业组织有关教育教学安排和人际交往的规约中,体现于该专业组织成员的思维方式、情感态度和自觉行为中,也体现于该专业组织的教学场所和教育环境中。[1] 专业文化提供了大学文化中最重要

---

[1] 叶泽滨:《专业文化:本科专业建设的一项内容》,载《江苏高教》2010年第6期,第55页。

第四章 民办高校教师专业发展

的个性组成，既具有大学文化的共性，如崇尚学术、理性批判、追求真理、自由包容、多元开放等，[①] 同时又具有基于不同培养目标的鲜明特色和文化个性。卓越的专业文化蕴含了对教师在人文情怀和科学精神方面的独特诉求，体现了专业工作者对人才培养规律的深度把握，以及社会对该专业人才要求的深层了解。

以文化哲学而论，在教师长期的专业教育教学和研究活动中形成的专业文化，反过来又对教师从事教学、研究、服务等专业活动的思维方式和行为方式产生深刻影响，即所谓文化"化人"。[②] 教师在进行专业活动时，无不处在特定的专业文化环境中，专业文化中蕴含的专业行为准则、价值理念无时无刻不在影响和牵引着教师的思维方式和行为方式，当这种影响和牵引内化为教师的专业思想、教育观念和专业情感时，就会成为支配教师教学和研究行为的力量。"大学内在的不可替代的教育力量就是它的文化影响。一所大学如果缺乏深刻的文化内涵，永远不可能成为卓越大学。"[③] 同此可以说，民办高校如果缺乏丰富深刻的专业文化，便无法办出彰显学校品牌的专业，教师专业发展也不可能进入一个理想境界。

专业文化是影响教师专业发展的精神力量，这种影响是

---

① 邸燕茹：《大学文化的内涵、特征和功能》，载《思想教育研究》2013年第4期，第62页。

② 卢文忠、蒋洪池：《文化化人：构建和谐大学文化的真谛》，载《黑龙江高教研究》2008年第2期，第21页。

③ 郭贵春：《创新和丰富大学文化 提高核心竞争力》，载《中国高等教育》2005年第8期，第25页。

潜移默化的、自然而然的，见诸无形，却稳定持久。对于办学历史较短，专业文化积淀不深的民办高校而言，尤其要重视专业文化建设，以卓越文化引领教师专业发展。在专业文化探索和创新方面，教师和学校须整体思考：专业人才培养目标和培养规格是否因应产业链和产品链对人才的需求；专业课程体系是否对接职业标准，是否符合岗位需求和学生成长的规律；专业目前和未来的发展对教师在知能结构、专业态度、专业精神等方面的要求如何；专业如何进行改造和创新，特色如何凝练，专业的优势和竞争力如何形成等。

三、延伸思考

民办高校教师专业发展既是教师个人专业能力成长的需要，更是民办高校内涵建设的必然要求。教师专业发展为学校内涵式发展提供支撑，遵循自身发展规律，并依归规律而呈现出自身发展的逻辑过程和实践选择。但对民办高校教师专业发展的理论与实践的探索不止于此，需要进一步思考的有以下方面。

（一）民办高校教师专业发展内涵或类似于一种"生命体"的发展

教师的专业发展不仅仅体现为专业知识水平的提高和专业能力的增强，更体现为精神世界的丰富、重塑和升华，是教师创造自己新的生命，切不可简单地归为教师的职业生涯。教师专业发展的结果是教师作为一个热爱民办教育事业、有职业理想和信仰追求、情操高尚、学识丰富、思想深邃以及充满仁爱的生命体呈现在受教育者面前，以其富含生机的精神力量实现合于德行、达成生命的教育活动，启发学生对生命意义的探索和对现实与未来的重构。

（二）民办高校教师专业发展需要营造更加公平、有利的外部环境

民办高校教师与公办高校教师皆为高校教师，工作性质和内涵一致，职业身份和角色并无区别，但其在退休后获得的社会保障程度（养老保险替代率）远远低于公办高校教师，这一现实成为制约民办高校教师专业发展的外部制度性障碍。举办主体的不同不应成为民办与公办高校教师退休后社会保障差别的关键因素。希冀随着国家教育制度的改革和高等教育事业的发展，民办高校教师专业发展的外部制度环境能够得到不断改善，毕竟民办高等教育的存在和发展呼应了社会对高等教育增长的充分需求，并将在未来分类管理框架下展现其生机、活力和鲜明的特色。

（三）需要建立一整套能有效支撑民办高校教师专业发展的动态评价体系

从政策监管和评价层面看，需要建立运行一整套能够有效支撑民办高校教师专业发展的动态评价体系。可由国家教育监管部门牵头，授权专业评估机构常态化实施，并定期向全社会公开相关评价结果。这不但有利于上级教育主管部门及时掌握民办高校教师专业发展动态，适时调整和出台相关指导性政策，而且有助于促进民办高校更加重视和推动教师专业发展的目标进程，以问题为导向持续改进并提供切实有力的措施支持，这也是助推民办高校全面走向内涵式发展的关键一环。

第五章　民办高校组织文化建设

"大学内在的不可替代的教育力量就是它的文化影响。一所大学如果缺乏深刻的文化内涵，永远不可能成为卓越大学。"① 学校文化反映学校的组织哲学、价值观念、道德规范和组织精神，是影响学校生存发展的"软实力"。我国民办高等教育已经走过近 40 年的发展道路，在这数十年的发展中，由于具有相同的社会制度和文化背景，众多的民办高校面对的生存环境是极为相似的，但发展水平参差不齐，有的可以始终位居前列，有的能够异军突起，而有的却仍在低位水平徘徊。造成这种差异的原因多种多样，但其根本原因则是组织文化的不同。目前，走内涵式发展道路已成为民办高校的必然选择，在此形势下，迫切需要重新梳理民办高校组织文化的基本内涵及其特征，深层分析民办高校组织文化建设面临的现实困境，积极探索民办高校组织文化建设的可行路径，以加强民办高校组织文化建设，促进民办高校办学水平的不断提高和组织使命的充分实现。

---

① 郭贵春：《创新和丰富大学文化　提高核心竞争力》，载《中国高等教育》2005 年第 8 期，第 25 页。

第五章 民办高校组织文化建设

第一节 民办高校组织文化的基本内涵及其特征

一、民办高校组织文化的基本内涵

（一）文化释读

1. 文化溯源：关乎人文，以化成天下

文化是一个包容性极强的概念。可以说，文化是与自然现象不同的人类社会活动的全部成果，几乎所有人类活动的要素都可以用"文化"二字来概括。关于文化的定义，可谓数不胜数。究竟何为文化？按照人类探究的规律，要真正弄清事物的内在含义，需要"追本溯源"，向事物的"来处"要答案，找结果。在我国，"文"与"化"二字并联，始于《周易》中的"贲"卦的象辞，"贲"为文饰、装饰之义，"象辞"为总括之辞，是"小结"的意思，也就是对"贲"卦的卦象进行概括的文字。此段文字为："刚柔交错，天文也；文明以止，人文也。观乎天文，以察时变；观乎人文，以化成天下。"此说涉及了以下概念。

（1）文与天文。文的本义由"纹"而来，指各色交错的纹理。"物相杂，故曰文。"（《易·系辞下》）《说文解字》称："文，错画也，象交文。"因而可以理解"文"是指一切现象或形相。"天文"，就是指自然现象。"刚柔交错，天文也"，意指自然界两端的力量刚与柔、阴与阳、雌与雄、正与负等交互作用而形成错综复杂、缤纷多姿的自然现象，这就是"天文"。

（2）人文化成。什么是"人文"？"文明以止，人文也。"纷繁复杂的自然现象被明照而凝定为知识，为"人文"。这也就是说，人作用于自然现象或自然世界的活动被称为"人文"。人文活动被分为两个层次：一是认识的层次，人对自然现象进行观察、认识和了解，使之凝练为确定的知识，这便是初级的人文活动；二是利用和改造的层次，人利用已获得的知识来为人服务。这种服务也分为两个层次。第一个层次是给人的生活带来方便的人文活动。如织布而衣，架木以居等，以及现代所有的工业产品，这些都是为了人的生活更方便、更舒适而对自然之物本来的结构进行改造或重组，是以实用为目的的活动。第二个层次是进级的人文活动。所谓进级，意指活动的目的不再仅限于实用，而是在实用之上更进一级，是为了表现人的精神意义或精神寄托。人以自然之物或人为改造之物为表征，来呈现一套人特有的不同于其他动物的生活方式，如食物本来是用于果腹，但人赋予了食物更广阔的精神上的意义，借食物来祭祀祖先，表达对先人的敬意，借吃饭来联谊互敬，以增加人与人之间的交往，还可以用来怀古，表达对先人的追念（如端午节吃粽子）。人的这种特有的生活方式就是所谓礼仪。进级的人文活动不仅仅表现为礼仪，还包括法律制度、风俗习惯、文学、艺术等，凡是人类创造的一切精神财富的活动，都属于进级的人文活动。

人通过赋予具体实物一定的意义以彰显人的精神意义的活动，使人的活动具有超越性，从而超越具体的实物的限制而具有无限扩展的意义，这种指向无限的特质便是人文活动真正的价值所在。在具体的实物之上附加意义，表征人的精

第五章 民办高校组织文化建设

神情感,这是一种创造性活动,这种创造性活动被称为"点化"。"化"本义为改易、生成、造化,通过人的"点化",人的生命能够超越受衣、食、住、行等物质活动的制约,从而具有丰富的精神内涵;通过"点化",一切被人所用之物,皆在自然效用之外,因注入了人的感情和需求而进入人的生活世界并与人紧密相连。初级的人文活动使人认识了这个世界,而进级的人文活动使人创造了相对于自然界的另一个世界,一个人的世界。"观乎人文,以化成天下",约称之为"人文化成",更简称为"文化"。文化在英文中的表述为culture,它最早源于拉丁语中的cultura,原意为"栽培,耕种,养殖",含有人的力量加诸自然之上,使之发生改变和改良,使人摆脱自然状态的意思。现代英语单词culture被翻译为"栽培,文化,教养",隐含了文化源起于人认识自然、改造自然的活动,并且是人认识、改造自然,创造物质财富和精神财富的结果。

2. 文化的内涵：物质活动与精神创造

关于文化内涵的表述多种多样,归结起来,公认的有两种。一种是广义的表述,认为文化是人类在社会历史发展过程中所创造的物质财富和精神财富的总和,这是比较传统的说法。广义的观点一般认为文化有四个层次（见表5-1）,其中心态文化层是文化整体的核心部分,也称为精神文化或社会意识,其又分为社会心理（未经过理论加工和艺术升华的大众心态）和社会意识形态（经过系统加工的社会集体意识,如政治理论、法律观念、科学、哲学、宗教、艺术）。另一种是狭义的表述,认为文化是社会的意识形态,以及与之相适应的制度和组织机构;或文化是相对于政治、经济而言的人类的全部精神活动及其产品。可见，相对于广义文化囊括人类一切创造活动及其结果的特点，狭义的文化表达倾向于将物质创造活动及其结果部分排除在外，而仅仅专注于人的精神创造及其产品。

表5-1 广义文化的层次及其表现形式

层次	表现形式
物态文化	人的生产活动及其产品的总和，为可感知的、具有物质实体的文化事物
制度文化	人类在社会实践中建立的各种社会规范，包括社会的经济、政治等各种法律制度和组织等
行为文化	指在日常起居中呈现的具有鲜明的民族、地域特色的民风民俗
心态文化	指由一定社会的生产方式和生活方式孕育出的一定社会的心理特征，主要表现为人的价值观念、审美情趣、思维方式等意识活动。又分为社会心理和社会意识形态两个层次

3. 文化的本质："人化"与"化人"

文化是人文化成的结果。人文活动就是人认识、改造、重组、点化自然的活动。人以其特有的方式，按照其作为人的理想、价值和追求去改造自然、改变世界，在长期的实践活动中，人创造了改变生产和生活的物质产品和精神产品，这些产品是人的劳动创造的结果，其摆脱了自然的状态，打上了人的烙印，体现了人的理想和价值，渗透了人的自由超越意志，寄托了人对真、善、美、圣的追求。这些经过人的

第五章 民办高校组织文化建设

劳动创造的成果，我们称之为"文化"。也就是说，称之为"文化"的东西，一定是人创造的。日升日落，月圆月缺，这些自然现象，是大自然赋予的，所以不能称之为文化；只有这些现象和人联系起来，人在自然现象之上赋予人的思想、感情和追求，或以这些自然现象为表征，来表达人的喜怒哀乐和悲欢离合，那才能称之为文化。从这个意义上说，文化就是"人化"。

"化人"是文化塑造人。人在实践中形成的文化，反过来又作用于人，影响、引导、武装和塑造人的思想和行为，使人按照一定社会要求的方向去成长和发展。人不断地创造着文化，使外部的自然界不断地"人化"，同时，人所创造的文化，也使自己的"自然界"（人的自然本性、动物性）不断地进行"人化"，人依着自己创造的文化使自身逐渐脱离动物本性中低级、粗俗、兽性的一面而具有文化同一性，逐渐成为具有社会性而被社会接纳的人。人从一出生起，便被置于特定的"文化"之中，在文化的陶冶和影响下，人对文化中的价值、要求和规范进行主动的辨识、理解，并逐渐内化到自己的认知结构和情感世界，于是人具有了能够被社会理解和接受的思维方式和行为规范，成为一个有文化的、真正意义上的人。文化"化人"的实现途径主要有两种。一种是文化环境。教育学认为，环境是一种极其重要的教育力量。而人所处的环境，说到底是文化环境，人所创造的物质文化、制度文化和精神文化的成果，形成环境中各种显性或隐性的文化要素，以潜移默化、持久稳定的方式作用于人的身心的各个层面，渗透于人的学习、生活和工作的各个领域，使人的身体、心理、精神和行为无时无刻不受到熏陶和影响，并不知不觉地改变着人的思想观念和行为方式。另一种是文化活动。人在学习、生活和工作中的一切活动，无时无刻不在连接着人类创造的物质文化、制度文化和精神文化，我们通过活动来改变自己，其实就是通过与文化的对接和相融来塑造和提升自己，我们烹饪食物，接受教育，教书育人，阅读作品，欣赏音乐，撰写论文等等，都是在从事广义的文化活动。我们处在文化的包围之中，我们创造了文化，文化也改变着我们，我们只要努力学习、工作和生活，就能时时刻刻感受到文化的丰盛。

4. 文化的功能：维持秩序，导向行为，促进合作

为了共同生活的需要，人们需要以群居的方式进行活动，在长期的共同改造世界的实践活动中，被人们所普遍选择和认可的东西逐渐从人们的实践活动中孕育出来，并凝结成指导和约束人们行为选择的价值观念、思维方式、审美情趣和行为规范，这就形成了文化。在维系社会运行发展上，文化有着重要且独特的功能，主要表现在以下三个方面。其一，维持秩序。人们拥有共同的文化，就意味着某种价值观念和行为规范被认可和遵从，也就意味着某种社会秩序的形成。只要这种文化不发生改变，那么依靠这种文化所确立起来的社会秩序就会一直被维持下去，某种文化就意味着某种社会秩序，文化稳定，社会秩序就不易被打破。其二，导向行为的功能。文化是某种共有价值观念、思维方式和行为规范的凝结，共享文化，就知道自己的哪些行为可以被他人认可，可以得到他人的回应，于是就能够选择有效的行动。其三，整合功能。文化的核心是价值观念，相同的价值观念是人们能够相互沟通和理解

的前提。人们共享文化，就可以获得一致的价值观念，就能进行有效的沟通，消除隔阂，促成合作。

（二）民办高校组织文化的基本内涵

1. 民办高校组织文化的概念

根据对一般意义上的组织文化的理解[①]，结合民办高校组织的特点，民办高校组织文化可以定义为民办高校在长期的学校建设、发展和管理运行的过程中所创造的具有民办高校特色的精神财富和物质形态。包括民办高校组织的发展定位、发展目标、价值观念、组织精神、道德规范、行为准则、学校传统、学校制度、教育教学环境、师生的精神风貌等，简言之，就是民办高校在进行教育、教学、研究和服务的过程中所表现出来的各方各面。在构成民办高校组织文化的诸因素中，价值观念是民办高校组织文化的核心。

2. 民办高校组织文化的表征

从构成组织文化的诸因素可见，民办高校组织文化可分为表现于外的显性组织文化和隐匿于内的隐性组织文化。

（1）显性文化。所谓显性文化是指人们通过感觉器官可以感知到的、内含组织价值观和精神信念的物化产品和行为表现。包括以标志性的外化形态来表示本学校的文化特色，和其他学校区别开来的校训、校歌、校徽、校服、学校标志性建筑等组织标志；学校的教学和科研工作环境；学校激发教师工作和专业提升积极性的规章制度；学校管理学生、教师以及教学、研究和服务活动的方式和行为。

---

① "企业文化"，见百度百科（https://baike.baidu.com/item/企业文化/154426？fr=aladdin）。

（2）隐性文化。隐性文化是文化中不可被感觉器官直接感知的部分，虽然隐于无形而不可见，但仍可以被概括性地表述出来，即组织哲学、价值观念、道德规范、组织精神。

组织哲学是民办高校从事学校建设和管理活动的方法论原则。它是指导民办高校组织行为的基础。民办高校的发展具有强烈的市场性，在激烈的市场竞争中，民办高校会面临各种矛盾和选择，需要有一个科学的方法论、一套思维逻辑来指导和决定自己的行为。如具备一定的规模是民办高校生存的前提，在保证适度规模的基础上提高办学质量，这就是民办高校发展的哲学。组织哲学是学校最高层次的文化，对组织学校的文化塑造及其他方面的发展起主导和制约的作用。

再谈价值观念。要理解价值观念，首先看看何谓"价值"。"价值"是一个比较难定义的概念，在现代社会科学中，一般认为"价值"是对"意义"的延伸。但"意义"这个概念具有两个层次的意义：一是实体意义，指事物、观念具有自身的内涵（这一含义与"价值"不同）；二是相关意义，指事物、观念对他物的作用。当一个事物、一种观念对作为主体的人存在相关意义时，我们可以说这个事物、这种观念是有价值的。对人有利的相关意义，是正价值（善、好、美）；对人不利的相关意义，是负价值（恶、坏、丑）。[①] 所谓价值观念，就是人们基于某种功利性或道义性的追求而对个人或组织本身的存在、行为和行为结果进行价值评价的基本观点，这种观点的形成具有实践上的长期性、

---

① "价值"，见中国知网（http://kns.cnki.net/kns/brief/default_result.aspx）。

第五章 民办高校组织文化建设

表现上的系统性和稳定性，并不是一时一事的体现。人的一生都在追求某种价值，而这种追求行为源于价值观念的驱使。民办高校的组织价值观，就是民办高校教职工对民办高校存在的意义、办学目的、办学宗旨进行价值评价以及为之追求的群体意识，是民办高校全体教职工共同的价值准则。只有在共同的价值准则的基础上才能产生民办高校办学正确的价值目标。有了正确的价值目标，才会有全体教职工团结一致奋力追求价值目标的行为，民办高校才有希望。因此，组织价值观决定着组织成员行为的取向，关乎组织的生死存亡。如果民办高校只顾牟利的价值观，将办学视为办企业，就会极力压缩成本，减少教育教学投入和人员经费投入，从而损害师生合法权益，损害教育的公益性，最终导致学校失去公众的信任，失去生源，走向衰败。

道德规范是指在民办高校组织处理兄弟校院之间，学校与学生之间，学校与教师之间，学校内部学生、教师、管理者之间关系的行为规范的总和。道德规范相较于法律规范、制度规范，虽然不具有外在的强制性和硬的约束力，但它从伦理学的意义，以善与恶、公与私、荣与辱、诚实与虚伪等道德范畴为标准来评价和规范教职工的行为。当它被教职工认同和接受后，就具有内在的自我约束的力量，具有更广泛的适应性和深刻性，是约束学校全体教职工的重要手段。如倡导关心和尊重学生，奉献民办教育事业，这样的师德规范虽然不具有制度的强制约束力，但一旦被教师认可和接受，则可以在教师的内心产生深刻的约束力，并持久地表现于教师的教育教学行为之中。

组织精神是指民办高校基于自身特定的办学性质、办学任务、办学宗旨、时代要求和发展方向，在长期的办学实践中，经过精心培育而形成的学校教职工的精神风貌，是学校教职工观念意识和进取心理的外化。民办高校组织精神的基础是组织的价值观念，其动力来源于对价值目标的追求，因而对组织哲学、管理制度、道德风尚、群体意识和学校形象起着决定性作用。组织精神是民办高校组织文化的灵魂。如民办高校在创校初期形成的为国分忧、艰苦奋斗、顽强拼搏的创校精神，展现了民办高校教职工独特的精神风貌，形成了民办高校独特的文化现象。

总之，民办高校组织文化中的显性部分与隐性部分两者看似相互独立，各为一体，但实质上密不可分，交融一体。隐性文化是组织文化的根本，是文化最重要的部分，但需要以显性文化为介质，通过显性文化表现出来；显性文化中只有内含和融入了隐性文化，才能真正表现为文化。如民办高校关于教师的考核培养和发展的制度，这一制度不仅外显为制度条款，对教师的行为起着引导和激励的作用，而且制度的条款内容本身在生成的时候，就离不开制度制定的"指导思想"，这个指导思想就是学校对学校与教师发展关系的价值定位。制度的条款内容是外显的，却承载了不可见的价值观念，以此形成制度文化。

3. 民办高校组织文化的结构

组织文化的结构一般指组织文化系统内各要素之间的时空顺序、主次地位与结合方式。它表明了各个要素如何联系起来，形成组织文化的整体模式。根据对组织文化结构的理解，民办高校组织文化的结构也可划分为物质文化、行为文化、制度文化和精神文化。

第五章　民办高校组织文化建设

（1）物质文化。物质文化是文化中可见的表层部分，是以物质形态存在的学校文化，是形成制度文化和精神文化的物质条件。包括学校的文化建筑和设施、教学条件和环境、教师的科研条件和环境等体现学校价值追求的一些物质存在。这里需要注意的是，学校的设施和建筑物等本身并不一定就是学校的文化象征。如高校的图书馆，如果仅外形建设得足够"吸睛"，还不足以代表学校的文化；如果能够为师生营造一个良好的读书环境，能够吸引更多的学生和教师前来读书，创设学校良好的学习氛围，这就可以代表学校的文化。因为图书馆并不是用来供外人参观，而是用来学习和进行研究的地方。因此，物质形态的东西只有内含了学校的价值追求和精神信念，才能成为物质文化。

（2）行为文化。行为文化是民办高校组织的行为文化，是指在学校的教育教学活动，宣传营销活动，人际交往活动，各种表彰、奖励活动以及学校开展的学生和教职工的文娱体育活动等表现出来的文化现象，是学校教风、学风、教职工精神风貌、人际关系的动态体现。值得一提的是，并不是什么活动都是学校行为文化的反映，只有活动的内容和性质与学校的核心价值、中心工作、发展目标紧密联系的活动，才能称作学校的行为文化。文化的根本是不可见的深层次的意识观念，这种深层次的东西需要通过一定的介质展示出来。无论是动态的活动，还是静态的建筑设施，只有融入了学校的价值观念，才能真正成为文化，否则就仅仅是介质。①

---

① 耿加进：《高校组织文化建设的意义及其策略》，载《黑龙江高教研究》2016年第6期，第91页。

（3）制度文化。制度文化是民办高校组织文化的中间层次。民办高校的组织制度是在民办高校办学实践中形成的，对教职工的行为带有强制性、激励性和导向性，能保证教职工一定的权利，在一定程度上满足学校和教师生存发展需要的各种规定。从文化要素之间的关系看，组织制度既是学校精神文化的表现形式，又是物质文化实现的保证。学校的价值观念和价值追求只有变形为学校制度，才能为教职工提供一个行为规范的模式，使教职工个人的活动得以合理进行，学校的内外关系得以协调，各利益相关者的利益得以保护，从而使民办高校拥有良好的办学秩序，为实现办学目标而共同努力。制度层的范畴涵盖组织领导体制、组织机构和组织管理制度等三个方面。

（4）精神文化。民办高校组织的精神文化，是以意识形态存在的组织文化，是民办高校在长期建设和发展实践中形成的教职工群体的心理定式和价值取向，是对组织哲学、组织价值观、道德规范、组织精神的高度概括，反映全体教职工的价值追求和基本信念，是维系民办高校生存和发展的精神支柱。精神文化是民办高校组织文化的核心和灵魂。

4. 民办高校组织文化的功能

（1）激发教职工的使命感。组织文化建设的首要任务是确立组织的使命，以激发组织成员的使命感，使组织成员拥有明确的工作目标和方向。在现阶段，民办高校从事教学、科研和社会服务，为地方经济社会发展培养高素质应用型人才是其责任和使命，这一职责使命经过全体教职工的内化和认同，形成全体教职工的使命感，并成为民办高校组织不断发展的动力之源。

（2）凝聚教职工的归属感。组织文化的作用就是通过组织价值观的塑造、贯彻、渗透、传播，让来自不同地方的一群人共享价值观，追求同一个梦想，找到归属。

（3）增强教职工的责任感。民办高校通过各种教职工培训、研讨和交流，制定相应的制度规范，给全体教职工灌输责任意识、危机意识和团队意识，让全体教职工认识到责任感的重要性，认识到学校与教职工相依相存，是一个命运共同体，是一个相互依赖的关系，学校发展得好，教职工就有了更好的发展平台。同时，教职工的努力奉献也促进了学校的发展，学校的发展离不开教职工的价值贡献，学校是全体教职工共同的学校。

（4）赋予教职工荣誉感。学校在教学、科研、学生管理等方面设立各种奖励和表彰活动，激励每位教职工在各自的工作领域勤奋努力，开拓创新，多出成绩，为学校发展多做贡献，让教职工追求荣誉感。

（5）实现教职工的成就感。学校通过为教职工提供在职培训、学历提升、职称晋升的机会和条件，通过组建各种教学或科研团队，搭建各种发展平台，促使教职工在教学、科研和服务方面取得成长和进步，成就自我实现的价值追求，在工作上拥有越来越大的成就感。

二、民办高校组织文化的特征

关于民办高校组织文化的特征，如果从"高校"的意义上来说，其具有大学文化的一般性；如果从"民办"的意义上来说，其又具有民营组织的特殊性。

（一）民办高校组织文化的一般性

1. 民办高校组织文化是一种追求教育理想的文化

民办高等教育是社会主义教育事业的重要组成部分，民办高校与公办高校一样，同样承担着培养社会主义建设者和接班人的历史重任。这一点并不会因为民办高校是由社会力量举办而有所损减。民办高校的办学必须培养学生对国家发展和民族命运的责任感和使命感，引导学生将个人的理想和抱负主动融入国家和民族的事业中去。我国《高等教育法》第五条规定："高等教育的任务是培养具有社会责任感、创新精神和实践能力的高级专门人才，发展科学技术文化，促进社会主义现代化建设。"培养学生"具有社会责任感"是高等教育的首要任务，也是民办高校组织文化须着力建设的重要方面。

2. 民办高校组织文化是一种追求真理、崇尚学术的文化

人才培养、科学研究、社会服务和文化的传承与创新是大学组织的基本使命，在这一使命的驱使下，大学不仅要进行知识的整理和传承，更重要的是进行知识的创新和生产。我国民办高校虽然办学历史较短，科研基础薄弱，但这并不等于说民办高校可以不用追求知识的创新和生产。民办高校作为高等教育机构，如果丧失了创新意识、创新精神和创新能力，就不能称为真正意义上的大学。因此，对真理的追求和对学术的尊崇应该也必须成为民办高校组织文化的显著特点。

3. 民办高校组织文化是一种守护教育本真的文化

教育是利及国家发展和民族大计的事业，本质上具有公益性。民办高校虽然由社会力量利用非财政性经费举办，但

第五章 民办高校组织文化建设

其属性不能失去公益性，否则民办高校就不能成为真正的高等教育机构。民办高等教育具有公益性这一根本属性，要求民办高校在办学中要遵循高等教育的办学规律。第一，保证教学投入，保障学生的合法权益。民办高校在教学方面要投入足够的经费，聘请优良的师资，创设良好的学习环境和学习条件，保证学生在交付了高昂的学费后享有优质充足的教育资源，促进学生顺利成长、学业有成，使学生的合法权益得到维护。第二，保证师资队伍建设经费的投入，保障教师的生存和发展权。要保障教师的待遇，缓解和消除教师的生存压力；为教师的专业成长提供机会，搭建平台，创设空间，促进教师的专业发展，维护教师的发展权。维护和保障学生与教师的合法权益，是民办高校坚守办学公益性最直接的体现，也是民办高校办学的应然选择。尤其是分类管理后，营利性民办高校在办学中有营利诉求，更要注重在营利的同时确保民办高等教育公益性的实现。民办高校是一类特殊的高等教育组织，"高等教育组织"是其本质，"民办"只是区分其与公办高校举办主体不同的定语，因而其组织文化不能舍弃对教育本真的守护和追求。

（二）民办高校组织文化的独特性

1. 创校精神：民办高校组织文化发展的滥觞

民办高等教育的发展史，是一部为国分忧、艰苦创业、团结拼搏、勇于创新的奋斗史。民办高等教育依靠民间力量，从无到有，从创业初期高等教育的补充发展到今天高等教育的重要组成部分，这其中离不开民办高校的领导和师生忧国忧民、对国家高等教育发展怀有的责任心和奉献精神。我国民办高校在创业之初，发展环境非常艰难，一无成熟的办学经验可循，二无政府财政的大力资助。在这种艰难环境中起步的民办高校，如果没有为国分忧的崇高使命感和敢为天下先的创业精神的驱使，没有民办高校师生的团结一心、奋力拼搏的奉献和付出，民办高等教育的发展不可能取得今天如此辉煌的成就。民办高校在发展的历史实践中所孕育出的创校精神是一笔巨大的文化财富，创业初期的民办高校，学校领导和教师表现出极强的凝聚力、责任心和创新意识，对社会和公众产生了无与伦比的影响力和传播力，不仅丰富了社会文化，也赢得了越来越多的学生和家长的关注、信任与支持。

民办高校的创校精神是民办高校持续发展壮大的永恒动力和源泉，是民办高校校园文化发展的滥觞，对民办高校组织文化的塑造产生了深远影响。

2. 大学文化与企业文化的融合：民办高校组织文化的生命力

我国民办高校诞生于中国社会主义市场经济体制之下，有着独特的发展历史和发展环境，是我国高等教育体系中一类特殊的组织形式，其管理运行同时带有企业组织和大学组织的特征。

从"民办"的意义上来看，民办高校办学依靠民间力量，自筹经费，自负盈亏，缺乏政府公共财政的有效资助，学费几乎成为办学经费的唯一来源，这使民办高校的组织管理带有明显的企业文化的印记。第一，成本控制理念。在企业管理中，成本控制是企业生命的底线，重视成本就意味着重视利润。民办高校办学对生源的过度依赖和经费来源的单一性使民办高校时刻承受着巨大的生存压力，其管理运行必

第五章　民办高校组织文化建设

须重视成本；只有重视成本，才能产生办学收益以获得学校可持续发展的基金。因此，民办高校组织制度的设计无不重视成本与效益的问题，机构精简、人员高效是民办高校管理上的一个显著特征。第二，强烈的市场意识。满足市场需求是诞生于市场体系之中的民办高校生存发展的前提。民办高校的人才培养目标定位、专业设置、课程开设等须围绕市场需求展开，并根据市场需求的变化进行适时的调整，以便在激烈的市场竞争中占据一席之地，取得社会公众的信任，争取更多的生源，同时塑造学校品牌，传播学校文化。第三，强烈的服务意识。高等学校是一个高度的资源消耗型组织，高校培养高级专门人才需要巨大的资源来支持，民办高校依靠生源和学费来获得生存和发展的资源，其收取的学费必然高于公办高校。学生在向学校支付了高额的学费后，其身份就不仅仅是一个受教育者，而且也是一个教育消费者，需要从学校得到与其消费相匹配的服务。所以，民办高校唯有不断提高服务质量，即聘请优秀的师资以提高教育教学质量，创设良好的学习生活条件让学生的身心得到健康发展，以此来提高学生即"顾客"的满意度，为学校进一步发展赢得更多的生源支持。

从"高校"的意义上来说，民办高校具有大学文化的属性。作为高等教育机构，民办高校与公办高校一样，需要通过知识的传承、发现、生产和创新来承担为社会培养高级专门人才，进行科学研究和服务社会的使命，需要按照高等教育的规律来实施办学。传统的大学文化崇尚的追求真理、尊重学术、理性批判、自由多元、开放包容等文化精神在民办高校同样得到倡扬。更为重要的是，高等教育办学关乎国家利益和社会公众福祉，具有强烈的公益性。我国公办高校因其公益性以及由政府举办而得到了政府公共财政的大力资助，民办高校由于特殊的发展历史和现实，得到的政府财政资助极其微小，但这并不意味着民办高校公益属性的减少或改变，民办高校办学的价值追求与公办高校在此方面具有同一性。

我国民办高校是在用"民办"的体制办"大学"，因而其组织文化的形成，蕴含着企业文化和传统大学文化的冲突、碰撞和相融。企业文化和大学文化是两种不同类型的文化，各有其文化优势。在民办高校的办学实践中，如果两种文化优势得到较好的融合，产生"文化互补"，则可以使民办高校的组织文化具有强大的生命力。如民办高校为了优化人力成本，不养"闲人"，民办高校的教职工一般都承担了相对较多较重的工作任务，在教学、管理和服务工作中既不失教书育人、管理育人、服务育人的情怀，又形成了追求高效的工作作风，铸就了学校发展的生命力。如果大学文化和企业文化在实践碰撞时产生了错位，那将不利于民办高校的发展。如过度企业化，会使民办高校的办学过度考虑成本，过度逐利，造成办学偏离公益性；但如果为了体现公益性而完全不考虑办学成本，也会使民办高校办学缺乏发展基金的积累，不利于学校的持续发展。在办学中既要遵守高等教育办学规律，同时也不能忽视经济规律，这是民办高校组织文化独特性的重要体现，也是民办高校组织文化创新发展的动力源泉。

3. 以人为本：民办高校组织文化得以传续的重要基石

文化的本质是"人化"与"化人"，文化的传续与创新

第五章 民办高校组织文化建设

离不开对人的价值的关注与尊重。人是组织发展最基本的要素，也是组织发展的第一资源，"以人为本"是现代组织管理的核心理念。现代企业无一不重视和尊重人在企业发展中的价值，如海尔集团坚持"人的价值第一"的发展主线；2019年中国印染企业前5强之一的鲁泰纺织坚持培育"热爱员工、以人为本"的企业文化；恒大集团坚持"国以才立，业以才兴"的发展理念；华为集团倡扬"以奋斗者为本"的企业文化。现代企业的发展实践印证了人是企业发展的根本。对于兼具企业特性和大学特性的民办高校来说，"以人为本"理念的贯彻也显得尤为重要，关涉组织的存续和发展，也关乎文化的传承和创新。以人为本就是尊重人、依靠人、发展人和为了人。在民办高校，"以人为本"的理念可具体化为"以生为本"和"以师为本"。从学生的角度看，生源是民办高校生存和发展的基础。民办高校的学生在付出了高昂的学费后，兼具受教育者和教育消费者的双重身份，在一定意义上说，学生是民办高校的顾客，顾客是上帝。作为教育消费者，学生会对学校的教学条件、生活条件、校园设施和文化活动等怀有较高的期望。学校需要关心学生，了解消费者的需求，创设良好的学习条件，提供适合学生认知水平和能力基础的教学安排和课程模式，让学生学有所得，满足学生成长的需求；同时，还要具有强烈的服务意识，为学生创设良好的生活条件，丰富校园的文体活动，用丰富多彩的文体活动让学生尽情感受大学校园的人文气息，提升学生的满意度，这种满意度会以在校学生为传播主体向社会传递，形成学校良好的口碑，提高学校办学的声誉，从而为民办高校赢得充足的生源。从教师的角度看，教师是学校发展的根本。由于受到待遇、社会地位、用人机制等各种因素的影响，民办高校教师的流动性大是不争的事实。民办高校身处高等教育系统的"底层"，优秀的人才引不进来，自己辛辛苦苦培养的骨干教师又很容易"人往高处走"，流向公办单位等更好的去处。在留人之法中，民办高校虽然待遇很难在短时间内赶上公办高校，但可以在人文关怀上予以补足。人是情感动物，高校教师作为高素质的群体，有其强烈的精神追求，民办高校为了留住教师，需要在教师身上倾注更多的关心和爱，需要着力塑造关心教师、关爱教师、热爱教师的教师文化。具体来说，热爱教师，就是为教师的素质提升开启通道、搭建平台，满足教师专业成长的需要；关爱教师，就是为教师打造舒适的生活环境，提高教师的满意度；关心教师，就是为教师组织各类具有丰富文化内涵的文体活动，提升教师的幸福感。学校对教师的人文关怀，是教师产生归属感的重要依托，是民办高校留住教师不可忽略的重要工作。教师队伍稳定了，民办高校的文化才有了续接和创造的可能。

第二节　民办高校组织文化建设的意义及现实困境

组织文化是民办高校的"软实力"，对民办高校提高市场竞争力具有决定性的影响。随着民办高校步入以提高办学质量为核心的内涵式发展阶段，组织文化的建设具有更为重要的意义。但是，由于民办高校办学历程较短，组织文化建设的基础相对薄弱，在建设理念、建设方向和资源支持方面

第五章　民办高校组织文化建设

也存在一定的短板,造成了民办高校校园文化建设的现实困境,影响了其人才培养质量的提高。

一、民办高校组织文化建设的意义

(一) 建设社会主义民办大学的需要

我国的社会主义性质决定了我国的大学要培养什么样的人。我国《高等教育法》第四条规定,高等教育要使受教育者成为德、智、体、美等方面全面发展的社会主义建设者和接班人。2018年年初,教育部部长陈宝生在全国教育工作会议上的讲话强调,在中国,我们办的是社会主义教育,培养的是社会主义建设者和接班人,方向永远是第一位的、决定性的。我们的教育是为人民服务、为中国共产党治国理政服务、为巩固和发展中国特色社会主义制度服务、为改革开放和社会主义现代化建设服务的。[①] 2016年,中共中央办公厅印发《关于加强民办学校党的建设工作的意见(试行)》的通知(中办发〔2016〕78号)中指出:"民办学校是社会主义教育事业的重要组成部分,承担着培养社会主义建设者和接班人的重任。"可见,坚持社会主义办学方向也是我国民办高校组织文化的显著特征,民办高校也要按党的要求办学立校、教书育人,把培养和践行社会主义核心价值观贯穿教育教学全过程,引导师生树立正确的世界观、人生观和价值观,也要重视和加强意识形态领域的工作。如果不能深刻认识和理解这一点,就会犯方向性错误。

[①] 陈宝生:《在全国教育工作会议上的讲话》,见中国教育新闻网(http://www.jyb.cn/zcg/xwy/wzxw/201802/t20180206_961547.html)。

马克思主义认为，意识形态是一定阶级的思想体系，具有价值定位、行动导向、凝聚、动员、教化、维护、约束等功能。① 以社会主义的意识形态引领我国大学文化建构的方向，是我国大学全面落实立德树人任务的本质要求。习近平总书记强调，"意识形态工作是党的一项极端重要的工作"，高校作为知识和思想的创造源和集散地，是新时期各种思潮和价值观念争夺的集中地，也是意识形态建设的前沿阵地。高校肩负着学习和传扬马克思主义、培养合格的中国特色社会主义事业建设者和接班人的重大使命，做好高校意识形态工作，事关党对高校的领导，事关全面贯彻党的教育方针，事关中国特色社会主义事业后继有人。

党的十八大报告首次提出"把立德树人作为教育的根本任务"，为教育指明了前进的方向。党的十九大再次强调立德树人这一根本任务，这是高等教育坚持和发展中国特色社会主义的核心所在。民办高校的组织文化建设要把德育摆在更加重要的位置，要回答好为谁培养人、培养什么样的人以及如何培养人这个根本问题，在新时代写好立德树人的新篇章。

（二）民办高校提高人才培养质量的需要

组织文化从根本上体现了组织成员对组织核心价值观的认同，这种认同感能够凝聚组织成员，并引导组织成员的行为。因此，组织管理从一定意义上来说就是管理文化。民办高校的组织文化建设涉及教学、科研、师资队伍建设、学生

---

① 北京市习近平新时代中国特色社会主义思想研究中心：《找准高校意识形态工作着力点》，《光明日报》2019年9月3日第5版。

管理等民办高校组织管理的各个方面，而建设的根本在于建立一种管理哲学，塑造一种核心价值理念，培育一种组织精神，形构一种道德规范，营造一种良好的环境，并在以上诸因素的综合作用下，形成良好的组织文化氛围，以此来推动学校各项工作的开展。在民办高校的发展实践中，不难看到这样的现象：同一个地域的民办高校，各自面临的外部发展环境大体相同，生源质量也相差无几，但经过若干年后，在发展水平和人才培养质量上却出现了明显的差异，在吸引优秀师资和高素质生源方面表现出不同的市场竞争力。造成这种差异的原因当然可以归结为很多方面，如人员待遇、管理方式或办学条件的不同，但究其根本仍然是文化的差异。组织文化的核心是组织的价值观。组织的价值观看似无形却真实地影响着和渗透于组织管理和建设的各个方面，并起到凝聚人心、力促行动的作用。因此可以说，组织文化是达到组织目标的各种因素的总和，这些因素之间的关系状态是衡量组织文化优劣的重要标准。优秀的组织文化，一定是各种因素之间相互协调、互为支撑，并合力促成组织目标的实现；而低劣的组织文化，会因为各种因素之间相互独立甚或相互冲突、彼此掣肘，造成内耗过大难以形成合力，导致作用于目标对象的力量过小，不能够有效地达到组织目标。所以，民办高校要切实提高人才培养质量，就必须以优良的组织文化建设为着力点。

（三）民办高校增强组织核心竞争力的需要

一般来说，组织发展的资源由人、财、物构成，人是组织发展的第一资源，也是创新发展中最活跃的要素。优秀的组织文化，能够激发和增强组织成员的使命感和责任感，凝心聚力，共同为组织目标的实现而努力奉献。因此，组织之间的竞争，从根本上来说就是组织文化之间的竞争。我国民办高校自诞生起就处境艰难。在办学经费方面，主要依靠生源获取，缺少公共财政的资助，经费来源渠道单一；在生源方面，录取的学生在高考中的分数段一般排位较后，落后于同类型、同层次的公办高校，生源素质不如公办高校；在师资队伍建设方面，缺乏吸引和留住优秀师资的体制、待遇和身份赋予；在社会认知方面，民办高校常常被视为"赚钱"和"办学低质量"的代名词。这一系列的"先天不足"和"后天失养"使民办高校在残酷的市场竞争中处于弱势地位。因此，一直以来，组织竞争力的问题成为民办高校健康持续发展的核心问题，而组织竞争力提升的根本就是组织文化的建设。在新时代，民办高校要通过建设优秀的组织文化来提高核心竞争力。民办高校的组织文化的优劣取决于学校是否在内涵建设上下功夫，学校各方面的工作和建设的目标是否致力于人才培养质量的不断提高和社会服务能力的不断增强。这就要求民办高校以培养地方经济社会发展需要的高素质应用型人才来确立学校的发展定位，并以此来激发教职工的使命感；以提高教职工待遇，关心教职工生活，促进教师专业成长，增强教职工对学校核心价值观的认同来增强教职工的归属感和凝聚力；以对接地方产业链、技术链和产品链来进行专业的设置、改造和优化，在专业建设上努力凝练特色，创建品牌，让学校在市场竞争中具有一些不可替代的优势，而这些不可替代的优势经过不断的积淀和深化，便成为学校的文化特色。

目前，在我国高等教育系统内，中央院校强，地方院校相对较弱，民办高校很软。① 民办高校要从"软"变"强"，具有一定的竞争力，虽然定会"道阻且长"，但仍需"行则以至"，关键是要行动起来，要有办学的质量意识和质量行动，根本上也就是要从文化建设方面着力。

二、民办高校组织文化建设的现实困境

（一）民办精神遭遇流失的风险

民办精神是民办高校历经风雨不断发展的动力源泉。我国民办高校经过近40年的发展，一批办学实力强、社会影响力较大的学校从民办高等教育系统中脱颖而出，成为民办高等教育领域的佼佼者。在办学的外部环境相似的情况下，这些民办高校的发展之所以能够领先其他民办高校，最主要的是因为其传接了民办高校的创校精神并使之不断得以丰富和深化，塑造了民办高校为国育才、艰苦奋斗、勇于创新、追求卓越的独特文化性格。然不尽人意的是，在我国民办高等教育的队伍中，仍有为数不少的民办高校依然存在着办学质量低下、教师流失严重、管理体制缺乏活力、发展后劲不足的状况。究其原因，主要是民办精神在学校发展的过程中受各种因素的影响而渐渐流失所致。

表现之一为举办者过度逐利。随着民办高校从创业期进入发展期，在市场化运作的机制之下，受逐利动机的影响，一些民办高校的办学者逐渐丧失了为国育才、艰苦奋斗的精

---

① 吴岩：《在高等学校专业设置与教学指导委员会第一次全体会议上的讲话》，见高等教育研究所网（http://gjs.njit.edu.cn/info/1064/1599.htm）。

神品质。他们视学校为个人或家族产业，一味沉浸在市场化操作迅猛获利的快感之中，一方面盲目扩大办学规模，一方面却无意于对教学科研条件和师资队伍建设进行更多的投入，导致学校办学质量难以提高甚至出现下滑，严重损害了学生和教师的合法权益，背离了民办高等教育的公益性，导致学校使命感和责任感的流失。目前，应该引起关注的是，一些利用 VIE 结构（Variable Interest Entities，可变利益实体）在境外上市的民办高校，其业绩报告中显示的毛利率大都超过了 50%，这是一个不得不让人深思的问题。作为民办高校，其办学利润的提高不外乎三条路径：一是扩大办学规模，二是提高学费，三是缩减办学投入。从高等教育的办学规律而言，这三条路径与民办高校提高办学质量的关系，不能说有负的相关，但也绝对不能说有正的相关。如何维护教育的公益性，如何秉持"为国育才，艰苦奋斗"的民办精神，已然是民办高等教育发展实践中的一个难题。

表现之二为简单移植公办高校的运作模式。在民办高校，校长作为董事会意志的执行者，行使学校教育教学和行政管理权，因而，校长对学校文化塑造具有举足轻重的作用和影响。民办高校由于办学历史短，办学基础薄弱，一方面对人才市场中中青年优秀人才的吸引力不够，另一方面还不能培养出能够胜任校长职位的人才，因此，为了有效地利用市场资源，对于校长这一关键职位，民办高校一般会选聘从公办高校退休的校长或中高层行政领导来担任。毋庸置疑，这些从公办高校退休的校长或中高层领导具有丰富的高校管理经验，熟谙高等教育办学规律，为民办高校规范管理、提升办学质量做出了积极且重要的贡献。但是，由于缺乏民办

第五章 民办高校组织文化建设

高校的工作经历，他们固有的管理思维和管理方式有时也会使民办学校的某些特性元素遭到弱化。众所周知，我国民办高校在20世纪80年代初期创立时多属于白手起家，由一群志同道合的人们一起艰苦创业而成，因而民办高校的人际关系有着天然上的平等特性。教师与学校的关系是基于合同关系之上的平等主体之间的关系，与公办高校体制内的身份管理关系截然不同。由于教师与学校关系的平等性，学校内部教师与学校行政领导的关系也具有平等性。另外，民办高校创校的艰苦性和生存的艰难性，还孕育了民办高校教职工艰苦奋斗和无私奉献的精神品格。从公办高校退休的校长或中高层领导，由于是"空降"民办高校，缺乏民办学校的创校经历，对学校的民办特性认识不足，受惯性思维的影响，他们在学校管理中往往习惯性地沿用公办高校的管理模式，如比较重视行政等级的秩序，对师生员工缺少亲和力，从而致使教师与学校领导之间的关系不再显得那么"平等"，多了些"等级"的色彩，管理上缺少了民主、平等、和谐的氛围；管理方式上习惯按部就班，上班时理事不多事，下班后诸事不闻不问，缺失了民办体制下员工应有的勤奋、高效和奉献精神，使"平等和谐""艰苦奋斗"这一民办高校独特的文化品格受到了弱化和淡化。

（二）组织的行动力被削弱

组织行动力是指组织在应对内外部环境变化以及组织遭遇困难时能够做出迅速灵活的反应和适当决策，并采取有效行动以解决问题的能力。民办高校作为高等教育领域的新生事物，在发展初期遭遇诸多困境，而破解这些困境全凭民办高校创业者敢想敢干、勇于探索的创新精神，以及面对困难做出的灵活机智的反应和英明果断的决策。譬如没有计划内生源,创业者们就组织招生队伍去各地区中学宣传学校,吸引学生直接报读;没有社会认可的文凭,创业者们就找相关具有颁发成人教育学历资格的高校联合培养,或利用自学考试培训的方式予以解决;办学条件不足,没有自有的校舍,就采取租用的方式;师资和管理力量缺乏,就从公办学校聘请兼职人员或从社会直接招聘。可以看出,我国民办高校在初创时期有着极为高效、灵活、快速的行动力。究其原因,主要是我国民办高校的创校团队多为家族成员,家族成员之间容易沟通、容易协调,其所具有的亲和力和凝聚力形成了民办高校创校初期的优势资源,并催生了颇具行动力的民办性格。但是,随着民办高校步入正规化的高等教育发展轨道,民办高校办学的内外部环境发生了巨大的改变,学校规模扩大,利益相关者的诉求提高,家族化管理的优势逐渐消失,取而代之的是要求学校建立相应的民办决策机制以适应现代学校制度的要求。然而,一些民办高校的内部治理机制并没有适时地顺势而变,反而出现了家族化管理愈演愈烈的现象,主要表现在两个方面。一是董事会的设立形式化。董事会中家族成员占据半壁江山,决策时一切由举办者或者其代表说了算,其他董事只是作为陪衬被举办者或其代表安排进董事会。二是举办者滥用控制权。举办者漠视新《民促法》对董事会和校长权力的规定,过度行使对学校的控制权,任意插手学校事务。为了实现对学校的控制,在学校的关键和核心部门如财务处、人事处等均安排家族成员把守。家族化管理带来了显而易见的管理弊端,如财务混乱、决策失误等。更为严重的是,由于民主决策机制的缺失,教师参

第五章 民办高校组织文化建设

与学校民主管理、民主决策的权力和热情遭到剥夺和压制，学校在决策时缺少与教师的沟通，教师对学校的制度、政策缺乏深刻地理解，学校也很难从教师中汲取有益的意见和建议，教师难以建立归属感，人心思走，学校整体的行动力遭到削弱，严重阻碍了学校的健康发展。

此外，由于民办高校中青年管理骨干成长缓慢，学校中层管理干部，特别是二级学院或系一级的负责人，常常聘用公办高校退休的具有高级职称的人员担任。这些人中虽然不乏责任心强、肯干事业的人，但大多数由于有公办高校的退休待遇作为保障，学校的存亡发展与其自身的利益没有关系，再加上年龄大，缺少相应的锐气和活力，因而对工作的投入度不高，有着多一事不如少一事的心态，工作不够主动，对学校政策和命令的执行力不强。这种现象也在一定程度上削弱了民办高校组织的行动力。

（三）组织文化的传续遭遇危机

人是文化的创造者，也是文化的传承者。组织文化的传承和接续需要一批忠诚于组织使命、为组织发展乐于奉献的稳定的骨干力量。对于民办高校来说，尤其需要一支对民办高校认同度高、忠诚于民办教育事业、结构合理、素质优良的稳定的教师队伍来塑造和传续学校的经营哲学、价值观念、道德规范和组织精神。但是，从对当前民办高校办学的现实观察看，大部分民办高校教师队伍的状况还不能满足文化传续的需要。

从年龄结构来看，民办高校的教师队伍一般由三类人员组成。一类是大学毕业入职不到 5 年的教师群体。这是一个极不稳定的群体，这部分教师中不少人是因为一时找不到心仪的工作或考博落选而把民办高校作为临时过渡的居所，一有好的单位或考上博士就会马上离职而去。一类是来校时间较长的中青年教师。这一部分教师受民办高校组织文化浸润的时间比较长，是文化传承和创新的主要力量，但这部分人也不稳定。众所周知，近年来国家为提高高等教育的质量，建设高等教育强国，国家对公办高校的财政投入力度比以往任何时候都要大，公办高校教师的待遇得到明显的提高，民办高校教师待遇相较公办高校差距越来越大，加之近年为提高高等教育毛入学率，公办高校招生规模持续扩大，对教师的需求加大。民办高校的中青年教师，经过学校若干年的培养，一般都具有较丰富的教学和管理经验，在公办高校的教师招考中较容易力压众多应考者而接到公办高校抛来的橄榄枝。中青年骨干教师的流失，使民办高校校园文化建设缺失了有活力的中青年骨干力量。还有一类是公办高校退休的教师。这部分教师拥有公办高校丰厚的退休金作为生活保障，他们衣食无忧，再者由于年事已高，这部分教师中的多数在教学和研究方面缺乏进取的激情与活力，甘于平淡，来去自由，在民办高校的文化传承与创造中也难当重任。文化是"人化"的结果，由于民办高校组织缺乏吸引力，民办高校"人心思走"造成教师的高流失率，对民办高校组织文化的传续造成极大的威胁。虽然这种状况在短时间难以得到根本改善，但亟须引起高度重视。

（四）组织文化的创新面临挑战

组织文化是一种历史社会现象，是在一定的社会实践的基础上产生的。组织社会实践的背景发生了改变，相应地，组织文化也要随之进行调整，创新性地适应、推动和引领组

第五章 民办高校组织文化建设

织的社会实践。新时代的民办高校发展环境面临着两大方面的变化。一个变化是我国高等教育的发展进入全面质量提升的阶段。以信息技术革命为特征的工业4.0时代的到来，使高等教育作为国家竞争力的地位空前凸显，加之我国高等教育因快速地规模扩张所带来的质量问题也日益突出，实现高等教育内涵式发展已成为国家高等教育政策的核心，并且这一政策脉络清晰地表现为：对于高水平研究型大学，国家加快推进"双一流"建设；对于地方高校，提出加强应用型建设。另一个变化是民办教育分类管理制度的实施。2017年9月1日，新修订的《民促法》开始实施，民办高校的举办者可以自主选择设立非营利性或营利性民办高校，这是我国民办教育史上一次重大的制度突破，民办高校的发展进入分类管理的新时代。

面对建设高等教育强国的战略要求，已成为我国高等教育重要组成部分的民办高校如果"置身事外"，那么高等教育的强国梦就很难真正实现。因此，民办高等教育的发展必须与国家整个高等教育的发展"同频共振"，打破"以量谋大"的发展惯性，坚持走以质量提升为核心的内涵式发展道路。民办高校质量的提升需要高质量文化的引领。这就使民办高校的组织文化创新面临着重大挑战，主要表现在以下三个方面。

其一，举办者的质量观念难以有效建立。举办者对学校组织文化的创新具有引领性和决定性的作用，但在民办高校，举办者质量观念的建立却面临着一些障碍。一方面，我国民办高校投资办学的特征使举办者具有逐利动机，而办高质量的学校需要在人力资源成本、教学科研条件等方面有更大的投入，这对于经费来源渠道单一的民办高校来说，更大的投入就意味着更少的利润，举办者不愿意实施学校质量提升的发展模式。另一方面，也存在着历史惯性的影响。一直以来，民办高校规模扩张的发展模式使某些民办高校顺利地存活下来，也使举办者从中获取了较多的利润，这铸就了举办者基本的思维假设，认为学校规模扩张的发展模式是可行的。受历史惯性的局限，举办者对民办高校发展缺乏前瞻性的思考和应有的危机意识，意识不到民办高校的发展已经到了走出历史惯性、转换发展模式的关键阶段。

其二，高质量文化创新的基础不实。文化的创新建立在文化继承和文化模仿的基础之上。在继承方面，民办高校历史发展中以规模扩张为主，组织文化中质量文化的因子比较缺乏；在模仿方面，虽然有高水平公办高校和一些高水平民办高校的质量文化可供借鉴和模仿，但也会面临文化简单移植与组织自身状况差异所产生的"水土不服"。

其三，高质量文化创新的主体力量较弱。文化是"人化"，是依靠人创造的，尤其是高质量文化，是依靠优秀的教师创造的。优秀教师创造学校质量文化依循这样一个过程：在每一位优秀教师的观念中，他们对什么是高质量的教学、研究和服务形成了自己的价值判断，有着自己的价值取向和价值追求。在民办高校教师的教学、科研和服务活动中，每一位教师都按照自己的质量价值取向和价值标准进行专业活动，在对教学、研究和服务的内容与方法、态度与行为、工作场景、人际交往模式的不断选择与建构中，教师共有的质量价值认同逐渐从教师具体的日常教学、研究和服务行为中凸显出来，经过质量建设实践的积累和时间的沉淀，这种共有的质量价值认同逐渐凝结成质量观念和全体教师共同遵守的质量规范,即质量文化。民办高校难以吸引和留住优秀教师,教师队伍稳定性差,因而质量文化创新的主体较弱。

面对分类管理制度的实施,民办高校的组织文化创新同样面临挑战。非营利性民办高校要在防止以非营利之名行营利之实上下功夫,营利性民办高校要在既要营利又要保证民办高校的公益性方面下功夫。分类管理是我国民办高等教育发展上的一次重大制度创新,针对我国国情和民办教育特殊的发展历史和现实,针对分类管理要求的组织文化创新无现成的经验可循,这不能不说是一个大的挑战。

第三节 民办高校组织文化建设的路径探索

要破解民办高校组织文化建设面临的诸多困境,需要结合新时代民办高校发展的实际,以促进民办高校组织目标的实现为导向,来探寻民办高校组织文化建设的路径。

一、加强党对学校文化建设的引领和监督,办社会主义的民办大学

民办高等教育是社会主义公益事业,培养的是社会主义的建设者和接班人。民办高校的组织文化建设,必须要坚持党的领导,这是民办高校办学不偏离社会主义办学方向的前提。加强党组织在民办高校组织文化建设上的作用主要表现在以下三个方面。

(一) 发挥党组织的政治核心作用，以社会主义核心价值观引领校园文化建设

在民办高校，党组织积极推动中国特色社会主义理论体系进课堂、进头脑，督促学校加强思想政治课教材、教师、教学体系建设。优选经依法审定的思想政治课和德育教材，保证足够的教学时间，并安排政治强、业务精、作风好、综合素质高的教师授课。把思想政治教育融入民办高校学生学习生活的各个环节，把社会主义核心价值体系融入人才培养的全过程。抓好师德师风建设，将思想政治要求纳入教师日常管理，引导教师恪守职业道德，自觉为人师表，并对教师的师德师风进行定期评估。对师德表现突出的，给予表彰；对师德表现不佳或散布错误言论的教师，进行劝诫整改；对师德失范的，提出调岗或调离学校的建议。抓好思想政治工作者队伍建设，民办高校要配齐辅导员和思想政治课教师等工作力量，推进民办高校辅导员专业化建设，单独设立辅导员的职称评审体系，打通辅导员职业发展和专业晋升的通道，激发辅导员工作的积极性。通过加强学校的思想政治教育和德育工作，增强民办高校师生坚持走社会主义道路的坚定性，坚持用中国特色社会主义理论武装头脑的坚定性，坚持社会主义制度的坚定性，以实现民办高校培养社会主义合格建设者和接班人的根本目标。

(二) 发挥党组织的监督作用，保证民办高校办学不偏离公益性

党组织领导班子成员作为公共利益的代表，通过法律认可的程序进入学校的董事会和管理层来行使决策参与权和监督权。涉及民办高校发展规划、重要改革、人事安排、财务

预算、基本建设、招生收费等重大事项，党组织要参与讨论和研究，董事会做出决策前，要征得党组织的同意。民办高校党组织也可以通过建立与决策机构的协商沟通机制，与学校行政管理机构的联席会议制度等方式，就学校发展的有关重大事项提出意见建议，参与研究讨论。在民办高校，党组织决策参与权和监督权的行使，能够防止家族化管理所带来的管理混乱和决策失灵，防止决策层做出损害师生合法权益、偏离办学公益性的决策，防止举办者对学校的任意控制，从而促使民办高校坚持社会主义办学方向，依法依规办学。

（三）加强党组织对教职工代表大会的领导，完善学校民主决策机制

2012年1月1日起施行的《学校教职工代表大会规定》（中华人民共和国教育部令第32号）规定，教职工代表大会是在中国共产党学校基层组织的领导下开展工作。新《民促法》第二十七条规定，民办学校通过以教师为主体的教职工代表大会等形式，保证教职工参与学校民主管理和监督。法律法规的规定为党组织领导民办高校建设民主管理制度奠定了法理基础。民办高校要在党组织的领导下，依法建立工会组织，建立和完善教职工代表大会制度，事关学校改革和发展的重大事项和问题以及与教职工切身利益有关的相关制度要通过教职工代表大会的审议，听取教职工的意见；鼓励教师积极为学校的发展建言献策，重视教师的意见并采纳教师合理的意见和建议。完善的民主管理制度能够让教师体会到在学校发展中的参与感，体会到学校对教职工的关心和尊重，有助于教师建立归属感，增强工作的积极性和主动性，

从而能够以主人翁的心态从事学校的各项工作。

二、强化价值观认同，增强民办高校的组织凝聚力①

民办高校组织文化建设亟待解决的问题之一就是教师队伍不稳定所带来的文化建设主体不力。因此，如何塑造学校文化的核心价值观，并通过提升教师对学校核心价值观的认同度来凝聚人心，是民办高校组织文化建设迫切需要得到解决的问题。从价值观认同的角度，增强民办高校组织凝聚力的举措如下。

（一）认识价值观认同对提升民办高校凝聚力的意义

组织理论认为，所有的组织在发展过程中都要面临两个基本问题：一是适应环境，以求得生存与成长；二是内部整合，以维持正常运转，并获得对环境的适应能力。所谓的内部整合，最重要的就是凝聚力。组织凝聚力是组织在追求其目标的过程中齐心协力，并保持一体性的一种状态。组织凝聚力主要包括两个维度：一是利益共享，二是价值观认同。②价值观认同是指组织成员拥有共同一致的价值观，价值观的趋同会让人们在组织中对事物产生相同的态度和一致的行

---

① 王义宁：《价值观认同在增强民办高校凝聚力中的作用及实现路径》，载《中国成人教育》2013年第24期，第20-22页。
② 李海、张勉、李博：《组织凝聚力结构与影响因素：案例研究及理论建构》，载《北京师范大学学报（社会科学版）》，2009年第6期，第47-56页。

为，齐心协力，关系和谐，共同为组织的目标而奋斗。因而，价值观认同是组织凝聚力生成的基础，其认同程度决定了组织凝聚力的强弱。

价值观认同对提升民办高校组织凝聚力、稳定教师队伍具有特殊且重大的意义。在我国，公办高校由国家举办，其公信力来源于政府，教师一般享有较高的社会地位和较好的待遇，学校与教师之间形成了具有较强约束力的身份管理关系（公办高校教师一般享有事业编制），教师对学校的稳定和发展一般不会产生怀疑，教师队伍表现出较强的凝聚力和稳定性，理所当然地将学校视为事业发展的平台和归宿。而民办高校由非政府力量举办，其公信力来源于举办者个人或社会组织，教师一般会对学校发展能否永续及个人职业生涯能否持久怀有顾虑。同时，民办高校教师与学校之间产生联结的是一纸对教师去留缺乏强有力的约束的聘用合同，再加上民办高校教师的待遇、身份以及退休后的社会保障等问题，使民办高校在增强组织凝聚力方面无法具备公办高校那样天然的硬性条件，需要通过一些软性条件，如塑造学校核心价值观，并通过强化教师对学校核心价值观的认同来凝聚教师。因此，价值观认同对提升民办高校凝聚力具有特殊意义。

（二）探寻基于价值观认同的民办高校凝聚力提升的策略

1. 坚持公益性办学，确立凝聚教师的基本前提

公益性是高等教育的基本属性。在国家分类管理制度下，虽然民办高校的举办者可以自主选择设立营利性与非营利性民办高校，但从国家对两类民办高校的差异化扶持政策和世界私立高等教育发展的历史经验看，唯有民办高校的举办者认清形势，立足大局，着眼长远，坚持办学的公益性，选择非营利性办学，学校的发展才会有比较好的前景，也才能增强教职工对学校未来发展的信心，使学校对教职工具有吸引力。这是民办高校教师能够认同学校价值观并凝心聚力谋发展的基本前提。

2. 确立组织明确独特的使命，为凝聚教师提供精神纽带

对组织而言，使命即组织对社会发展所应承负的责任。使命代表组织为什么存在，表达组织的价值观①。现代管理学之父彼得·德鲁克将组织使命比喻为"一剂巨大的黏合剂"，在组织经历变迁的过程中，始终能"将所有成员都紧紧地黏合在一起"。他认为组织如果具有能为组织成员所普遍理解并接受的清晰而独特的使命，就能够使组织成员得到一个指导性的价值观，意识到自己在为一个崇高的目标而工作，从而将其工作升华为服务于组织的责任感和使命感，使组织获得强大的凝聚力。因此他认为，"对于领导者来说，一个最基本的任务就是确保组织中的每个人都知道本组织的使命，能够理解并认真贯彻它"②。国外知名大学都有自己清晰而独特的使命，如培养了诸如克林顿等数位美国总统和530多名美国国会议员及其他国家领导人的美国耶鲁大学，在创立的时候就有一个建校使命——为国家和世界培养领袖。培养了70多位诺贝尔奖得主的美国加州理工学院的使

---

① 眭依凡：《大学使命：大学的定位理念及实践意义》，载《教育发展研究》2000年第9期，第19页。

② 彼得·德鲁克、吉姆·柯林斯、菲利普·科特勒等著，刘祥亚译：《组织生存力》，重庆出版社2009年版，第41页。

第五章 民办高校组织文化建设

命是"通过教学与科研相结合,扩充人类知识与造福社会"。从某种意义上说,正是在这种简短、明确却又清晰完整地表达了组织特有价值观的使命影响下,这些世界顶尖大学凝聚了世界一流的优秀人才,为人类社会做出了卓越的贡献。①

对于我国民办高校来说,学校使命的确立对学校的发展具有特殊的意义。简单来说,组织中人的行为驱力来源于两个方面,一是物质利益的驱使,二是精神信念的指引。目前,普遍的情况是民办高校提供给教师的物质保障要远远低于公办高校教师,在这种情况下,依靠精神领域的使命感来凝聚教师就显得尤为重要。民办高校使命的确立要注意两点:一是使命的独特性。如果一所学校的使命不能区别于其他学校,则在很大程度上说明学校决策者没有深刻思考和充分认识到学校自身所特有的社会价值,学校不仅难以形成基于对组织特有的社会价值的认同所形成的核心价值观,而且会缺乏凝聚教师的精神纽带,还会使学校无法在办学过程中形成特色。目前,我国民办高校正处在质量提升的关键阶段,由于办学资源的限制,民办高校的学科或专业发展不可能遍地开花,需要认真审视自己的办学历史、办学条件、学科优势和专业特色,找准自有优势与地方产业链发展对人才需求的连接点,精准发力,凝练特色,挖掘和提炼组织独有的使命内涵,确立学校发展的核心价值观,为凝聚教师提供精神纽带。二是要用鲜明、清晰和鼓舞人心的语言进行表达,以使全体员工理解和认可组织的价值观。

---

① 杨福家:《大学的使命与文化内涵》,载《现代教育论丛》2008年第2期,第90页。

民办高校只有具有明晰而独特的组织使命，才能够在发展过程中确立符合国家需要和学校自身发展要求的目标和任务，才能在实践过程中逐步形成鲜明的特色，才能使组织在市场中具有不可替代的独有的竞争优势，从而更加吸引和凝聚教师为学校发展服务，使学校能够为社会发展做出更大的贡献。

3. 统一组织发展目标和教师专业成长需要，为凝聚教师提供目标方向

从人与组织相依相存的关系看，民办高校的发展必须同时着眼于组织发展和教师的发展，须将组织的发展目标与教师的发展需要统一起来，这种统一性体现在在组织目标的引领下，教师通过对组织目标的理解和接纳，将组织目标内化为教师个体的发展需要，在满足个人发展需要的同时促成组织目标的实现。教师将组织发展目标内化到个体需求结构中，意味着教师对组织价值观的认同，意味着学校凝聚力的增强。用一句很通俗的话讲，就是组织只有关心教师的需要，教师才可能心系组织的发展。在民办高校的发展过程中，教师与学校必须形成一个命运共同体，彼此相互依赖，相互认同，相互尊重，相互成就，即学校努力为教师的专业成长搭建平台，促进教师的专业发展，满足教师自我实现的需要，同时，教师的自我实现需求的满足能够激发教师更加积极努力地为学校发展多做贡献。组织凝聚力的提升在于组织目标与组织成员发展需求的统一。

4. 变"用人工作"为"工作育人"，为凝聚教师提供平台支撑

从学校层面而言，"用人工作"是指学校仅仅把教师的

第五章 民办高校组织文化建设

工作视为教师为谋生而不得不进行的一种职业选择;"工作育人"是指学校意识到学校工作不仅是学校组织完成其职能、实现其目标的需要,同时也是教师发展自我的需要,教师需要通过承担并完成学校的工作任务而获得专业水平的提高和发展。内涵式发展是以提升办学质量为核心的发展模式,民办高校只有加强内涵建设,教师才能得到更多更好的工作成长和锻炼的机会。

学校的内涵建设是一个系统工程,包括师资队伍建设、学科建设、专业建设、课程建设、实验实训基地建设、各项管理制度建设等。教师既是学校内涵建设的承担者,同时也是内涵建设的受益人。学校加强内涵建设必定要通过各种途径来培养教师,以使其具备从事专业建设、课程建设和教学改革研究的高水平素质,或引进高素质人才对学校的内涵建设进行引领和指导。教师在承担或参与学校各项内涵建设的过程中,通过努力工作和研究,一方面推进学校的内涵建设,提高人才培养质量,另一方面也必定会使自己的专业水平得到提高,专业能力得到增强,专业技术职务得到晋升,使自己的职业生涯步入一个又一个新的台阶,产生职业的成就感、满足感和幸福感,从而大大提升对民办高校的认同度。

总之,民办高校的发展需要高质量的稳定的教师团队,而这样的团队的形成依赖于教师对民办高校价值观的认同。民办高校只有坚持公益性办学,明确组织使命,加强内涵建设,满足教师发展需要,才能增强教师对其价值观的认同度,才能形成具有凝聚力的稳定的教师队伍,学校文化才有传续和创新的可能。

三、构建富有"民办"特性的制度文化体系，提升组织行动力

组织制度文化的优劣主要反映组织制度对组织发展所起作用的大小。优秀的制度文化是民办高校科学管理的前提，更是民办高校高效运行、释放行动力的保障。海尔集团有一个"斜坡球"理论：企业如同爬坡的一个球，受到来自市场竞争和职工惰性而形成的压力，如果没有一个"止动力"，它就会下滑，而这个"止动力"就是科学合理的制度文化。制度文化涵盖组织领导体制、组织机构和组织管理制度等。民办高校的办学历史积淀不厚，学校治理的制度不完善，组织行动力被削弱，制度文化建设与学校发展的要求还存在较大的距离，需要引起关注并给予改善。

（一）重视学校章程建设，强化章程的权威性

从法理学的角度看，学校章程是学校依法办学，自主管理的"基本法"，是学校制定其他内部管理制度的"上位法"。新《民促法》第二十条规定，民办学校的举办者根据学校章程规定的权限和程序参与学校的办学和管理。"国务院三十条"规定：民办学校要依法制定章程，按照章程管理学校；健全董事会（理事会）和监事（会）制度，董事会（理事会）和监事会成员依据学校章程规定的权限和程序共同参与学校的办学和管理。这说明学校章程是学校完善治理结构、依法运行、自主管理和自我约束的基本准绳。因此，民办高校制度文化的建设，首先需要从重视学校章程的建设开始，主要表现在以下方面：一是完善章程制定与修改的程序，让包括教师、学生等利益相关者的多方主体参与章程的

第五章　民办高校组织文化建设

制定和完善；二是章程的规定要具体明确，具有可操作性和易执行性；三是要树立章程的权威性，董事会、监事会的人员构成及运行规则、董事会与校长的权责划分等要依照章程的规定执行；四是学校其他制度的制定和执行不能违背章程的精神和意志等。

（二）完善治理结构，建立科学民主的决策机制

完善法人治理结构既是民办高校科学规范发展的需要，也是建立现代大学制度的必然要求。民办高校法人治理结构的完善，主要体现在四个方面。一是董事会制度。主要看董事会成员的产生与组成结构是否遵循法律规定，董事会的成员组织是否体现了多元主体的参与，如是否有党组的负责人，是否有教师代表和学生代表，是否有社会贤达等独立董事等。二是董事会、校长、党委三者的关系。主要看三者的权责划分是否清晰，是否真正实行董事会领导下的校长负责制，董事长有没有越权插手学校的管理，校长的法定职权有没有受到尊重或损害，党委在学校的治理中，是否真正发挥了政治核心、参与决策和监督办学的作用等。三是看监事会能否真正对董事会和学校管理运行起到监督作用。四是看学校是否建立了以教师为主体的教职工代表大会制度，教师能否通过教职工代表大会来参与学校的民主管理和民主决策。这是学校内部治理的基本框架，既是民办高校制度文化建设要着力解决的重点，同时也是难点。

（三）遵循制度设计的原则，建立完善的内部管理制度体系

从制度所蕴含的机理看，制度有两个层面：一个是显性层面，那是我们看到的制度条款，表达了制度规定的具体内

容；另一个是隐性层面，是条款背后制度设计者的价值判断和价值选择，以及制度设计者基于现实判断基础上的制度施行后效果的预期。因此，制度文化建设不仅仅是制度规范的建设这个显性层面的事情，还要深层剖析隐性层面，即在遵循一定的制度设计理念和原则的基础上，进行制度规范体系的建构。

1. 制度设计的原则

其一，适应性原则。制度体系的建构应该适应民办高校的组织特性。比如，民办高校的教师评价制度，应该根据民办高校教师队伍的来源结构、实际水平以及与公办高校的不同进行设计。设计评价制度时，应该根据民办高校教师队伍的实际，对教师在教学、科研和服务方面的要求不能照搬公办高校的标准。制度体系的构建还应该适应学校定位。学校定位主要体现在一定时期、一定阶段的学校的层次、类型、特色、办学形式、服务面向，特别是办学层次和办学特色。制度体系的建设应该立足学校定位，如民办高校是应用型高校，其人才培养制度、学科或专业建设制度、教师培养制度的建设都应围绕如何加强应用性展开，制度效用的发挥也旨在能够凸显应用性。

其二，系统性原则。学校工作是一个涉及多层次、多方面的整体性工作。学校工作的开展，需要多个层面、多个方面的协同与配合，如围绕人才培养就需要有一系列的工作的协同，包括招生、就业、学生管理、专业建设、课程建设、实验室建设、师资队伍建设等。学校工作是一个纵横交错的系统，因而在制度建设上，也应该注重系统性。其主要表现为：在结构上，教学管理、学生管理、教师队伍管理、后勤

第五章 民办高校组织文化建设

管理等各个方面的制度要相互协调、相互补充，不能互相矛盾；在层次上，从学校到各部门、二级单位再到教师个人等不同层面的制度之间要有衔接，要形成体系。现实中，一些民办高校虽然也制定了为数不少的制度，但仍有一些制度被闲置，其原因之一就是制度缺乏系统性，不同制度无法衔接或相互矛盾。

其三，周密性原则。首先，周密性原则主要是指制度的内容要全面。不能在相应的工作领域留下空白地带，导致在一定的工作领域遇到问题找不到相关制度依据。其次，制度规范的事项要细致明确。制度的表达要清晰精确，不能含糊其词，不能让人产生多种理解或不知怎样理解。制度表达的全面和精准，是制度有效执行的可靠保证。[①] 否则，在实际工作中就会出现制度困境，遇到问题找不到相应的规定，或由于制度表达模糊导致歧义而无法解决问题。

2. 建立完善的内部管理制度体系

学校工作的方方面面，涉及人才培养、科学研究、社会服务、文化传承与创新、国际交流与合作等多项职能，每一项职能都存在相应的制度规定，如教学管理制度、科研管理制度、人事管理制度、外事管理制度、学生管理制度、后勤管理制度等。这些大类项的制度里面又划分若干子制度，如教学管理制度，不仅涉及专业与课程建设的管理、教学过程管理和教学质量管理，还涉及实践教学管理、创新创业教学管理以及学士学位授予管理等。虽然学校制度种类繁多，但

---

① 李忠波：《对高校师资队伍建设运行机制的理性思考》，载《中国高教研究》2005年第11期，第72页。

从制度效用的角度可以将其划分为"规范型"与"发展型"两个维度。"规范型"制度指向学校运行和各项工作进程的规范化,属于保证秩序的制度,主要有岗位性规范和针对某一项工作制定的规范,如工作规范、部门职责、办事流程等。"发展型"制度指向学校的发展,即通过资源的投入来促进学校办学水平的提升。以教师管理制度为例,属于"规范型"的教师制度有人事部门各类人员的岗位职责及行为规范、教师聘用管理制度、人事档案管理制度、劳动关系管理制度、教师工作量管理制度和兼职教师管理制度等。属于"发展型"的教师制度有教师队伍建设规划、教师薪酬制度、教师在职培养提升制度、教师考核与评价制度、教师职称评审制度、教师国内外访学进修制度等。民办高校在内部管理制度的建设中,可以设计一定的维度,建立一定的框架,然后根据学校各项工作在管理、建设和改革发展方面的需要,来制定和完善相应的制度,着力建构一个具有民办高校特色的内部管理制度体系。

四、培育和凝练特色文化,提高学校的竞争力

新时代高等教育强国战略的全面开启,对整个高等教育质量的提升提出了更高要求,使民办高校的生存和发展面临着极大的挑战。如何在日益激烈的竞争中胜出,以求得学校的健康持续发展?走特色办学道路成为民办高校必须做出的重大战略选择。"特色"本指事物所表现出的独特的风格、色彩和特征等,而办学特色是指大学在长期的办学过程中所表现出的有别于其他大学的独特的办学理念和办学风格,以及在人才培养、科学研究、社会服务等方面的特色,办学特

第五章 民办高校组织文化建设

色具有独特性、稳定性和发展性。[①] 常言道,"人无我有,人有我优,人优我特",这说明特色是众多优秀中的突出表现,是构成组织不可替代的竞争优势的根本所在。从文化与组织发展的关系看,民办高校特色发展需要组织文化的支撑和引领,同时,民办高校的特色发展也为民办高校组织文化注入新的内涵,增添新的活力。民办高校特色文化建设主要应从以下五个方面着手。

(一)树立扎根地方的办学理念,构建应用型人才成长的育人文化

办学理念是办学者对大学的理想认识和追求,是对怎样办出独具特色的大学的理性认识。[②] 我国民办高校的办学历史较短,办学时间在10年左右的学校占了绝大多数,[③] 办学水平总体不高,办学能力总体偏弱。民办高校立足地方、服务地方,为地方经济社会发展培养应用型人才,不仅是国家战略层面对民办高校办学定位的安排,也是民办高校自身发展的需要。地方性和应用性是民办高校办学定位的两大特征,也是民办高校形成科学办学理念的内核,构成了民办高校培育特色育人文化的底色。特色育人文化的建设以民办高校组织职能目标的充分实现为基本脉络。

---

① 杨如安:《教育生态视域下的区域文化与特色大学建设》,载《教育研究》2013年第3期,第76页。

② 刘彦博:《行业类大学特色发展的文化取向与策略》,载《中国高教研究》2014年第11期,第77-80页。

③ 参见本书第二章第一节图2-1《1996—2018年全国民办高校与独立学院数目》(本书第83页),见教育部官网(http://www.moe.gov.cn/jyb_sjzl/sjzl_fztjgb/)。

在人才培养方面，培养目标和培养规格的确立，要以地方产业链、服务链和产品链对人才知识、能力和素质的要求为根据；专业设置和课程体系的安排，要紧紧围绕地方行业、企业对人才的需求结构和质量来进行培养；培养方式上要注重产教融合、科教融合，注重学校主体和企业主体构建协同育人机制；培养方向上要培养学生的实践操作能力和对知识的应用能力。在科学研究方面，要与地方的企业、行业开展深度合作，以应用技术的研究、开发与应用来为企业的技术创新提供支持，并以研究成果来反哺教学。在社会服务方面，要开放办学，紧密对接地方发展需求，为地方提供培训服务、科学知识普及服务、技术服务和咨询服务，在服务的主体方面，不仅限于教师，也可以让一些学生在确保学业的前提下，适当地参与社会服务，让学生在社会实践中得到锻炼和成长。

总之，民办高校适应应用型人才成长的育人文化，是以其办学理念为文化内核，以其在人才培养、科学研究和社会服务方面所凸显的地方性和应用性为文化表现，共同形成育人的环境氛围，以此来感染、熏陶、塑造、教化和影响学生的成长，把学生培养成为地方经济社会发展所需要的人才。

（二）树立差异化发展理念，培育特色凝练的专业文化

专业是人才培养的基本单元，专业建设是民办高校提高人才培养质量、赢得市场竞争的根本。民办高校虽然也称地方高校，但与同类型、同层次的公办高校相比，在办学基础和办学条件方面都处于弱势地位，在专业建设方面难以与公办高校同台竞技，唯有在专业发展的差异化和个性化方面寻

第五章　民办高校组织文化建设

找可与其他院校竞争的要素，培育自己的专业特色和特色专业，寻找自己可能的竞争区和发展极。

1. 建立良好的专业发展生态

不谋全局者不足以谋一域，特色专业或专业特色的培育建立在整个学校良好的专业生态的基础之上。民办高校要根据地方产业链、创新链对应用型人才结构的需求，进行专业的设置、调整和改造。对于就业市场前景暗淡、生源匮乏的专业，要勇于了断；对人才培养规格不适应市场需求的专业，要进行人才培养目标、培养规格的重新定位，并在此基础上进行课程体系和培养模式的应用型改造。在进行专业的设置、调整和改造的过程中，要贯穿"生态化"的建设理念，即要注意学校发展目标和专业结构之间的支撑与互补关系，专业规模与可支撑专业发展的资源之间的关系，从专业生态的视角建设各个专业，规划专业群落，优化资源配置，以实现师资、教学设备等资源的集约、共享，充分发挥资源的使用效益，在提高专业建设质量的同时，为学校节约办学成本。

2. 培育专业特色和特色专业

民办高校的品牌文化建设必须从专业做起。培育专业特色或特色专业需要遵循一定的逻辑思路。第一，研究自我。深入研究学校在专业建设方面的历史经验与教训，研究学校目前的专业布局与规划，研究目前学校在专业建设方面存在的问题、资源支撑以及未来可能的发展情况等。第二，研究市场。研究地方产业的发展现状和未来改造升级的趋势，以及由此而产生的人才需求链的变化，从中寻找自我可能的发展优势。第三，研究同行。认真研究兄弟院校的专业发展情况,尤其是相同学科、相同专业的建设发展状况及其优劣势。第四,在研究自身、研究市场、研究同行的基础上,积极反思和主动辨识自身与竞争者的区别以及各自的短长,以扬长避短,取长补短。同时,要积累专业优势,整合专业资源,凝聚专业特色。做到专业特色与市场需求的精细对接,并逐步打造和形成特色专业。当然,特色专业的形成不是一蹴而就的,它既以民办高校的内涵建设为基础,又是民办高校内涵建设的重要组成部分;既是一个不断积累和凝练的过程,又是一个设计和培育的过程,其中涉及专业建设理念的创新与发展、教学研究方法的创新与发展,以及专业精神的发展与弘扬等。

(三)树立正确的教学质量观,构建先进的教学质量管理文化

民办高校特色文化的形成建立在学校内涵建设的全面加强和办学质量特别是教学质量的全面提升的基础之上,提高质量和凝练特色是民办高校内涵建设的两条腿,两条腿走路才可能行稳致远。提高教学质量需要有正确的教学质量观,需要科学的质量标准和高水平的质量研究,也就是说,需要建立先进的教学质量管理文化。对于民办高校来说,建设教学质量管理文化需要做好以下三个方面的工作。

1. 改造教师队伍的教学理念

教学理念是教师教学行为的先导,是教师处理师生关系、处理教与学的关系的行动指南。需要强化以学生为中心的教学理念,重新认知和定位教与学的关系。教与学的关系始于对教师与学生关系的认知。传统教育学认为,在教学活动中,教师是主导,学生是主体。而以学生为中心的教学理

第五章 民办高校组织文化建设

念认为,教师与学生都是教学活动的主体,教师主体是学生学习的设计者、指导者和帮助者,学生主体是学习活动的积极参加者和主动参与者。教学活动是教师主体和学生主体相互作用、交流互动的过程。以学生为中心的教学理念要求改变课程教学以讲授为主的灌输教育,改变学业成绩以考试为主的应试模式,在"教师的教"与"学生的学"之间侧重"以学为主",在"动脑"与"动手"之间侧重"以动手为主",在"个体学习"与"合作学习"之间更加侧重"合作学习",在"封闭学习"与"开放学习"之间侧重"开放学习"。民办高校学生来源于高考分数末位段的考生,这些学生学习的积极性和主动性不强,更需要教师将以学生为中心的教学理念贯穿于教育教学过程之中,让学生在实践中学,在合作中学,提高学生学习的兴趣和自主学习的能力。在教学安排方面,要增加教学计划的弹性空间,为学生自主选择、主动参与学习创设条件,构建鼓励学生主动学习、自主探索、动手实践的组织机制和制度安排,并且提供充足的资源支撑。

2. 建立适合应用型人才培养要求的教学质量评价标准

教学质量评价标准是学校管理教学质量的依据,也是教师教学活动的工作目标和努力方向。教学质量评价标准引导和统领教学质量建设与管理的全过程。民办高校的教学质量评价标准要符合四个要求:一是要符合民办高校应用型人才培养的要求;二是要符合民办高校教师和学生的实际;三是要精细,要覆盖教学质量的各方各面;四是要可操作,易衡量。

3. 形成研究教学的浓厚氛围

没有对教学的研究,就不会有教学质量的提升。同时,加强对教学的研究，也是教师获得工作成就、提升自我效能感、保持工作积极性的重要途径。对教学研究进行管理，是民办高校建设教学质量管理文化极为重要的部分。民办高校的教师要以研究者的身份，对人才培养目标、培养规格、课程设置及体系建构、培养模式、培养方法等涉及应用型人才培养质量的方方面面的问题进行认真思考，选取自己的兴趣点，并结合自己已有的研究基础和应用型人才教学改革发展的趋势，确立自己的研究课题。民办高校作为教学研究的管理者和组织者，要建立相应的激励机制，提供相应的资源支持，积极鼓励教师进行教学研究。在教学研究氛围的形成方面，学校的积极推动和大力支持具有极其重要的甚至是决定性的作用。

（四）重塑用人观念，建立与发展要求相适应的用人文化

人的问题一直是民办高校文化建设的薄弱环节。在人的问题中，有教师队伍不稳定所带来的文化传承与创新方面的瓶颈，也有管理队伍老龄化所带来的文化继承和创新活力不足的问题。教师队伍稳定的问题在前文已有论述，此处主要谈谈管理队伍的问题。

民办高校的管理队伍，尤其是中层及以上的管理岗位的第一负责人，应选聘以下类型的人来担任：一是要在民办高校成长。民办高校自己培养的中青年干部，在民办高校的文化熏染下成长，熟知民办高校的办学规律和民办高校在管理上的价值取向，有利于提高管理工作的效益。二是要年富力强。年轻代表着活力，中青年干部学习能力和接受新事物的能力强，在工作上一般都会表现出锐意进取的精神，改革的

第五章　民办高校组织文化建设

行动力较强，有利于推动民办高校内部管理方面的改革和完善。三是要德才兼备。"德"是指中青年干部要忠诚于民办教育事业，对民办高校及自己所承担的工作富有高度的责任感，愿意干好事，多干事。"才"是指具备一定的管理理论、管理科学知识和本专业知识，以及工作中进行谋划、决断、指挥、沟通、协调、创新等能力。"德"与"才"互为前提，相得益彰，是做好工作所应具备的基本素质。四是生活来源要在民办高校。以在民办高校的收入为主要或唯一的收入来源，学校发展的好坏与个人的生存和发展紧密关联，相互依赖，这容易使中青年干部对工作全身心投入，对学校政策和命令的执行力强。当然，民办高校任用中青年干部担任学校中层甚至高层管理人员，可能会存在管理经验不足的问题，然而解决这一问题的方法也不难。学校可以通过聘请公办高校退休人员或其他富有经验的人员充当中青年干部的副手或顾问，以促使年轻干部快速成长。这一做法也已在一些民办高校如福州外语外贸学院得到了尝试，并取得了良好的效果。

民办高校更新用人观念，大胆启用自己培养的年轻人充当管理骨干，一方面有助于解决聘请公办高校退休人员任管理干部所带来的改革意识不强、改革动力不足、工作拖沓、缺乏生气、执行力和行动力不强的问题；另一方面也让学校事业的发展充满生机和活力，让勤奋高效、艰苦奋斗的民办精神得到继承和发扬。

（五）重视民办教育研究，推动文化特色创新

研究是发现问题、提出问题和解决问题的过程，没有研究，就没有对问题的发现和系统深入的思考，也就不能有效

地解决问题。在国家建设高等教育强国的战略安排下，在民办教育分类管理的制度背景下，我国民办高校的发展面临着诸多亟待厘清和解决的问题，迫切需要民办高校通过理论研究和院校研究予以深刻思考或解决，这是民办高校文化创新的重要途径。

其一，加强理论研究。要研究高等教育的办学规律；研究国家高等教育发展的历史、现阶段的特征、政策走向以及可能对民办高等教育产生的影响；研究古今中外私立高等教育的发展，研究私立高等教育发达国家私立高校的管理经验和教训，尤其是国外营利性和非营利性私立高校的发展历史、现状和未来趋势及其遭遇的发展困境，以为未来选择营利性还是非营利性学校提供参照；研究国家民办教育分类管理的价值目标、政策支持取向以及营利性或非营利性民办高校未来面临的办学风险等。理论研究可以使民办高校的办学者明晰国家高等教育发展的历史阶段以及国家对民办高等教育的发展要求，走出发展的思维定式和历史惯性，从而降低学校的战略决策风险。

其二，重视院校研究。理论研究是对民办高校发展宏观层面的一般性问题的研究，对民办高校发展战略的制定具有方向性的指导意义。同时，作为个体层面的民办高校，在发展的过程中需要切实提高办学效益和水平，以支持宏观层面的战略安排。我国民办高校经过近40年的发展，在民办高校的队伍中，出现了一批办学实力强、办学特色鲜明的民办高校，这些民办高校在学科、专业、课程、师资、管理等方面积累了一定的优势，具有可供其他民办高校学习的先进经验。民办高校要具有研究意识，要以这些"走在前列"的民

第五章 民办高校组织文化建设

办高校为样本，研究其办学理念、办学目标、师资队伍建设、管理制度、治理机制等，在此基础上，反观自身，寻找差距，逐步改善学校管理，提升办学水平。同时，从研究者的角度看，为了更深入和全面地剖析民办高校在管理中出现的问题，还应该将"先进"与"落后"进行比较研究。我国民办高校分处不同的省、市和区，虽然各个地方的民办高等教育政策会有些差异，但其面对的历史、制度和社会文化背景基本相似，加强民办高等教育的院校研究，对提高民办高校的办学水平具有极其重要的现实意义。

民办高校要重视理论研究和院校研究，以研究来探索学校科学管理的新路径，推动学校的建设、改革和发展，实现学校文化的传承和创新。

第六章　民办高校风险管理

　　风险指在一定时间和一定条件下期望目标与实际结果间的差异性。就其效应来说，风险即影响企业或单位目标实现的各种不确定性因素。期待结果的多种可能性和围绕目标的事件的不确定性，构成期望目标的风险性。风险的潜在威胁在于风险的不确定性。风险管理（Risk Management）源起于20世纪50年代的美国，是指企业在一个肯定有风险的环境里主动对风险进行预估和分析，采取有效的方式，有目的、有计划地处理和减少风险，以最小的成本获取最大的利益的管理方法。① 风险管理与经营管理、战略管理一样，成为现代企业管理的一项重要职能。

　　我国民办高校是自筹经费、自负盈亏的顾客支持型高等教育机构，办学经费高度依赖生源，运作机制为准市场化，相比公办高校，民办高校办学有着更多的不确定性，处于一种风险重叠的状态，一旦出现生源短缺或资金断链等问题，就会立即陷入生存危机。目前，我国民办高校的发展环境发生了巨大变化：一是随着我国高等教育从大众化向普及化的

---

① "风险管理"，见 MBA 智库百科（https://wiki.mbalib.com/wiki/）。

第六章 民办高校风险管理

迅速迈进,高等教育由"卖方市场"进入"买方市场","买方"作为消费者对高质量教育的需求必然增加民办高校的办学风险;二是实现高等教育内涵式发展,全面提高高等教育质量成为国家高等教育政策的重心;三是我国民办高等教育正式进入分类管理的新时代。发展环境的变化使影响民办高校办学的因素具有更多的不确定性,民办高校的办学将面临重大机遇和挑战,当然,办学的风险也会随之增加。因此,在新的发展阶段,能否有效防范和化解办学风险是民办高校发展能否行稳致远的关键。本章就此展开讨论。

第一节 民办高校风险防控的必要性

一、民办高校加强自身管理的需要

随着高等教育普及化的到来和高等教育买方市场的形成,我国民办高校的生存环境发生了根本性变化,已进入竞争和变革更为激烈的时期。民办高校的生存和发展面临前所未有的不确定性,不仅面临由政策变化引发的系统风险,还有着生源市场的竞争风险、品牌效应风险、筹资风险、教学管理风险以及管理战略决策风险等。这些风险不仅成为民办高校职能部门的管理关键,也成为民办高校内部管理层需要关注的问题。在现代社会,有些国家率先将风险管理纳入高等教育,如2004年英国高等教育基金委员会发布通知,要求各高校运用风险管理的理论和方法,建立一种常规性的监督检查机制,工作职能为识别、评估和管理民办高校可能面临的风险。对此,有报道指出,近年来,英国高校风险管理取得了长足进步和发展,各高校先后建立了自身管理的实践模式和保障体系。英国各类高校给出的风险名称各不相同，但风险种类是一个极大的数字（据查，一所私立学校面临的风险就多达 2842 种）。[①] 由此可见，英国高校对因突发事件产生的风险的划分十分复杂。英格兰高等教育拨款委员会是一所对风险进行整理、分类和排序的专门机构，该机构通常将高校面临的风险分为健康与安全、资产与设施、策略、学生、学校声誉、教职工、教学、海外学校经营、科学研究等方面。在对风险类型做出划分的基础上，英国不少高校通过风险识别程序，制定了高等院校突发事件风险一览表，此表详细说明了高等院校突发事件潜在风险的种类和构成要素。

民办高校开展风险管理有利于根据自身特点来识别整个办学过程中的可能性风险及潜在的不利后果，采取科学、系统、规范的办法，通过对风险的认别、衡量和分析，预先制定科学且周密的风险应对措施，有效预防和控制风险，以最小的成本达到最大安全系数的保障，最大可能地减少风险带来的损失。

二、民办高校实现可持续发展的现实需要

在高等教育即将迈入普及化的背景下，由于高校自身管理的复杂性、资源的市场化和资源竞争的激烈化，民办高校在发展中存在着形色各异且错综复杂的风险。在办学实践中，我们可以看到，一些民办高校或由于举办者办学理念的偏差、逐利动机过强、自身素质不高，或由于内部管理不

---

① 李新仓：《高校突发事件的防范体系及防范机制的实证研究》，人民日报出版社 2014 年版，第 121 页。

第六章　民办高校风险管理

善,或由于教育质量低下,或由于资金运行不畅等原因,不断遭遇办学风险,面临倒闭或被兼并的境况。

让人至今还记忆犹新的是,2005年年底,全国最大的教育集团——南洋教育集团宣告倒闭。这一事件让整个中国教育界乃至整个社会为之震惊。事实上,南洋教育集团倒闭前就已出现其他民办高校倒闭的事件。2004年,江苏培尔学院因长期管理不善而最终倒闭;2005年,燕京华侨职业学院整体划转到首都经济贸易大学,整个建制被撤销;2005年9月,创办已12年的上海东方文化学院正式宣布被上海震旦学院兼并。民办教育网和全国民办高等教育委员会曾在2001年发布过一份总数为1134家的全国民办教育机构名单的跟踪调查,调查结果显示,"已有超过半数的学校停办或无法查询,有过一成的学校被其他机构兼并,基本正常运行的学校居然不足总数的四成"[1]。1996年5月18日,全国民办高等教育委员会第二次会员大会曾在北京钓鱼台国宾馆召开,当时"共有400多所民办高校[2]出席了大会,而到2002年,当年与会的400多所民办高校仅存40所"[3]。从相关统计数

---

[1] 周国平、谢作栩:《我国民办高校倒闭问题之思考》,载《高等教育研究》2006年第5期,第47页。

[2] 此处及此段所使用的民办高校的概念包含了当年进行非学历教育和自学考试助学的民办院校。2004年6月28日,教育部下发《关于取消高等教育学历文凭考试的通知》,规定从2005年起取消高等教育学历文凭考试。本节以外其他部分所使用的民办高校,是指进行高等教育学历教育,具有独立颁发学历教育资格的民办高校。

[3] 曹勇安:《中国民办高等教育问题》,厦门大学教育研究院,2006年4月24日。

据看，我国民办高校总体发展呈"三峰三谷"的状态。1980年到1995年，民办高校的数量从约30所增至1227所（第一高峰期），至1997年，民办高校的数量减少到1115所（第一个低谷）。1998年，民办高校数量为1222所，到2001年的总数为1415所（第二个高峰期），到2003年，民办高校的数量下降至1279所（第二个低谷）。2004年，民办高校数量再次上升，回升到2001年的1415所（第三个高峰期），2005年，民办高校的数量再次下降，为1329所（第三个低谷）。[①] 就当时的情况而言，倒闭的民办高校往往规模小且办学场所分散，大都采取"自生自灭"的方式退出竞争，因此，这些并未引起人们的关注。近年来，人们从各大媒体了解到一些民办高校倒闭的更多原因，但媒体报道针对的通常是违法办学的"个案"，倒闭的民办高校大部分一开始就不为人所知。北京航空航天大学北海学院于2013年停止招生[②]，至今已无学生，北海市政府已拟由其他投资者收购。曾以数万人规模而盛极一时的西安华西大学2013年因非法集资导致资金链断裂，学校被终止招生资格。2012年9月，《宁波大学学报》曾刊文称，陕西民办教育从1984年第一所学校开办至今，民办高校平均生存年限仅9.7年。陕西从1992年至2002年，共批准民办高等教育机构145所，合并、注销了91所，倒闭

---

① 杨秀英、甘国华：《民办高等学校办学行为博弈分析》，载《教育学术月刊》2009年第1期，第56-60页。

② 《北航北海学院生死劫：三方理念不同停招三年，万人只剩上千人》，见凤凰资讯（http://news.ifeng.com/a/20160330/48263566_0.shtml）。

率为 62.75%。①

民办高校的倒闭或被兼并的事件说明，民办高校办学处处藏匿风险。因此，在市场竞争日益激烈的背景下，在市场中搏击的民办高校能否及时地识别并处理办学风险，不仅关乎作为个体的民办高校能否健康有序地发展，更关系到我国民办高等教育事业的成败。因此，运用风险管理理论，构建一套符合民办高校特点的风险管理体系，实施全面风险管理，已成为民办高校实现可持续发展的现实需要。

三、民办高校履行社会责任的必需

教育是一项公益事业，同时又具有产业属性，民办教育的产业性特征十分明显。一所大学往往伴随着自身的发展而成为城市或区域在社会、文化、经济等方面得以发展的重要支柱。世界知名的牛津大学即是在一个牛棚里开办起来的，由于师生在此间学习、生活，为投资者提供了无限商机，吸引了大批投资者围绕服务师生而开始投资建设，从公寓到旅馆，从餐饮到旅游逐步发展，此后便形成了一座城市。如此可说，是大学缔造了牛津城，而牛津城则阐释了牛津大学的历史。民办高校落户一地后，对周边区域的基础设施建设和城镇的形成起到了积极的推动作用，拉动了当地餐饮、服饰和楼盘等产业的蓬勃发展。再以隶属浙江工业大学的之江学院为例，该校迁建绍兴县城的所在地——柯桥，在 4 年间吸

---

① 《大学被拍卖？4.25 亿起拍，校长非法吸收资金 23 亿，力推零学费》，见网易订阅 (http://dy.163.com/v2/article/detail/E96TLGR50519KKKN.html)。

引近万名学生汇聚于此,给柯桥一地带来了新的活力和发展机遇,提升了柯桥城的品位,营造了一个文化气息浓厚的氛围,使柯桥从一个单纯的经济重镇跃升为绍兴县的政治、经济、文化中心。民办高校在发展中,发挥市场经济在教育资源配置中的作用,拉动了内需,推动了地方经济的建设和发展,提高了高等教育服务地方经济的实力。

民办高校人才培养目标多设定为实践型,设置的专业与人们的生活息息相关,因此,风险一旦出现,不仅会涉及学校的生存和发展,同时会损害学生及其家庭的利益,并由此造成不良的社会影响。学校遭遇办学风险带来的损害要比企业遇到风险带来的危害大得多,学校作为群体的高度密集区,风险事件一旦出现,负面信息的传播更快速、影响更广泛,甚至会酿成集体事件,由此对社会稳定带来极大的危害。因此,及时识别并有效处理办学风险,不仅关系到民办高校的健康有序发展,还关系到社会的和谐与稳定。依上可以说,作为社会系统中以人的教育和管理为职责的组织机构,民办高校对风险的有效管理,对社会的稳定与人的进步能起到积极的促进作用。

四、民办高校加强师生风险教育的重要内容

对民办高校师生特别是学生加强风险教育非常必要。通过教育使师生了解和认识社会转型发展期产生或可能产生的风险,能使师生建立起面对风险的良好心态,正确认识风险,增强风险意识和提高应对风险的能力。民办高校师生作为国家建设的知识型人才,在推动实现国家强盛和民族复兴的崇高使命中肩负着重大责任。在学校和个人发展充满风险

的情况下，民办高校师生要正确把握国内外形势，全面认识风险与社会发展的关系，保持清醒的头脑，不断提升自身素质和应对风险的能力，自觉接受风险教育。

加强师生风险教育是高校和谐校园建设的客观要求。从某种意义上说，构建和谐社会就是要着力化解各种各样的风险，减少和消除形形色色的不和谐因素。如果一个社会或社团缺乏正确的风险观或执政者不具备应对各类风险的能力，那么，我们构建和谐社会就没有根基。民办高校是知识和人才聚集之所，师生是社会中最具生机和充满活力的群体，承担着建设社会主义和谐社会的神圣职责。为了构建和谐社会、和谐校园，学校有必要增强师生的风险意识和抵御风险的能力，从而使他们能够有效应对风险，维护民办高校的利益和社会的稳定。因此，加强高校师生的防风险抗风险教育对高校的和谐校园建设具有重大的现实意义。

五、民办高校决策层形成忧患意识的重要方面

民办高校由于办学历史较短、师资力量薄弱、资金保障性差等原因，自身抵御风险的能力相对薄弱。这一客观现实要求民办高校的决策者和管理者应具有特别强烈的忧患意识。办学投入要有充分的可行性论证，特别是对可能出现的风险和危机要有充分的认识和思想准备。举办者对办学的信心固然重要，但忧患意识较之办学信心对学校的生存与发展更具有意义。在办学较为顺利时，办学人容易产生骄傲自满的情绪，原有的忧患意识有可能会因阶段性的成功冲昏头脑而消失。以往的经验证明，基业长青的企业、大学存在的一个共同特点——"处优思患"。实施风险管理有助于增强决

策者、管理者的忧患意识,有助于学校产生和实施有效的风险预测,采取风险规避的措施。

第二节 民办高校面临的办学风险

2017年,新《民促法》的出台意味着民办教育分类管理在国家法律制度层面的确立。民办高校的举办者可以自主选择设立非营利性或营利性民办高校。两类学校在政府资助、税费优惠、教师待遇、用地政策以及终止办学后的财产清算等方面将享受不同的政策待遇。营利性办学虽可合法取得收益,但也存在因补缴土地出让金或增加税收而造成办学成本的大幅度提高,能获得政府资助的数额大大减少,面临因追求利润导致学费上涨而造成生源基数减少等问题。与此相反,选择非营利性办学则可在用地和税收方面享受与公办高校同等的待遇,可获得更多的财政资助,因其具有非营利性质而可获得公众的更多认可,收获更大的生源基数,但其不利的方面在于举办者无法获取办学收益。面对分类管理,民办高校的举办者必须在地方政府规定的过渡期内做出选择,选择非营利性或营利性,二者必选其一。在某种意义上,此举可说是关乎学校"生死存亡"的一次命运抉择。分类管理是民办高等教育发展史上的一种全局性的制度突破和创新,将使民办高校的发展步入新的阶段和新的高度。在此背景下,为了积极推进民办高等教育分类管理的实践,实现分类管理的目标,促进民办高校健康持续发展,我们需要重新认识和梳理民办高校办学风险,诸如战略决策风险、教育质量风险、招生风险、毕业生就业风险、财务风险等,尤其

第六章　民办高校风险管理

要对营利性民办高校面临的办学风险加以审视。

一、民办高校办学面临的主要风险

（一）战略决策风险

战略决策是解决全局性、战略性、长远性问题等的重要举措，决策对企业或组织发展具有方向性的引导作用。与公办高校相比，民办高校拥有更大的办学自主权，学校层面的管理决策权也随之扩大。学校层面的战略选择和重大管理决策都将对民办高校自身发展产生重大甚至是决定性的影响。然而，权大则责重，科学决策将推动学校发展，不切实际的决策将使学校惨遭损失，威胁学校生存。因此，分析引起战略决策风险的各种因素，提高战略决策的成熟度，对防范民办高校办学风险有着重大的现实意义。

1. 战略决策风险的概念

战略决策风险的概念最初由决策理论家 Andrews[1] 提出，他认为战略决策风险是从战略层面思考问题所带来的风险。有学者据此从宏观产业的经济波动、行业竞争排名和公司财务绩效等角度对战略决策风险的概念进行界定，但这些概念基本上停留在战略决策风险的影响因子及形式层面，关注战略决策风险的客观方面而忽略决策者的主观能动性。国内学者张荣琳、霍国庆（2007）[2] 就此给出的定义是：战略决策

---

[1] K. Andrews: *The Concept of Corporate Strategy*, Homewood, IL: Irwin, 1971.

[2] 张荣琳、霍国庆：《企业战略风险的类型、成因与对策分析》，载《中国软科学》2007 年第 6 期，第 50 - 57 页。

风险是企业管理中因战略思考不当而致使企业遭受损失的不确定性。财政部于2010年颁发的《企业内部控制应用指引第2号——发展战略》第一章第三条，从企业发展战略的角度提出企业战略决策风险的三个表征。一是缺乏明确的发展方向或实施措施不到位，从而导致企业盲目发展，致使企业难以形成竞争优势而丧失发展动力。二是发展计划过于激进，脱离企业实际实力或计划偏离主业，而导致企业过度扩张，造成经营失败。三是发展决策因主观上的频繁变动而导致资源浪费，危及企业的生存和发展。①

决策的正确与否对企业的生存和发展的影响关系重大。决策正确可使企业得到发展，并提高企业的整体竞争力，有助于企业取得社会效益和经济效益。决策失误会阻碍企业的发展，导致企业出现生存危机。因此，决策失误是企业管理的最大失败，重大决策一旦失误，将给企业带来不可估量的损失，甚至给企业带来灭顶之灾。

2. 战略决策风险的特征

战略决策一般由一个组织的高层决策者做出，旨在解决组织发展的全局性、长远性问题，因而，战略决策风险具有不同于一般决策风险的特征。

（1）造成损失的严重性。与一般性风险相比较，战略决策风险将在整体上影响企业的发展方向、目标和业绩，影响企业整体运行中的成败，威胁企业的生存。

（2）促成决策的战略性失衡。战略决策应具有整体性、

---

① 财政部：《企业内部控制应用指引第2号——发展战略》，见360百科（https://baike.so.com/doc/3919976-4114069.html）。

全局性和指导性等特征。全局性着眼于风险的来源，战略决策既要考虑外部环境的因素，又需整合企业内部的资源。

（3）造成影响的不可消除性。影响的不可消除性指风险管理目标在更大程度上不是消除风险，而是控制风险。战略决策造成影响在本质上应具有创新性，创新与风险紧密联系，因此，从实践意义来说，战略决策风险的管理目标是有效控制风险而非消除风险。

（4）战略决策中的主观性。战略决策中的主观性指决策人对风险的认识程度。决策受个人因素的影响，决策个人的阅历、经验、能力以及对风险的倾向性都会对企业产生影响，具有极强的主观意志，决策人的意志特别表现在其对可能性风险的判断上。

3. 战略决策风险的构成因素

（1）环境因素的不确定性。企业的生存和发展必然要受到政治、经济、社会和文化等外部因素的影响，环境越复杂，企业面临风险的可能性就越高。环境的可变因素随时间流动而不断增加，如产业技术的提升、设备换代等的变数增多，产品生产周期必然缩短；同一行业市场增长无法确定，各种可变因素难以预测等，就会加大企业经营的风险。总之，企业所处外部环境的变化及其复杂性和不确定性，对企业决策的选择有着重大的影响，增加了做出决策的风险。

（2）治理结构的不完善。企业治理结构的完善或健全程度对企业决策会产生重要影响。企业的治理结构一般由股东大会、董事会、监事会和经理会等治理主体组成，各个治理主体的人员构成、人员素养，以及人员之间的权责划分、制衡机制，都会对企业决策产生某种程度的影响。尤其是监事会的设置及其拥有的实际权力直接制约董事会对决策的选择。企业建立的治理规则和治理伦理的完善程度均对决策具有影响。

（3）信息在传播中的失真。企业决策由不同的主体意志综合后达成，不同主体的意志形成信息传播上的复杂性。外部信息在各个参与决策主体之间充当黏合剂的角色，如果没有黏合剂，各个参与决策的主体之间就无法协同运作。当信息在各个参与决策的主体间传播时，由于制度、技术、人为等原因而产生理解的偏离而使信息失真，这就使做出的决策藏匿着风险。

（4）决策程序和决策方法失当。从决策机制讲，专业性强的重大决策必须经专业部门的专家的前期论证，而凭借非专业性人员的情感决策，即以主观臆想代替客观实际的决策往往导致决策脱离实际。在决策程序上，缺乏民主程序，决策不经集体讨论，难免会因考虑不周而在决策中留下漏洞。在决策方法上，定性成分多、定量考量少、缺乏科学考证的决策往往给企业带来巨大损失甚至是毁灭性的打击。

（5）价值观念的偏差。在以集体形式做出决策时，人的不同价值观念会产生不同的抉择，决策主体对决策客体的总体观（决策价值观）决定人的价值标准，影响人的行为选择，而且会影响到决策中的每一个环节。因决策者的价值观出现偏差而导致的决策错误一般是方向性的、根本性的。因此，科学的价值观是做出决策的指导思想。

（6）决策者的个人素质。高素质的决策者能冷静地看待各种问题，并根据问题的风险系数和收益关系来做出选择。此类决策者既能有效地抓住机会，又能恰当地处理风险。高素质的决策者能综合地运用已有知识与经验对信息进行辨识、对问题性质进行判断，拥有对问题的把持能力和预防、处理风险的智慧。

（7）决策者成就动机的强度与客观条件的失衡。决策者成就动机过强或过弱都可能给决策带来风险。决策产生的绩效与决策者的期望值不一定成正比例关系，决策产生的效应受各种因素的制约或影响，其中，决策者成就动机的强度是一个重要方面。成就动机的强弱不同，决策者对决策的态度和投入力度也不相同。强成就动机的决策者具有责任意识，能依循形势变化进行改革与创新，并能根据形势变化修正目标，而弱成就动机的决策者往往安于现状，不思改革，甚至遏制其他成员的创新意志。然而，成就动机并非越强越好，成就动机一旦超越一定的度，往往会使决策者处于高度焦虑的状态，从而降低思维能效，形成急于求成的心态。急功近利的决策往往脱离客观实际，脱离员工的认知水平和心理承受能力，同时导致决策者忽视民主，独断专行。

（8）决策者风险意识的缺席。决策具有风险性这是不争的事实，因此，对风险认识不足、考虑不周而做出的决策往往导致不良后果。"急中求决"常表现为四种情形：一是完全不考虑风险，把未来看成是确定的，而做出确定性决策。二是对引发风险的因素估计不全面，考虑了关联性变化的风险因素，而忽视了突变性的风险因素。三是对事情的态度过于乐观，低估风险，且以投机心理做出决策。四是过分夸大风险而裹足不前。对此，我们提示，风险决策实质上是在风险与机会之间进行权衡后的选择，我们必须敢于冲击风险，但应以科学的态度对待风险，运用策略去处理风险。

4. 民办高校战略决策风险的影响因素

民办高校决策与企业和组织中的决策一样，都存在风险，但民办高校决策风险的成因较为复杂，主要涉及以下方面。

（1）决策者个人的知识、能力和素质。民办高校决策者个人的办学理念、价值追求、知识素养和能力高低都会对学校的决策的科学性、合理性产生重要影响。在民办高校的举办者和管理者中，有相当部分对国内外高等教育的发展历史和未来前景缺乏认知，对民办高等教育的发展现状和未来走向缺乏分析，对民办高校的办学风险的认识严重缺失，不具备对办学风险进行科学论证的能力。尤其是一些举办者办学理念有偏差，抱有以最小投入获得最大收益的思想，将办学作为获取个人私利的手段，使学校办学处处潜藏风险。

（2）学校法人治理结构的健全。民办高校法人治理结构设立的目标应是通过权力的分配与利益的制衡来实现组织价值的最大化。法人治理结构的有效运行有利于协调利益相关者之间的关系，实现学校决策的民主化、科学化，更好地防范战略决策风险的发生。就民办高校来说，治理机制影响决策表现在两点上：一是董事会人员构成的多元化，人员的多元化使做出决策时有多元利益主体的参与，通过利益的制衡与协调使决策结果因具有民主性而带来科学性的提升；二是厘清董事会、校长、党委会、教职工代表大会、学术委员会和监事会之间的职权分配与利益协调。总之，如果法人治理结构不规范，各治理主体之间权责不清，民主管理机制不健全，那么终将会导致决策失误的发生。

（3）决策本身的不确定性。民办高校作为一类组织，与

第六章 民办高校风险管理

企业及其他组织的一样,其决策本身也具有一定的风险性。这是因为:首先,决策的过程一般是从现实情况出发,在对现实情况进行分析的基础上,再对未来进行预测,以做出实现组织预定目标的方案。这其中,对现实情况与未来情况之间的差距的认知,因为人的理性的有限性,人在进行决策时不可能有一个完全符合实际的预测。再者,在从现实情况出发,根据决策方案实施的过程中,一些影响目标实现的因素会产生变化,这些不确定的因素,增加了决策的风险。另外,决策者对事物变化规律的把握程度也是影响决策本身风险性的因素之一。就民办高校而言,决策者对民办高等教育办学规律的认知程度,以及办学内外部环境的各种不确定性变化,都会给决策带来风险。

(4)学校产权归属的多元化和决策程序的健全程度。学校产权归属的多元化代表了利益主体的多元化。不同的利益主体有不同的利益诉求,决策的价值取向呈现多元化倾向。从决策科学的角度,多元利益主体共治可以避免"产权独裁"下的"独裁化倾向",增加决策的民主性,从而降低其风险性。程序正当是决策正确的前提,学校决策程序的健全程度与决策的风险程度具有正的相关性。所以,民办高校有众多的利益相关者,要摒弃家族化管理带来的集权式决策机制,要建立有众多利益相关者参与的治理机制,完善学校的治理结构和决策制度,减少办学风险。

(5)对民办高校办学的特殊性的认知程度。不可否认,民办高等教育是我国高等教育事业的重要组成部分,在看到其与普通公办高等教育共性的同时,也必须承认其办学模式、办学经费等方面与公办高校有着诸多的不同。这些不同赋予了民办高校许多特殊的属性，使其在战略决策方面不能完全按照普通高等教育的思路，而要充分考虑到其特殊性对整个教学、管理、运营等的影响，然后制定出具有民办高校办学特色的战略决策。反之，如果决策者忽略了民办高校办学自身的特性，或对其认识不足，那么就容易造成决策与实际办学初衷相偏离，进而阻碍整个组织或项目的发展。

民办高校因管理决策带来风险的例子有很多，例如作为江苏省第一所停办的民办高校——江苏培尔职业技术学院[①]（以下简称为培尔学院），就存在因对民办高校特殊性认识不足而导致的办学不得不终止的情况。相关资料显示[②]，培尔学院1999年4月获批举办，其建制不可以说不完善，从筹备到独立办学都经过专家的精心论证，却在短短的5年后于2004年停办。究其停办的原因，固然有我国民办高校外部政策环境、市场环境的问题，但主要是其内部管理决策的问题。第一，办学定位不准。培尔学院本应结合本地经济发展开设相关专业，把为本地培养实用型高级技能人才作为发展方向。但是，培尔学院在定位时将复旦大学作为其近期的追赶目标，这无疑脱离了实际。第二，专业缺乏特色。培尔学院开设了涉及计算机类、管理类、设计类、金融类、英语类等25个专业，但在这些专业中，大多数专业设置没有突出为地方服务的特点和自身特色，存在着"高、大、全"的问题。第三，师资队伍问题。培尔学院是一所职业技术学院，

---

① "培尔职业技术学院"，见360百科（https://baike.so.com/doc/7848853-8122948.html）。

② 《从江苏培尔职业技术学院停办（招）说起》，见中国高校网（http://www.huaue.com/mxdt/200549222323.htm）。

学院理应以"双师型"教师为主体。可是,培尔学院是"以来自复旦、南大的资深教授为主体",这种结构,不仅于实际教学无裨益,而且导致教学成本大大增加。从江苏培尔学院倒闭案中,不难得出结论:做好学院定位,加强学校战略决策,对民办高校防御办学风险具有重大的现实意义。

5. 民办高校战略决策风险管理对策

民办高校决策者应高度重视战略决策风险,树立战略决策风险意识,健全法人治理结构,建立科学决策机制,充分发挥集体决策的优势,深谋远虑、把握时机、权衡利弊、发挥优势、险中求胜,尽量避免决策失误给学校造成的风险。

(1)更新决策观念,全面认识战略决策风险。

首先,民办高校决策者要充分认识战略决策风险的客观性。从决策科学而言,组织的任何一个决策都必然存在风险,没有风险的决策是不存在的。一方面,民办高校的内部管理因素变化的不确定性,外部决策环境、竞争环境的不确定性等,在客观上都会给学校决策带来风险;另一方面,民办高校内部管理的复杂性及人才培养的公益性和周期性,这些因素也无疑增加了民办高校针对某一问题做出决策的难度,增加了决策的风险。

其次,正确认识战略决策风险的现实意义。任何决策都有风险,风险是一把双刃剑:它既给组织带来积极效应,当然也有消极影响。决策的实质就是面对和权衡各种复杂的作用力和影响力,追求积极效应,避免消极影响。因此,决策检验决策者的胆略、魄力、心理素质和能力。

最后,民办高校决策者要正确认识决策对自己的素质要求。作为决策的主体,自身素质的高低决定决策的质量。民办高校决策者应有强烈的进取心，以正确的态度看待风险。面对风险，既不害怕，也不躲避。唯此，决策者才有可能凭己之才智去做出正确的决策。民办高校决策者还应掌握降低战略决策风险的方法，以便在决策中采取相对应的措施。降低战略决策风险有两种方法：一是以落实学校办学目标为中心而权衡利弊；二是以提高学校全体员工素质为要点，使员工理解和支持学校做出的决策。学校要降低战略决策风险，不仅仅要构建一个富有创新意识、积极进取的高素质决策层，还有必要提高全体员工的决策参与意识。

（2）建立健全以董事会为核心的决策制度。董事会作为民办高校的最高决策机构，以董事会为核心的决策制度的完善与否直接反映民办高校处理风险的能力。建立健全民办高校的决策制度，应依循以下四个环节：第一是合理安排董事会人员，以利益相关者理论为指导，注重董事会人员构成的多元性。第二是明确界定董事会职责范围，划定董事会权力边界。要从办学实际出发，妥善处理董事会与校长、校党组织、教代会和工会之间的关系。第三是科学制定董事会议事程序。按照相关规定，董事会的议事应建立会议制度、决议程序和例外性原则，以此加强议事的规范性、制度的严肃性和决议的公开性。第四是探索建立董事的资格制度和激励与约束制度。董事会的运行效率，最终体现在董事身上，因为董事的素质和能力、董事的工作热情直接关系到董事会决策的水平和质量。

在这方面，美国私立大学的做法和经验值得借鉴。美国私立大学董事会除了设主席、副主席、秘书等人员外，还下设各种专门委员会，协助和影响董事会决策。这些委员会打

第六章 民办高校风险管理

破了学校垂直的（如从校长到教师）和水平的（如各学科教研组）权力划分，让大量与学校有关的人士为校董事会的决策提供信息，甚至影响校董事会的决策。① 这种做法是值得我国规模较大的民办高校所借鉴的。

（3）建立学校决策机构的制衡监督机制。新《民促法》对民办高校决策机构（董事会或理事会）和执行机构（校长）的职权做了明文规定，而对监督机构的设置及其职权未做具体规定。"国务院三十条"第十九条规定：民办高校应设立监事会，监事会中应当有党组织领导班子成员。《营利性民办学校监督管理实施细则》第十八条规定：营利性民办学校监事会中教职工代表比例不得少于三分之一，职权主要是检查学校财务、监督董事会和行政机构成员履职情况、向教职工（代表）大会报告履职情况。但由于历史原因，民办高校的治理中，监事会的设置往往流于形式，没有发挥实质作用，造成决策机构和执行机构的履职缺少约束和监督机制，加大了决策的风险。为防范或减少战略决策风险，应落实决策机构、执行机构和监督机构之间相互制衡的机制，为防范战略决策风险提供组织保证。

在这一方面，日本的经验值得我们借鉴。在日本，私立高校都实行理事会、评议会和监事会三权分立的横向负责制，理事会同于我国的董事会，虽总揽学校事务，但主要是提出学校发展的设计，而由评议会审议和做出决定，监事会则对学校的财产及理事工作进行监察，三方彼此牵制，是日

---

① 蒋桂仙：《美国大学董事会的运作及特点——以芝加哥大学为例》，载《董事会》2007年第8期，第51－54页。

本立法、执法和司法三权分立制在私立高校权力构成上的反映。①

（4）遵循决策运行规律，规范决策过程。遵循决策运行规律和规范决策过程对降低战略决策风险有着积极作用。决策过程应是确定目标，制定决策；目标分解，执行决策；组织实施，反馈指导；实时评估，科学总结。需要指出的是，在做出决策的过程中，有必要实行战略决策风险管理制度化。制度因素是风险管理的本质内容，制度制定者、执行者和监测者构成制度体系，这一制度体系的有效运作是风险防范的根本所在。

（二）民办高校教育质量风险

质量是任何组织生存和发展的生命线，教育质量表明教育水平的高低和教学效果优劣的程度，是高等学校内在目标的追求。在民办高等教育近40年的发展中，出现了办学特色鲜明、毕业生优质就业率较高、社会充分认可的民办高校，这样的民办高校其办学风险就相对较低。但就全国范围的高校而言，民办高校相较公办高校，其办学基础薄弱，教育质量总体水平不高。针对民办高校的办学质量，人们也给予了越来越多的关注，甚至是忧虑。因此，加强对教育质量的风险管理成为民办高校生存和发展的迫切需要。

1. 民办高校教育质量风险的内容及表征

（1）教育质量风险的内容。就产生风险的因素而言，构成民办高校教育质量风险的主要内容为外部条件作用产生的

---

① 成迎富：《影响我国民办高校内部决策科学化的原因与对策》，载《经济研究导刊》2014年第11期，第201－202页。

第六章 民办高校风险管理

风险、风险行为控制产生的风险和办学特殊性产生的风险。

外部条件作用产生的风险是指民办高等学校办学受到外部环境条件的影响,尤其是高等教育的政策和法规对民办高校具有促进或约束作用,各级政府对民办高校的办学质量也会进行监控。

风险行为控制产生的风险指通过行为的激发或约束而增加或降低风险的程度。风险行为控制主要以学校制度的制定和执行机制来体现,包括学校质量管理、监督和保障体系的建设和运行、学校质量文化的建设与创新等。

办学特殊性产生的风险是指在学校开展的一些特殊的教学服务中产生的风险,或指学校办学中存在的特殊情况。从特别提供的教育服务看,内在风险体现在合作办学(尤指海外办学)、远程教育和网络学习中存在设备和信息的供给不足。从民办高校办学的特殊性而言,内在风险表现在办学者缺乏管理经验,教师的工作投入度不够,专业水平不高,还有办学资源投入的不足等。

(2) 教育质量风险的表征。我国民办高校办学历史较短,办学资源有限,办学基础薄弱。随着办学规模的扩大,教育教学质量面临着较大的风险,必须引起高度重视。主要表现在三个方面:一是学校本身的办学条件、管理水平和师资队伍建设存在问题,教学质量难以达到应有的水平;二是盲目扩大招生,在校学生人数过多,班级过大,教学资源的供给跟不上学校快速发展的要求;三是学生专业实践能力培养方面面临实践教学条件不足和具备指导资质的教师缺乏的困境。

2. 民办高校教育质量风险的源头

民办高校教育质量风险既有来自学校所处的外部环境的

约束，同时也有来自学校内部建设、管理和发展水平不高的原因。根据民办高校内部发展环境的特点，民办高校教育质量风险的来源可归为以下六个方面。

（1）学校发展目标的错位。适切的学校发展目标是提高人才培养质量的前提和保证。目前，民办高校在发展取向方面主要存在如下三个方面的问题：一是人才发展定位不明确。提高人才培养质量首先应找准办学定位。目前，国家要求地方高校要培养适应地方经济社会发展需求的应用型人才，并推动实现学校内涵式发展。民办高校一般属于地方院校，应用性和地方性是其办学定位的两大特征。然而，现阶段仍有不少民办高校人才培养定位不明确，人才培养目标模糊，趋同度高，办学特色难以形成。二是盲目扩张学校规模。在新的发展阶段，民办高校的发展方式应从规模扩张转向内涵提升，但仍有不少民办高校无法摆脱以规模求发展的思维惯性，一味追求办学规模，不惜一切代价采取一切手段来扩充招生数量，甚至为了扩大规模而罔顾自身条件随意设置专业，造成规模和结构与质量之间的严重失衡，人才培养水平一直在低水平徘徊。三是忽视内涵建设。不少民办高校缺乏质量意识，仍在精力、财力、物力、人力等方面加大投入来满足扩招的需要，而对教学管理、学科建设及教学资源配置的关注较少，投入不足，学校内涵提升的力度仍显不足。

（2）生源质量参差不齐。参差不齐的生源质量势必给教学带来负面影响。受正统观念和收费高标准的影响，就读民办高校是高考考生的无奈之举，因此，民办高校招收的大多数学生是已经筛选后的考生。与公办普通高校的学生相比，民办高校新招学生学习态度欠端正,学习习惯较差,自学意识不强,自我控制能力薄弱,学习缺乏意志力。生源质量决定教学质量,教学质量影响社会认可程度,社会认可程度又反过来影响生源。民办高校生源与教学进入一种怪圈,教学难以形成良性循环的局面。

(3) 师资队伍结构不合理。教师是教育教学的执行者,师资队伍结构和水平决定着教育质量的高低。国家按照高校的办学规模对高校师资队伍的数量、学历和职称结构等进行了相应的规定,如 18:1 的生师比,30% 以上高级职称教师,30%～40% 的硕士学位、博士学位的教师等。而民办高校由于办学资金不足,人员经费投入有限,难以支撑数量充足和结构优良的师资队伍,因此,师资队伍无论在总体规模上还是质量结构上,与国家要求都存在一定的差距。如生师比虽然在数据上显示达到了国家的要求,但教师的来源与构成不尽合理,如存在兼职教师的比重过高,中年骨干教师缺乏,年轻教师和公办高校退休教师的比例过大,具有博士学位的教师比例偏低,缺乏"双师型"教师,教师流动性过大等。尽管民办高校拥有灵活的办学机制,可以通过特殊的引进机制和外聘等手段来满足教学的需求,但受办学经费制约,还远不能从根本上解决师资问题,师资队伍建设成为民办高校的质量风险。

(4) 专业课程设置不合理。专业与课程的建设水平是凸显学校教育质量的核心要素。而进行专业与课程建设的前提就是要根据地方社会经济发展需求、学生的特点找准专业的市场定位。目前,民办高校在专业设置方面存在以下问题:一是罔顾办学条件,盲目跟风,专业设置与其他高校雷同,专业的同质和同构现象比较普遍。二是走低成本之路，人文社科类专业明显多于理工类专业。三是为扩张而设专业。为了持续扩大办学规模，不顾市场需求的饱和度，不顾自身的办学条件，盲目设置生源多的专业，只顾及了专业人数的增长，却忽略了专业内涵的建设与提升。在专业的课程建设方面，一是由于盲目设置专业，专业人才培养目标不清晰。由于缺乏明确的目标和依据，导致课程内容及课程体系的建构随意性较强，整个教学体系的逻辑性较差；二是课程内容的前瞻性不够，不能反映行业、企业技术发展的前沿成果，与职业岗位的需求存在一定差距。

（5）教学科研条件建设薄弱。受办学经费来源单一性的影响，相较于公办高校，民办高校的办学经费显得非常匮乏。办学经费的不足不仅影响了学校的师资队伍建设，也制约了学校在教学和科研条件建设方面的投入。教学条件主要体现在实验、实习和实训条件的建设方面，不仅可供实践教学的场地面积有所不足，在设施、设备的数量、先进性和系统性等方面也有所欠缺，不能满足培养高素质应用型人才的需要。在科研条件方面，缺少科研团队和科研平台，缺少从事科研的先进的信息资源，科研的投入还远远不能满足民办高校教师进行应用技术研究的需要。

（6）教学管理制度不完备。教学管理制度属于影响民办高校教育质量的软性因素。教学是学校的中心工作，是学校人才培养活动的核心。教学管理制度涉及两个方面：一是教学管理的组织系统（如教学工作领导体制、教学指导委员会、院系两级教学管理机构等）；二是教学管理规章制度，主要有教学计划管理、教学运行管理、教学质量管理与评

第六章 民办高校风险管理

价、教师队伍管理、实验实习基地管理、教材管理等方面的规章制度。从计划、运行、管理评价再到人力、物力的保障，教学管理各项制度之间相互衔接，相辅相成，组成一个制度系统，共同保障民办高校教学管理的正常秩序和教学质量建设。目前，制度建设与学校的办学积淀、办学者的办学理念紧密相关，民办高校的办学时间短，积累不够，因而在制度建设尤其是教学管理制度建设方面还达不到高质量教学的要求，教学管理制度的系统性、严密性与人才培养目标的适切性都需要进一步加强。

3. 民办高校教育质量风险管理的对策

高等教育质量风险管理是针对质量风险防范采取的系列措施，包括质量风险的识别与分析、教育质量风险的应对与控制两个方面。前者用于识别和分析教育目标实现的过程中的潜在危机，后者用于减轻或转移风险及风险因子造成的可预测性影响，风险应对是质量管理的目的或归宿，风险控制则是学校管理层针对存在的质量风险施行有目的的控制，从而降低质量风险，减少风险带来的损失。

当前民办高校在构建教育质量风险管理体系中，应优化内部质量管理环境，确立目标，建立健全质量监控机制，建立风险识别评估机制和完善质量管理机制，规范各项教学活动，促进教学改革，全面提高人才培养质量，做到规模和质量相协调。

（1）优化质量管理环境。

第一，构建质量文化，营造良好氛围。首先要有质量意识。投资办学的动机使民办高校的举办者容易急功近利，意识不到办学质量对学校持久发展所具有的根本性作用。因此，民办高校的举办者必须要有质量意识，深刻认识到规模仅是学校眼前的生命线，质量才是学校未来的生命线，学校只有坚持质量立校，才能持久赢得社会公众的信任，才能获取社会公共资源的支持。其次要有质量行动。在举办者层面，要加大对教师队伍建设的投入、对教学条件的投入、对科研的投入；在管理者层面，要加强制度建设，特别是提高教师工资待遇的制度，激励教师专业提升的制度，规范教学管理、进行教学评价、教学建设和改革的制度，科研管理与激励制度等，形成系统完整的学校教学质量提升的保障机制。民办高校只有树立质量意识，并将之化为实际的质量行动，久而久之，才能形成学校的质量文化，并以质量文化化育学校良好的质量管理氛围，推动学校办学质量的不断提升，有效预防办学质量风险的发生。

第二，开展教职工质量风险防范能力提升培训。教职工质量风险防范的自我管理能力取决于教职工的风险管理意识，因此，学校管理部门有必要通过有组织、有计划的培训，丰富教职工风险管理的知识存量，强化和提高教职工的质量风险防范意识，培养教职工分析和应对质量风险的能力。

第三，建立质量风险管理机构，明确责任和职能，加强防范工作的指导。教育质量风险管理机构在不同层次的院校有不同的形式，但较为有效的形式是在整个工作中贯穿以主办者和决策者为主体的质量风险意识。图6-1为高等教育质量风险管理组织机构的图示。

第六章　民办高校风险管理

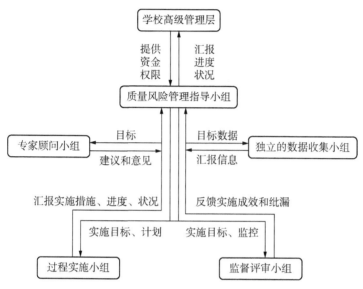

图 6-1　高等教育质量风险管理组织机构①

学校质量风险管理由学校主要领导组织执行并将分析结果予以发布，全体成员对质量风险的级别进行分析，对下拨的可用资源（资金、权限）进行合理分配，将分析结果和资金使用情况定期向学校高层报告。学校高层的主要职责是针对当前的质量风险提出处理意见，向各级质量风险管理层提供指导，分配资金和安排权限，确立学校内部质量风险管理的目标。

质量风险管理指导小组由各院系负责人组成，各小组按

---

① 李钊：《民办高校风险管理：理论与实践》，教育科学出版社2012年版，第112页。

学校高层所定风险管理策略对教师进行指导，并定期向学校高管汇报工作情况。

独立的数据收集小组由高管指定的成员组成，一般为专业人员，职责是进行教学质量分析、质量风险评估、量化质量风险频度，在多种风险的情况下确定风险的等级，并提交处理风险的可行性报告。

专家顾问小组主要负责质量风险管理的性质和等级，并促进质量风险管理的进展，提出配套的见解和建议。

过程实施小组成员来自全校各个院系，具体执行院系质量风险的管理。

监督评审小组成员由校教学督导室人员及教学高层指定的成员组成，该小组根据质量风险管理指导组确立的目标，对实施小组的工作进行全程监督和评价，并定期向风险管理指导组反馈实施情况。

教育质量风险管理机构的运行有两方面的问题值得注意：一是教育质量风险管理机构在行政上应独立于其他管理部门，以避免因权益冲突而可能出现的不公正现象；二是高层主管的质量风险意识和其对此项工作的重视程度至关重要。

（2）学校发展方向和目标的科学定位。明确的发展目标是风险预测和管理的前提，只有先确定目标，才可能识别目标实现中的潜在风险。基于此认识，在教育质量风险管理中，学校发展方向和办学目标的科学论证十分重要。在教育竞争中，民办高校必须认清自身条件、办学优势和特色，根据所在地的经济发展情况，以及学生的需求和学校的实际情况，确定发展方向并明确发展目标。我国大部分民办高校设

第六章　民办高校风险管理

立的发展目标过于宏大，在宣传中反复强调要实现跨越式发展，目标规划缺乏科学依据，制定的目标过高过大，缺乏达到目标的措施。因此，民办高校举办者应力戒浮躁，认真研究高等教育的发展规律，着眼细分市场对人才类型和层次的需求，以坚持走能够彰显自身人才培养特色的发展之路。

（3）对教育质量实施全程监控。对教育的全过程进行监控是民办高校教育质量风险管理的核心。目前，我国相当部分民办高校都建立了用于监控教育质量的日常质量保证程序和制度，如督导巡视制度、听课评课制度、期中教学检查制度等。实践证明，这些教学监控和评价制度，有利于民办高校教育质量管理目标的实现。为确保校内日常质量监控机制的有效运行，以下三个方面值得注意：第一，在信息化时代，应利用现代化教学管理系统对教学进行全方位数字化监控；第二，引入全面质量管理的有效经验，对构成教育质量监控过程的输入阶段、教学过程和输出途径进行全方位的监控和指导；第三，加强民办高校教育质量风险的预测、检测和测评。

（4）建立有效的校内教学质量风险评估机制。校内教育质量风险评估机制是有效防范和减少风险的坚强后盾。风险评估有两种作用：一是通过自我评估来了解教育质量情况。在操作中，应在尊重教师和学生的基础上充分调动师生参与的积极性，通过师生的自我评估、相互促进，及时发现教与学质量上存在的问题，并采取有效措施，降低教学质量风险。二是对照社会公布的相关指标（学生入学的录取率、录取分数线排名，应届毕业生就业率、院校就业率排名；本科教学评估情况）来分析其中的教学质量风险管理的情况。

（5）建立畅通的教学信息反馈体系。教学质量信息反馈的网络系统是民办高校进行风险管理不可或缺的工具。教学质量情况不能仅用学生考试成绩来反映，更须深入调查教与学的情况，及时收集教学信息并进行分析，通过网络将分析结果向所涉人员及时做出反馈，组织教师进行讨论。民办高校要逐步完善教学信息的收集、反馈系统，了解用人单位对人才知识、能力和素质的需求情况，并将这一重要情况作为加强教学质量管理的依据。学校还可建立学生教学信息员制度，通过教学意见信箱和教学信息反馈栏等网络平台，收集师生对教学的意见和建议，并对收集的信息及时做出处理和反馈。

（6）健全质量管理的运行机制。由于我国众多的民办高校质量管理的运行机制尚不完善，民办高等教育存在严重的因质量问题而存在的风险。对此，在健全完善民办高校质量管理运行机制中应注意以下问题。

一是要保持适当的发展规模。民办高校的办学规模，要与区域经济社会发展对人才需求的规模相适应，同时还要与学校的办学条件、办学能力相适应。民办高校规模过小会使依靠学费生存的民办高校办学缺乏资金的支持和积累，不利于学校的长远发展，但规模增长太快又会使师资队伍、教学条件难以跟上急剧变化的规模，造成学校教育教学质量面临下滑的风险。有学者认为，对于以学费为主要办学经费的民办高校来说，3000人的规模是民办高校的生存线，低于3000人的规模学校无法生存；8000人的规模是发展线，低于 8000 人则学校难以得到发展。① 这些数据的可靠性虽然有待民办高校办学的进一步实践来证实，却说明了民办高校的生存与发展与学校的规模紧密相关。一定的办学规模是民办学校办学经费的保证，在此基础上，民办高校要广开门路，多渠道、全方面筹措资金，以使办学有充裕的资金保障，为学校提高办学质量奠定物质基础。

二是建立一套以提高质量为导向的评估体系。评价主体要求多元化，评价手段多样化，注重过程性和诊断性评价，结合毕业生跟踪调查与信息反馈，对教师教学进行诊断和评价。

三是加强学科建设和专业建设，从学校的现实出发，坚持特色办学，发挥自身优势，分析区域产业链、产品链、服务链对人才需求的情况，做出合理的预测，对学科和专业进行合理的适度调整，以优势学科或特色专业建设为发力点，做好学科和专业建设规划。

四是按照"知识＋能力＋素质"协调发展的思想，改革"以学科为本位"的传统课程模式，创建"以能力为本位"的"平台＋模块"的课程模式，加强实践和实训环节的教学，加强专业实习和毕业实习环节的指导，提高学生的实际操作能力。

五是加强教师队伍建设，加大人力资源的投入。围绕此项工作，着力培养学科带头人、专业带头人和骨干教师，重

---

① 肖俊茹、王一涛、石猛：《民办高校办学风险的根源探析及防范对策——基于 32 所民办高校办学风险的案例》，载《中国成人教育》2017 年第 15 期，第 54 页。

点抓好中青年骨干教师的培养,加强人才的引进,尤其要重点引进创新人才和各学科领军人物。

(三) 民办高校的招生风险

民办高校招生因诸多不确定性而引发风险。招生问题直接影响民办高校的生存与发展。近年来,伴随公办高校扩招和社会对优质教育的需求,民办高校招生风险愈加突出。

1. 民办高校招生风险形成的因素

我国高校生源市场竞争激烈,民办高校生源严重不足,招收人数极不稳定,这是不争的事实。究其原因,主要有以下方面。

(1) 社会歧视与偏见。经多年积淀和民办高等教育办学成就的展示,社会各界对民办高校在我国高等教育中的地位和作用有了新的认识,观念在迅速转变。但总体而言,民办高校的社会接受度仍然不高。深层原因之一是传统"官尊民卑"观念仍在束缚人们的思想。在长期的社会心理层面,存在人们意识中的官学始终是正宗,私学始终居其次。家长、学生和用人单位普遍将公立高校视为正统,而将民办高校看作为了赚钱赢利的旁支。由观念产生的疑虑和偏见,极大地影响了考生对民办高校做出选择。

(2) 生源竞争日趋激烈。伴随公办高校扩招和中外合作办学的兴起,国内高等教育市场竞争更为激烈,民办高校的生源空间愈来愈小,招生工作存在巨大压力。

一是公办高校的挤压。挤压表现在两个方面:一方面政府对公办高等教育的投入不断加大。众所周知,公办高等教育由国家财政投入,相较自筹经费办学的民办高校,公办高等教育师资力量雄厚,办学条件充足,社会美誉度高,在高

第六章 民办高校风险管理

等教育资源市场上的占有率很高。在我国加快推进"双一流"建设的背景下,国家对公办高等教育的投入日益加大,而几乎享受不到财政资助的民办高校,在办学资源方面与公办高校的差距越来越大。竞争地位的不平等无疑使民办高校的发展空间受到处于强势地位的公办高校的进一步压缩。另一方面是近年来公办高校的扩招。据统计,2009 年,我国公办高校数为 1647 所,在校生为 1698.52 万人,民办高校数为 658 所,在校生为 446.14 万人;到 2018 年,公办高校的数量增加到 1914 所,在校生为 2181.43 万人,民办高校数为 750 所(含成人高校 1 所),在校生为 649.60 万人。10 年间,公办高校的数量增加了 267 所,其中公办高职院校增加了 159 所,公办高校在校生数增加了 482.91 万人,其中公办高职院校在校生人数增加了 130.04 万人;民办高校增加了 92 所,其中高职院校增加了 43 所,民办高校在校生增加了 203.46 万人,其中高职院校仅增加了 38.85 万人。[1] 可见,公办高校的扩招对民办高校的生源造成了进一步的压力,特别是公办高职院校的大量涌现,无疑对民办高职院校的招生带来了极大的挑战。以广东省为例,2019 年李克强总理在政府工作报告中提出高职院校扩招 100 万人,为响应国家的号召,2019 年,广东省高职院校的扩招计划为 8.3 万人。从广东省专科招生计划的完成情况看,2019 年广东省的专科招生计划为 47.06 万人,录取 38.5 万人,报考缺额 8.56 万人,而这部分缺额在部分民办高职院校的招生计划与

---

[1] 《教育发展统计公报》,见中华人民共和国教育部政府门户网站(http://www.moe.gov.cn/jyb_sjzl/sjzl_fztjgb/)。

实际录取的人数对比中可见一斑（见表 6-1①，表中民办高职院校名用学校的拼音字母简写代替）。从表中数据不难看出，公办高职院校的扩张，在很大程度上给民办高职院校尤其是还没有拥有一定办学品牌和享有一定社会美誉度的民办高职院校的生存造成了不可小觑的威胁。

表 6-1 2019 年广东省部分民办高职院校招生计划与录取人数对比

学校	NZ	XDXX	NYLG	CS	YSYY	HLKJ	SWJJ	HZJJ	ZJ	JDGL	NF	HNSM	WL	DH	CXKJ
计划数	3507	5000	6277	2500	3317	9000	7627	5300	5402	5179	6600	5489	7604	7536	7500
实招数	3368	4611	5605	1580	2275	7438	5936	3301	2869	2541	3873	2702	3167	2748	2385
缺额数	139	389	672	920	1042	1562	1691	1999	2533	2638	2727	2787	4437	4788	5115

二是中外合作办学的挤压。据人民网 2014 年 11 月 20 日报道，公办高校、民办高校、中外合作办学是我国高等教育的"三驾马车"。② 在我国，中外合作办学主要有两种形

---

① 数据来源：根据广东省教育考试院公布的"广东省 2019 年专科第二次征集志愿投档情况"（http://eea.gd.gov.cn/ptgk/content/post_2581228.html）以及《广东省教育厅 广东省发展改革委关于下达 2019 年广东省普通高等教育招生计划的通知》（粤教规函〔2019〕142 号）公布的数据整理。

② 《中外合作办学已成高等教育"三驾马车"之一》，见人民网（http://edu.people.com.cn/n/2014/1120/c367001-26062420.html）。

式，一种是中外合作办学机构，另一种为中外合作项目。① 2016年4月，中共中央办公厅、国务院办公厅印发《关于做好新时期教育对外开放工作的若干意见》，这是新中国成立以来关于"教育对外开放"的最高纲领性文件。② 从中国教育新闻网获悉：截至2019年6月，全国经审批机关批准设立或举办的中外合作办学机构和项目计2431个，涉及理学、工学、农学、医学、法学、教育学等11个学科门类200多个专业。中外合作办学机构和项目每年共招生超15万人，在校生超60万人，其中高等教育占90%以上，毕业生超200万人。近些年，中外合作办学的数量一直呈增长态势，其质量保障也日益为社会公众关注。2018年6月，教育部印发《关于批准部分中外合作办学机构和项目终止的通知》，终止了234个本科及以上中外合作办学机构和项目。③ 这是国家加强中外合作办学质量监控的重要举措，有利于中外合作办学质量的提高。一直以来，中外合作办学在推动我国办学体制改革、拓宽人才培养途径、促进教育对外开放等方面发挥着积极作用，④ 随着国家"一带一路"教育行动的推进，中外合作办学在我国高等教育现代化进程中将发挥越来

---

① 《中外合作办学已成高等教育"三驾马车"之一》，见人民网（http://edu.people.com.cn/n/2014/1120/c367001-26062420.html）。

② 《中外合作办学的重要地位、发展阶段、政策变迁和基本数据》，见搜狐网（https://www.sohu.com/a/198620570_100044616）。

③ 《新时代如何发展中外合作办学》，见中国教育新闻网（http://www.jyb.cn/rmtzgjyb/201908/t20190805_251775.html）。

④ 《中外合作办学已成高等教育"三驾马车"之一》，见人民网（http://edu.people.com.cn/n/2014/1120/c367001-26062420.html）。

越重要的作用。在这样的背景下，民办高校的办学将面临中外合作办学所具有的雄厚的资金实力、国际化的办学理念、一流教学设施和先进的教学手段等优质办学资源的挑战，这无疑给民办高校的生源市场带来更大程度的威胁。

（3）民办高校间的无序竞争。伴随着我国高等教育买方市场的形成，公办高校的扩张与中外合作办学的兴起，我国民办高校的招生面临严峻困难，民办高校在不同程度上出现招生难的现象。有的民办高校为了争夺生源，绞尽脑汁，想出各种各样的不道义的手段，甚至做虚假宣传，不注明办学性质和办学层次，或盗用其他高校的实物图片、办学硬件照片和数据来做宣传。这些弄虚作假的行为，既影响了整个民办学校的声誉，又加剧了民办高校间的无序竞争。

（4）收费标准偏高引起的生源压力。随着经济社会的发展，高等教育的成本也随之增加。在此情境下，由于民办高校教育成本分担结构的单一性，为了学校的生存和发展，民办高校办学对学费的依赖有加重的趋势。因此，提高学费成为民办高校首选的生存法则。在这种情况下，一般家庭往往难以承受高昂的学费，即使是有意想让子女就读民办高校的家长，也只能是"望价兴叹"。

（5）民办高校毕业生就业的不理想。毕业生就业状况也是民办高校招生风险形成的重要因素。无论从毕业生就业的薪酬状况还是就业的专业对口度来看，民办高校一般都逊色于公办高校的毕业生。以广东省为例，据2019年2月"南方教育智库"发布的广东高校就业薪酬榜显示，在广东51所本科高校和67所高职院校毕业生的薪酬排行榜中，民办高校大多位于排行榜的末尾。① 《南方都市报》根据各高校在广东省高等学校毕业生就业指导中心网站发布的2016届高校毕业生就业质量年度报告整理的各类指标数据显示,在毕业生就业的专业相关度方面,大多数民办高校依然难逃排行末端的命运。② 对比其他省份的情况,民办高校毕业生的就业状况相比公办高校都存在着不容乐观的态势。③

(6) 入学适龄学生数量的下降。近年来,适龄学生的数量在不断下降,但总体招生规模在不断增长,高等教育大众化走向普及化的进程加快。2018年,我国高等教育毛入学率达到48.1%,即将迈入普及化的门槛,这意味着越来越多的适龄青年都有获得高等教育的机会,由此,他们自主选择高校的权力越来越大,这使高校开始处于被动的境地,改变了昔日由高校选拔学生的局面,即形成了由卖方市场向买方市场转变的趋势。因此,高校之间的生源竞争更加激烈,学生的选择由重学历转为重学校。

2. 民办高校规避招生风险的策略

(1) 实施品牌战略,着实打造学校形象。"打造学校品

---

① 《广东高校"薪酬榜"出炉!谁的母校最有"钱途"?》,见财经网(http://industry.caijing.com.cn/20190221/4564606.shtml)。

② 《广东高校本科薪酬出炉,最有"钱途"的原来是它们!》,见佛山市民之窗(https://mp.weixin.qq.com/s?_biz=MzAxMTM4MjE5Ng%3D%3D&idx=1&mid=2652965001&sn=5c70847b158f985311c038a4baf7efdc)。

③ 《2017年陕西省高校毕业生就业质量年度报告发布》,见陕西省教育厅网站(http://www.snedu.gov.cn/jynews/jyyw/201802/06/75721.Html)。

牌，实施品牌战略"成为民办高校在激烈的竞争环境中立于不败之地和防范生源风险的重要途径。品牌是顾客对产品或服务的总体形象，也是顾客对产品或服务的一种表达。品牌概念已从产品品牌概念延伸到对产品或服务提供者的信任。高等院校品牌包括课程设置、紧俏专业和优秀毕业生，还包括学校形象和单位人缘关系。

（2）增强以顾客需求为导向的意识，积极开展招生宣传。民办高校办学经费全部来自学生学费和办学者投资，与政府财政拨款基本无缘。积极开展招生宣传和扩大生源数量是现阶段民办高校求生存、谋发展、防范市场风险的现实选择。要在竞争激烈的生源争夺战中占有一定份额以规避生源风险，就必须导入市场营销的理念，加强生源市场调查，做出市场分析，更重要的是做好毕业生的就业安排工作，以优质的教育服务吸引生源。

第一，树立以学生为中心的思想，建立全员参与的招生机制。在招生工作中，不仅要对专职招生人员进行选拔、培训和规范，还要发动全体教职工关心和参与招生。全员参与的招生机制是指全体教职工要以教书育人、管理育人和服务育人的实际行动感动学生，打造积极向上、和谐发展的校园文化，使在校在读学生对学校产生认同感，以他们良好的感同身受赢得社会对学校的认可。

第二，合理定位生源目标，扎根地方办教育。高校招生客观上分为主次两个市场，公办高校几乎垄断了主要市场，吸纳优质生源，而民办高校只能从次要市场获得生源，只能录取高考分数低位段的学生。应对这一现状，民办高校应定位为教学服务型大学，扎根地方办教育，以服务地方发展为

第六章 民办高校风险管理

办学目标,在人才培养方面和教学科研方面,均以地方需要为导向,培养适应地方需求的应用型人才,与当地企业合作开展应用技术研发,为其提供技术服务。

第三,建立毕业生回访制度,保持与用人单位的长效合作。学生选择就读民办院校一般是出于对未来就业的考虑,而事实证明,应用型人才的就业情况尚可。为此,民办高学应建立回访制度,建立毕业生就业档案,档案内容应包括学生的初次就业情况、工作变动情况、工作表现情况等。同时与用人单位保持长期的合作关系,听取用人单位对专业人才培养的建议,并按合作单位的合理建议,结合学校办学实际对某些专业课程做出适度调整,以满足教学和社会发展的需求。

第四,利用广告营销原理,增强品牌的知名效应。民办高校可按此理念增加电视、报刊等大众传媒的广告投放,以提高教学、管理、校园文化等品牌效应为基础,尤在高校招生和毕业就业这两个时间段以广告营销吸引公众注意力,扩大学校影响力。

第五,增强社会服务的意识,通过服务营销赢得生源。民办高校应通过良好的服务营销来赢得学生与用人单位的认可。通过引进市场营销人才,组建专业化招生就业团队,加强与高中学校的联系,吸引潜在招生对象;通过就业服务团队推介高质量毕业生,以获得社会信誉;以构建产业学院等校企合作平台等来紧密与地方企业、行业以及社会各界的联系和合作。

第六,积极参加社会活动,扩大学校影响。民办学校应加强与政府有关部门的联系,积极参与并支持由政府组织的社会活动，以活动的广告效应扩大学校知名度。搞好与竞争对象的合作关系，实行公平竞争，维护共同利益，从大局出发建立校与校的信赖关系和合作关系，处理好与金融机构、企事业单位、大众传媒的关系，并维系与这些单位的长期合作关系。

第七，利用网络及其他媒体，拉近与学生家长的距离。民办高校应运用网络的营销策略，重视网站平台建设，建立网站平台和良好的在线服务，以保持与公众的联系。值得重视的是，在网站平台设置学校与学生家长联系的通道，及时对学生家长提出的问题予以答复，有利于学校建立公众的良好形象。教师还可利用网络平台随时与学生保持联系，以打造良好的师生关系。

第八，利用文化营销理念，营造良好的校园文化氛围。文化是民办高校的软实力。良好的校园文化氛围能够吸引人、影响人、熏陶人、塑造人，重视校园文化建设是民办高校宣传自己、提高影响力和学生满意度的重要方略。民办高校的办学历史短，文化创新的空间大，民办高校要着力营造出自由、开放、积极、向上的大学之风，以优秀的文化来感召和吸引高素质教师和优秀学生。

（3）增强民办高校内涵，提高办学竞争力。教育质量和办学特色不仅是民办高校生存和发展的根本，也是影响招生的重要因素。民办高校能否办出特色，能否培养出高质量的人才，是影响招生的一个决定性因素。基于此，民办高校应对往年招生的问题进行梳理，总结经验，调整策略，实施内涵式发展的战略。应根据办学实际和自身的办学能力、学生实际知识水平和区域经济发展需求以及人才培养的目标，实

第六章 民办高校风险管理

施人才培养的各项工作。应树立质量意识和特色理念进行专业建设，根据地方产业链、技术链和产品链不断进行专业的修正、改造、优化和调整，经过几年努力，建立起自己的学科优势和专业特色。应加大教学投入，强化实践教学，增大实践教学在整个教学中的比例，并使实践教学真正落到实处，通过实践教学来增强学生实际操作、分析问题和解决问题的能力。应建立健全的教学质量保障与教学评价机制，加强对教育教学质量的过程性监督和诊断性评价，以此规范教学，保证教学质量。应把教师队伍建设作为学校的头等大事，创新教师管理和教师成长机制，不断提升教师的工资待遇，加大教学团队和科研团队建设，为教师成长和进步搭建平台，增强全体教师对学校的认同感和归属感，以优良素质的教师队伍体现学校风貌。

（4）抓好升学与就业，扩大学校的知名度。保证学生就业是民办高校的头等大事，是学校一切工作的重点。民办高校应为学生就业创造更多更好的条件，包括加强职业指导和举办各类人才交流会，鼓励教师指导学生择业就业，鼓励学生创业。在把握好培养应用型人才这个办学定位的前提下，也可以在学生提升高一层次学历方面进行一些突破。如民办本科高校，可为一些打算本科毕业读研的同学在学习环境、学习资源方面提供方便，对学生追求上进的精神给予肯定；民办高职院校也可以对一部分有意于以后升读本科的学生进行激励，并为他们未来升读本科创造合适的学习条件。通过提高毕业生的升学率来进一步扩大学校的声誉度和知名度，树立民办高校在社会公众中良好的办学形象，也不失为民办高校规避招生风险的手段之一。因此，以就业为重点，以升学为突破口,坚持以出口拉动进口,以就业推动招生,应该成为民办高校发展的两个支撑点。

(四) 民办高校学生的就业风险

为了扩大学校的办学影响,获得社会公众的信任和支持,争取更多的生源,民办高校在毕业生就业推荐、就业指导等方面向来表现得较为积极主动,也取得了较好的效果。但是,由于用人单位对民办高校毕业生的歧视以及市场经济的多变性、专业需求的不确定性等因素的影响,民办高校毕业生就业后较为容易遭受失业危机,存在在校所学专业和就业后的职业不匹配等风险。

1. 民办高校学生就业风险的形成原因

民办高校毕业生就业风险的产生原因有很多,除了政策的不确定性外,还有以下四种。

第一,社会,尤其用人单位,对民办高校毕业生的歧视常常使毕业生就业出现风险。一直以来,民办高校就是以营利为目的或低质量的代名词,社会对民办高校的毕业生自然也存有偏见,认为民办高校毕业生不如公办高校毕业生,对民办高校毕业生的素质和能力抱不信任态度,在招聘中存在排斥民办高校学生的倾向。

第二,市场需求不稳定导致毕业生就业出现风险。通常而言,在以市场需求为导向的就业形势下,民办高校会围绕就业市场需求进行专业的设置和调整。但是,人才培养是一个长期的过程,而在这一较长时间段内,就业市场的需求可能产生变化。例如,当高校对当时市场的稀缺人才进行三四年的培养后,这一专业的人才需求量可能早已达到饱和,造成学生择业方面的困境,出现专业不对口或学非所用的

第六章 民办高校风险管理

现象。

第三,民办高校就业指导工作滞后,导致大学生就业信息不畅。为了保证学生的就业及就业率,民办高校一般都建立了适合本校校情的就业指导、就业服务和就业管理的部门。但是,仍有部分民办高校未采取积极措施。这一情况表现在以下三个方面:一是就业指导工作尚未被充分重视;二是就业指导模式单一,内容简单;三是就业指导人员职业化和专业化程度不高。这几点使得民办高校就业指导工作滞后,民办高校大学生得不到及时优质的就业指导。加之,一些民办高校同用人单位联系不紧密,学校培养目标与人才需求相去甚远,导致就业信息不灵通,因而产生了就业风险。

第四,毕业生素质低或专业设置不适应市场需求导致的就业风险。受办学实力和生源素质的制约,民办高校在以市场需求为导向的前提下,其专业设置倾向于应用性和实用性,重视培养学生的实践能力。学生未来的就业领域多为服务行业、技能行业以及日常具体的管理工作,工作岗位多在生产、建设、管理和服务的第一线。民办高校学生在工作岗位上,常常表现为动手能力强,工作上能吃苦耐劳,但由于专业理论基础比较薄弱,通识类知识积累不够,导致学生的后劲不足,职业可发展的空间较小,多数毕业生难以向管理层以及更高层次的职业领域去发展。另外,一些民办高校照搬公办高校的人才培养模式,专业设置与公办高校同质同构现象严重,或受经费和师资等条件限制,专业设置多倾向于人文社科类专业,社会稀缺的工科类专业较少。这必然会导致毕业生择业、就业较难,就业空间狭小,无形中增加了民办高校学生的就业风险。

2. 民办高校规避就业风险的途径

作为顾客支持型的高等教育机构,民办高校必须认真指导毕业生的择业就业,以保证就业来有效化解毕业生的就业风险,以在日趋激烈的竞争中立于不败之地。

(1) 加大就业指导的力度,有效指导择业就业。民办高校应当充分意识到学生就业与学校生存能力的关系,将择业就业指导列为学校工作的重中之重,扎实地做好此项工作。

一是加强学生择业就业指导中心的建设,严格把好就业指导中心人员的选聘关,将有能力、有经验、善交际、具备多学科知识的专业化人士聘用到就业指导中心工作;同时加强现有就业指导人员的在岗培养,提高他们的工作能力。

二是就业指导全程化。就业指导贯穿专业教育的全过程,通过系统教育和全程指导,要求学生将学习与谋职联系起来,在学习中瞄准未来就业的目标,建构全面发展的能力。

三是倡导以服务为宗旨的就业工作模式,强化就业工作的服务意识。将民办高校的学生就业工作定位为为学生正确择业和充分就业提供全方位的服务,为行业、企业等用人单位顺利选拔人才服务。在实际工作中,要建立毕业生、学校、用人单位之间的连接和沟通机制,形成学生就业和创业的服务体系,切实做好大学生就业的服务工作。

四是拓展就业渠道。邀请企事业相关单位来校进行校园招聘,确保应邀单位均能够有针对性地选拔学生和录用学生。同时委派人员到用人单位宣传和推荐毕业生。充分利用现代信息技术,通过网络、电视、报刊等建立人才供求数据库,为学生提供就业信息。

五是通过就业指导课程的开设和系列专题讲座,帮助学生树立正确的就业观,让学生对就业有一个正确的心理预期。

(2)加强学生综合素质的培养,提高其就业创业的能力。学生综合素质的高低直接影响他们就业的成败。加强学生综合素质的培养是提升他们就业创业能力最为根本的保证,学生综合素质培养应针对以下四个方面。

第一,以培养健康向上的人格品质为核心。优秀毕业生的衡量标准应体现为忠诚、敬业、勤奋、坚韧、好学等优良品质。民办高校要注重通过各类教育教学活动培养学生成为有理想、有追求、能自律、有团队精神和全局观念的全面素质人才。

第二,增强学生自主学习的能力。加大课程教学的改革力度,树立以学生为中心的教学观。在课堂教学中强调教师与学生的互动,通过问题的设计来提高学生的参与度。在课程设置方面,要注意选修课的开设,以便给学生留有更大的自主选择的空间。在课程形式方面,要注意将课堂从室内延伸到室外,从校内延伸到校外,通过形式多样、内涵丰富的教学活动来激发学生追求知识的兴趣,增强自主学习的意识和能力。

第三,注重理论与实践相结合,优化学生的能力结构。应用型人才的岗位工作能力来源于三个方面:一是对专业理论知识的掌握程度;二是专业技能的熟练程度;三是将专业理论知识转化为应用技术或技能,以解决实际问题的能力。最后一种能力因为涉及对基础理论的理解,因而是一种较高级的能力,决定了学生未来职业生涯是否具有可发展性。民办高校注重理论与实践相结合的教学模式,有助于形成学生完整的能力结构，为学生未来的职业发展打下良好的基础。在此基础上，基于用人单位看重学生实践工作经验的背景，民办高校应积极主动同相关企事业单位合作，建立校企合作平台，为学生提供实习机会，增强学生的专业操作能力，为大学生社会阅历和工作经验的积累创造有利条件。

第四，加强创业教育，增强学生的创业意识。创业能力的培养首先需要有创业意识。学校应通过就业和创业的教育活动，引导学生转变择业观念，认识人才市场的需求，走适合自己的专业发展之路。同时，学校要加强和丰富大学生创新创业教育活动的开展，以此增强学生的创新创业意识，培养学生的创新创业能力。民办高校应逐步实现从"就业教育"向"创业教育"的转变，大力加强创业教育，拓展民办高校学生的就业空间。

（3）着眼市场需求设置专业，为地方发展培养适切的人才。对于高等教育来说，专业是人才培养的基本单元，也是链接学生就业与社会需求的桥梁。民办高校对社会的贡献度主要体现在是否为地方社会经济发展培养了适用的应用技术人才。因此，民办高校的专业设置的依据首先是地方经济社会发展对人才结构和类型的需求，其次才是专业的生源基础以及学校是否拥有开办该专业相应的资源支撑。总之，民办高校只有着眼于细分市场的需求，结合自己专业的资源和优势，设置或调整、改造相应的专业，加强专业建设，提高专业人才培养质量，才能真正减少毕业生的就业风险。

（五）民办高校的财务风险

财务风险指由于企业财务结构不合理、投资融资不当，或财务制度不健全等原因导致企业可能丧失偿债能力或引起

第六章　民办高校风险管理

重大亏损，从而陷入财务困境甚至企业破产的风险。民办高校作为自筹经费、自负盈亏的育人机构，财务风险是导致其办学风险最直接的因素，其他方面的风险最终都会反映在财务状况中，所有的办学风险只要影响到财务状况，就会最终影响到办学的稳定性。[①]

1. 民办高校财务风险的影响因素

构成民办高校财务风险的因素有很多，从民办高校的发展特点来看，主要有以下几个方面。

（1）决策者的决策水平与管理能力。这是产生民办高校财务风险的主观因素，有四个方面的反映。

一是对举债办学风险的认识水平。许多民办高校投资者在贷款决策中存在着非理性化倾向，风险意识缺乏，如此必然会导致决策的偏差。其中不乏举办者误判形势，对招生盲目乐观，巨额借贷用以大兴土木、扩大规模，当招生出现滑坡、资金回收的预期难以实现时，学校就陷入资金链断裂的泥潭，给学校带来巨大的生存风险。

二是决策者的决策水平。决策是管理的首要环节。民办高校举债办学的初衷是为了扩大办学规模，提高办学效益，决策层必须对投资项目进行专门论证。然而，在现实办学中，相当一部分的民办高校的治理结构形同虚设，学校重大决策往往由举办者或董事长一两人拍板，在拟定贷款项目的计划时，往往缺乏科学的论证和可行性分析，由此导致财务风险的诸多隐患。

---

① 王一涛：《民办学校财务风险及其防范——由华茂学校资金链断裂所引发的思考》，载《教育发展研究》2008年第24期，第40—43页。

三是管理者的管理能力。贷款进入学校后，贷款管理成为控制风险的关键。贷款只有在运行中流转起来，才能增值获益，才能如期偿还债务。但如果管理不善，就会带来债务压力，也可能丧失偿债能力。

四是学校内部的财务控制力。有些民办高校财务制度不健全，会计控制力薄弱；预算管理流于形式，资金支出审批不严，"三重一大"决策事项不能按规定权限和财务程序来实行集体审批或联签制度，财务监督乏力，导致举办者随意挪用办学资金。

（2）债务规模。民办高校与一般的工商企业不同，一方面为了保障在校学生的学习与生活需要，另一方面为了符合国家教育管理部门的监管要求，它们从建立之初到后来不断发展壮大的过程当中，持续要求大量的资金投入。为了满足投资过程中的资金需求，在学校创办人没有足够自有资金的情况下，开展举债经营往往成为我国民办高校的不二选择。然而，值得注意的是，当民办高校债务规模过大时，很容易产生较高的财务风险，并将学校拖入经营的泥潭。首先，学校的债务规模越大，它们所承担的固定利息支出也越多，当民办高校的收益能力低于预期的时候，巨额的利息费用可能成为一个难以承受的负担。其次，债务规模越大，负债到期时学校所承受的偿还压力也越大。一旦负债到期，而学校又不能及时准备一大笔货币资金时，很可能产生不能偿还到期借款的违约风险。

（3）债务结构。财务管理的一项基本原则在于规划好资本结构与资产构成之间的关系。对于民办高校而言，它们的资产构成中往往以难以及时变现的土地及校舍等长期资产为

第六章 民办高校风险管理

主,因此在资金筹集过程中,需要匹配更多的长期借款以满足长期投资的需要。然而,在我国现有的金融体系之下,相对于公办学校而言,民办高校由于经营环境不稳定、创始人办学不专心、社会声誉不高等原因,获取长期贷款的融资难度更大。在这种情况下,尤其对于规模较小的民办高校而言,可能被迫开展短期借款并且不断通过"举新债还旧债"的方式,以满足长期投资与日常经营活动的资金需求。这种筹资方式往往蕴含着巨大的财务风险,整个资金链的主动权掌握在债权人的手中,一旦资金周转不灵,学校将面临破产的风险。

(4) 借款时机。从我国民办高校的整个发展历程看,民办高校的发展具有较强烈的政策色彩。作为国家公办教育资源不足的替补队员,民办高校的发展机遇与发展空间均受到国家政策的决定性影响。近年来,为了顺利实施创新驱动的发展战略,中国政府在教育领域的投资不断扩大,除了进一步提高公办高校的办学质量以外,公办高校的数量也正在有序增长,招生规模越来越大。在这种趋势下,民办高校的发展空间将越发狭窄。如果民办高校的创立者仍然停留在过去的思维模式,试图通过不断增加负债以扩张办学规模,将面临较大的未来不确定性。一旦不能及时收回投资而学校对生源的吸引力又出现下滑的情况,民办高校的经营将难以为继。

(5) 资金的使用。中国民办高校的办学历史虽然普遍比较短,但是发展速度非常快,举办者形成以规模扩张求发展的思维惯性,依此形成了财务管理上的一些特点,即在投资领域往往更加强调对土地、房屋、设备等固定资产的硬实力投资,而往往忽略了人才、知识、技术等方面的软实力投资。然而，民办高校的知识属性决定了其未来发展离不开教学与科研实力的长期积累。如果片面强调固定资产投资而忽略了人力资本的培养，可能会形成投资结构的不合理，从而增加了学校的财务风险。就目前的情况看，办学层次不高是我国大部分民办高校的一块硬伤；从长期的情况看，这一片面投资的状况也将限制民办高校的进一步发展。

2. 民办高校财务风险管理的策略

民办高校财务风险大多是因筹资带来的风险。基于此，财务风险管理的重点应是建立一套完善的筹资风险管理防范机制，以保证学校可持续发展，对此应做到以下六点。

（1）树立风险意识，保证财务管理决策的科学性。思想是行动的先导。要防范财务风险，首先应树立负债办学风险意识，实行适度、科学、理性的举债。其次应建立起操作性强的科学决策程序，防范因决策失误而给学校带来筹资风险。决策的民主化是科学化的前提。民办高校应坚持科学发展观，正确处理眼前利益与长远发展的关系，正确处理事业发展需要与实际经济承受能力的关系，加强内部管理，开源节流，量力而行，拒绝短期行为，防止脱离实际而大搞建设，形成债务风险。项目贷款必须经过严格论证，获得科学的可行性论证，不搞短期行为，不搞"跟风"，确保项目科学化、合理化，有效地防止脱离实际的攀比建设所造成的浪费。

（2）健全债务管理机制，提高融资资金的使用效益。防范债务风险是民办高校财务风险管理的关键所在。当前，民办高校正在建立健全负债规模控制机制、贷款管理机制等方面的工作，以切实防范举债风险，由此保障学校持续健康发展的态势。

第六章　民办高校风险管理

第一,建立有效的财务风险评估机制。风险总是与收益成正比,对于民办高校而言,财务风险是客观存在的,防范所有财务风险是不现实的,也是不必要的。然而,对财务风险进行监测、分析,并将其控制在一定的范围之内却十分重要。其中,设置各类风险指标、及时对财务风险进行评估是进行财务风险管控的重要前提。

常见的财务风险指标有杠杆比率、流动比率、资本收益率、Z指数等。其中,杠杆比率是指负债总额与资产总额的比值,用以反映组织负债水平的高低、偿债能力的大小,以及继续举债的能力。通过对该指标进行分析,可以评价民办高校长期财务风险的大小。一般来说,人们习惯将50%的杠杆比率视为是否存在财务风险的阈值。流动比率是指流动资产与流动负债的比值,用以反映组织流动资产偿还流动负债的能力。通过对该指标进行分析,可以评价民办高校短期财务风险的大小,在实践中常将其保持在2∶1被认为是适宜的。资本收益率是指组织利润与总资产的比值,能够反映民办高校的经营状况与盈利能力,反映了学校利用现有资源创造价值的能力。Z指数是一个预测财务风险的综合指标,其具体的计算公式为 $Z = 1.2X_1 + 1.4X_2 + 3.3X_3 + 0.6X_4 + 0.999X_5$。其中,$X_1$表示营运资本与总资产的比值,反映了民办高校资金的流动性;X_2表示留存收益与总资产的比值,反映了民办高校持续增长的能力;X_3表示息税前利润与总资产的比值,反映了民办高校的盈利能力;X_4表示股票市值与负债总额的比值,反映了民办高校资不抵债时股票可能下跌的幅度;X_5表示收入与总资产的比值,反映了民办高校资产创造收入的能力。一般而言,当Z指数小于1.81时,说明学校处于财务危机之中；当 Z 值大于 3 时，说明学校处于财务安全的状况之下；当 Z 值处于 1.81～2.99 时，说明学校的财务风险需要引起注意。

当然，需要特别说明的是，考虑到民办高校所具有的特殊性，以及不同学校之间的明显差异，这些比率的值并不一定通用。然而，各民办高校仍然应该定期报告各类财务风险指标的大小并评估它们的合理性，从而对财务风险进行监测与评估，并在必要时采取相关的措施加以管控。

第二，建立有效的贷款管理机制。银行贷款作为当前民办高校的重要资金来源，对其规模与结构的管理显得非常重要。首先，对于民办高校的创办人而言，需要树立财务风险意识，准确衡量好资产与负债的关系，使学校负债长期处于一个可以控制的范围之内。其次，民办高校应该参照财务风险评估中的各项指标，依据学校的资产状况、盈利能力及发展趋势，合理安排银行贷款的规模、长短期贷款的结构，使各项财务指标处于合理的范围之内。再次，教育部与财政部在 2004 年曾经联合颁布了《关于进一步完善高等学校经济责任制　加强银行贷款管理切实防范财务风险的意见》，其中对高校开展银行贷款的指导思想、使用方向、资金管理等方面都有明确的要求。民办高校的财务管理部门可以参照这一文件要求，对银行贷款行为开展具体的规范与管理。最后，在获得银行贷款资金之后，应该严格实施会计核算与资金管理制度，在保障资金安全并提高其使用效率的同时，还要合理安排好各项财务收支，及早安排资金，为将来到期的贷款做好还款准备。

（3）加强预算管理，提高资金使用效益。预算管理是一

第六章 民办高校风险管理

种提高民办高校资金使用效益并降低财务风险的科学管理方法，它能够细化落实民办高校的战略规划和年度运作计划，是对学校整体经营活动的一种量化安排。预算管理还有利于促使民办高校对战略的思考和规划，以及在日常经营过程中保持对战略实施的监控，从而降低资金使用过程中的不当风险并最终保证战略目标的实现。

预算管理的实施促使学校的经营活动真正处于职业经理人（校长）的专业管理之下，从而有助于提高学校的管理效率与经济效益。财务预算的制定使校长在一定范围内拥有经营管理的自主权，是落实董事会领导下校长负责制的重要途径。首先，民办高校应该根据其所处的内外环境，反思学校的战略目标和规划，合理安排好资金的流入与流出，做到量入为出、收支平衡。其次，学校各院系与职能部门应该根据学校的战略目标和规划确定其年度经营目标，从而为学校资金的合理配置提供依据。再次，预算制定之后应该保证其严肃性与稳定性，学校预算一经董事会审核通过之后，除非碰到重大意外事项，否则原则上不再更改。最后，在预算的执行过程中，需要对相关信息及行为进行及时的反馈、跟踪和控制，以保证预算目标的顺利实现。

（4）拓展融资渠道，增强学校还贷能力。应对财务风险的另一个有效手段，在于合理拓展新的融资渠道，从而在缓解学校资金压力的同时，进一步完善其资本结构。借鉴国际成功经验，根据我国国情，民办高校应广开筹资渠道，多方面筹措非偿还性资金。

第一，民办高校要树立起质量意识，不断提高自身的办学质量。事实证明，整体学生质量好的学校筹集到的资金最多。在美国,越是富有的(当然是著名的)大学,获得的捐赠和基金在年总收入中所占的比例越高。1996年获捐赠率排名前十位的大学,除斯坦福大学较低外(28%),其余均超30%,其中,哈佛大学为54%,普林斯顿大学为56%。①"国务院三十条"第二十五条指出,鼓励支持高水平有特色民办学校培育优质学科、专业、课程、师资、管理,整体提升教育教学质量,着力打造一批具有国际影响力和竞争力的民办教育品牌。由此可见,在分类管理制度下,高质量、高水平的民办高校将会得到越来越多的政府财政资助,吸取越来越多的社会公共资源。我国乃至世界高等教育的办学实践表明,不断提高办学质量是学校生存发展之道,也是学校赢得社会资源支持、化解办学资金风险的必然之举。

第二,民办高校还应充分利用办学体制相对自由、专业设置相对自主的优势,制定灵活机动的融资策略,逐年扩大生源,吸引社会捐款。为获得社会支持,可成立专门与社会联络的机构,与校友和社会慈善机构等保持联系,有重点地进行深入的社交,使社会捐款常规化和规范化。吸纳企业主和投资方进入校董事会,实现董事会成员构成多元化。多元化的校董事会,有助于学校办学经费的筹措。美国10所顶尖大学2015年的董事会成员的构成情况可以为证:从成员职业特征看,来自工商企业的董事占比超50%,为董事会主体,其次是高校和科研院所的科研和行政管理人员,再次是律师等。从成员亲缘关系看,非学界人士占主导地位,校外

---

① 王雪燕、戴士权:《美国私立高校经费筹措及其对我国民办高等教育的启示》,载《现代教育科学》2010年第2期,第156页。

第六章　民办高校风险管理

人士占压倒性的多数，五分之四以上的成员为校友身份。[①]由此可见，美国顶尖大学以工商企业界董事和校友董事为主导，个个具有经济实力和经费筹措能力，这一点值得我国民办高校董事会借鉴。此外，对社会捐赠的人士，可在征求其意愿后在校内建筑物、实验室冠以其名，示以其事，也可以雕像、画像的形式置于校园，以示敬意和彰显义举。

第三，通过金融市场募集办学资金。随着我国金融市场的稳步发展，民办高校除了通过银行借款进行传统的融资活动以外，还可以通过公开募股等方式向社会公众出售股份。与债务融资不同，股权融资一方面没有利息负担与还款压力，是一种低成本的融资方式；另一方面还增加了学校的自有资金，能够进一步完善学校的资本结构，从而为进一步开展债务融资提供了良好条件。近年来，江西科技学院、广东白云学院、广东理工学院等内地民办高校纷纷赴港上市，在进一步降低融资成本的同时，还大大缓解了发展进程当中的资金约束问题，对学校的稳步发展与财务安全具有十分重大的意义。

（5）强化资金管理的内部控制，提高办学资金使用的科学性。资金的筹措与使用是民办高校开展经营活动的基本条件，同时也是舞弊行为的高发区域。只有保持健康的现金流，学校才能实现生存与发展，否则将会陷入财务困境，对持续经营能力造成危害。因此，民办高校需要加强针对资金管理的内部控制活动，以确保资金的流入与流出能够及时正

[①] 庄丽君：《美国高校董事会制度的特点研究》，载《重庆高教研究》2016年第4期，第37-38页。

确地予以记录,全部资金的支出都是按照批准的用途使用,现金、银行存款的余额报告准确并得到恰当保管。与此同时,还要正确预测学校正常经营过程中所需要的资金收支额度,确保学校拥有充足而又不过剩的资金余额,以提高货币资金的利用效率。一般而言,良好的资金管理内部控制应该做到以下几点:货币资金的收支与记账岗位相分离;货币资金的收支要有合理且合法的凭据;全部收支活动要及时入账,而且支出要有批准手续与流程;控制现金坐支的现象,当天收到的现金应及时存入银行;按月盘点现金,并及时编制银行存款余额调节表,做到账实相符;强化对货币资金的内部审计工作,以防止资金使用过程中的舞弊行为。

(6)建立经营意识,加强服务创收能力。以服务获得利益具有"一箭双雕"的效应,既可增资,更可育人,是学校利用科技成果、智力投资、设备使用和校内设施等资源开展的对外服务,其中包括科技服务、销售服务和校产经营服务等。

总之,民办高校应最大限度地利用教育资源,在不影响正常教学的情况下利用市场行为获得收益。这是民办高校的优势所在,也是民办高校开拓创新所必需。总之,开门办学,减少贷款,是民办高校防范负债风险的明智选择。

二、营利性民办高校办学风险审视

(一)选择营利性办学面临更大的战略决策风险

1. 选择营利性办学与国家的鼓励方向不符

"国务院三十条"第六条明确指出,国家积极鼓励和大力支持社会力量举办非营利性民办学校,并规定各级政府要完善制度政策，在政府补贴、基金奖励、捐资激励、土地划拨、税费减免等方面对非营利性民办学校给予支持。从对相关制度政策的理解来看，对非营利性民办学校，国家的导向是不但"积极鼓励"，而且在学校办学方面政府将会给予"大力支持"，对于营利性民办学校，国家也予以鼓励支持。但国家制度的价值目标在于实现民办高校办学的公益性，也就是说，营利性民办高校在办学中虽然可以分配办学结余，但一定要以坚守和维护高等教育的公益性为前提。

2. 选择营利性办学易偏离教育的价值目标

《教育法》第八条规定，"教育活动必须符合国家和社会公共利益"，这是我国从法律层面对教育的价值定位。民办学校分类管理制度的确立，是国家赋予了民办学校更大的发展空间和更灵活自主的发展方式。国家允许营利性民办高校营利，但允许营利只是助推其发展的一种手段，并不是设立营利性民办学校的最终目的。营利性民办高校办学的价值目标仍然是实现教育的公益性，是在守护教育的公益性的前提下获取办学收益。但从我国民办高校特殊的办学历史和现实看，选择营利性办学的民办高校，在实际办学中容易失去营利性与公益性的平衡，举办者可能为了追逐利润而损害师生的权益，减少应有的教育教学投入，降低教师的工资或放慢教师工资的增长速度，这会给营利性民办高校的办学带来极大的风险。

尤其需要提及的是，目前通过 VIE 架构[①]在境外上市的

---

① 潘奇、董圣足：《VIE 架构在教育领域的应用、问题及其对策》，载《教育发展研究》2018 年第 5 期，第 17－22 页。

教育机构的主营领域从非学历教育延伸到包括民办高等教育在内的全日制学历教育,随着民办教育分类管理改革的推进,越来越多的民办高校热衷于通过在境外上市以求与境外资本对接,为应对分类管理而做好提前大肆营利的准备。毋庸置疑,作为一种新的资本运作模式,上市有利于民办高校实现从资本市场直接融资,有利于社会资本进入教育领域,将社会资源转化为教育资源,从而让民办高校有充足的资金加大办学投入,改善办学条件,提高教师待遇。同时,上市也有利于民办高校在股东的监督和上市相关规制的要求下完善治理结构,健全学校管理机制,也有利于学校通过上市来提高学校的知名度、美誉度和社会公信力,理论上可以倒逼学校更加重视品牌建设,重视教学质量。但是,一个不容忽视的事实是,既然作为企业上市,必然要求保持很高的经营业绩和利润增长速度,这样才能维持或提高市场对股价的预期。对于进行全日制教育的高校来说,要取得利润的增长,要么提高学费,要么扩大办学规模,增加生源数量,要么减少办学投入,压缩办学成本。以几个在境外上市的教育集团自行披露的财报为例:中国教育集团[①] 2014 年、2015 年、2016 年、2017 年的毛利率分别为 50.3%、50.8%、53.0%、56.9%,连年上涨;中国新华教育集团[②]为 55.5%、56.0%、

---

① 《中国教育集团控股有限公司招股书》,见中国教育集团经股有限公司官网(http://www.files.services/files/373/2017/1205/20171205063001_58636888_tc.pdf)。

② 《中国新华教育集团控股有限公司招股书》,见中国新华教育集团有限公司官网(http://www.chinaxhedu.com/upload/files/2018/3/1472622106.pdf)。

59.1%、56.1%；希望教育集团①2015年、2016年、2017年的毛利率分别为50.7%、50.4%、47.8%；中国春来教育集团②为62.0%、61.7%、63.1%。从以上这些数据来看，教育投资被称为"暴利行业"也不足为奇。从常识的角度，民办高校是从事高等学历教育的机构，承担着为国家培养人才的重任，具有很强的公益属性，高等教育本身又是一个需要高度资源支撑、成本极其昂贵的事业，资本的过度逐利必然损害民办高等教育的公益属性，在不同程度上导致公众福祉的丧失，同时，也使民办高校失去了公众的信任，大大提高了民办高校的办学风险。

3. 选择营利性办学会增加办学成本

根据新《民促法》第四十六条、第四十七条、第五十一条的规定，营利性民办学校在土地和税费方面能够享受到的优惠将远远少于非营利性民办学校，而且在政府补贴、基金奖励、捐资激励等方面无法得到政府的扶持和奖励。对于现有的民办高校来说，营利性办学需补缴的土地出让金和税费也将大大增加办学成本。办学成本的增加提高了营利性民办高校的举债风险。

（二）选择营利性办学面临教育质量下滑的风险

影响教育质量的三个最直接的因素是学生、教师和教学

---

① 希望教育集团有限公司资料，见希望教育集团有限公司官网（http://www.hopeedu.com/UploadFile/UploadFile_Doc/2018072410371252e253a051854ddfa5461dc9e b2c7cf0.pdf）。

② 《中国春来教育集团有限公司全球发售》，见中国春来教育集团有限公司官网（http://www.chunlaiedu.com/upload/files/2018/7/c101.pdf）。

条件。从社会公众心理来说，家长在可以选择公办高校或非营利性民办高校的条件下，一般不会把子女送到营利性的民办高校读书，这必然导致营利性民办高校的生源素质会相对较差。在教师方面，营利性的办学成本增加，举办者同时还要从学校获利，根据现行的制度规定，教师的社会保障也得不到相应的财政资助，因此，教师的待遇会相对较低，难以吸引和留住优秀人才。未来预期，教师在高校系统流动的层级从下到上依次应该是营利性民办高校到非营利性民办高校，从非营利性民办高校到公办高校。一般而言，在三类学校中，营利性民办高校未来的师资水平会相对比较低。在教学和实验实训条件方面，由于先进良好的办学条件也需要较大的投入，营利性民办高校也会存在这方面的投入不足。

（三）选择营利性办学面临更大的招生风险

营利性民办高校的招生风险主要体现在生源基数会越来越小。究其原因，一是营利性民办高校的高收费。营利性民办高校得不到政府公共财政相应的资助，土地成本和税费也会较分类管理之前大幅增加，加之举办者又想从办学中获取利润，对于依靠生源求生存的民办高校来说，应对办学成本提高最直接的策略就是提高学费。而在不具有良好的办学特色和办学声誉的前提下，提高收费，就意味着生源基数的减少。二是社会公众对"营利"的不认可。公众的认可度低也意味着愿意选择营利性民办高校的人会减少。三是教育质量下滑导致学校的美誉度下降，也使招生面临风险。

（四）选择营利性民办高校会面临更大的毕业生就业风险

从高校人才培养规律来看，学校的教育质量决定了学生的就业质量。相对非营利性民办高校，营利性民办高校的生源基础差，师资队伍水平低，教学条件薄弱，这些因素会直接影响学校的人才培养质量，从而使学生就业面临更大的风险。

第三节 民办高校风险防控体系的构建

风险客观存在，主动化解和防范风险是一种必然。民办高校要构筑稳定的办学环境，需要构建风险防控体系，实施风险防控方略，这既有赖于学校和政府有效的组织化行动，也有赖于进行整体性思维，进行全面风险管理。

一、民办高校的风险防控方略

（一）端正办学动机，明确发展理念

民办高校举办者的办学动机和学校发展理念是影响民办高校办学风险发生的首要因素。举办者的逐利动机过于强烈，就会出现"扩张饥渴"的现象，在办学中就会不遵循高等教育的办学规律，不会思考规模与质量、结构与效益相互协调的问题，一味融资借贷，盲目扩大规模，增加资金风险和教育质量风险。因此，民办高校风险防控的第一要务是举办者要端正办学思想，建立良好动机，对学校发展做出科学设计和长远规划。以下两点必须明确。

一是要明确坚守办学的公益性，这不仅是高等教育的本质所在，也是学校生存与发展的根本保证。众所周知，世界百年老校无一是以营利为目的的大学。美国著名教育家赫钦斯有一句至理名言："当一所学校为谋取金钱而决定采取一

些行动，它必定会丧失其精神。"① 这个精神就是办学治校的精神，是学校对社会应当付出的责任。这种精神必然体现在人才培养、科学研究和社会服务以及文化传承与创新上，这种精神与企业追逐利润的诉求格格不入。不可否认，民办高校取得合理收益是学校发展的保障，但决不能不顾办学规律。如果罔顾公益性，只顾逐利，久而久之，将给学校办学带来不可估量的风险。

二是举办者要明确学校的发展理念和发展愿景。发展理念指要办成一个怎样的高校，是规模适度、以质取胜的学校，还是不顾质量一味追求规模的高校。概而言之，发展理念的本质是举办者对学校发展的价值判断和价值选择，决定着学校的命运。而发展愿景指举办者和学校管理层对学校发展的阶段划分以及各阶段要实现的目标有一个较为清晰明了的规划，并能使全体教职工接受和认同，以便于凝心聚力，共谋发展。

在民办高校进入分类管理的时期，非营利性民办高校在办学中应切忌以非营利为名，行营利之实，应始终坚持走公益性办学的路子；而营利性民办高校在营利的同时，必须兼顾公益性，保证教育教学的正常投入，保护师生的正当权益。总之，端正办学态度，选择好学校类型，依法依规办学，明确学校发展的理念和目标，才能遏制急功近利办学给学校带来的风险。

---

① 罗伯特·M. 赫钦斯著，汪利兵译：《美国高等教育》，浙江教育出版社2001年版，第3页。

（二）提升教学质量，注重特色发展

潘懋元先生曾指出："质量是民办高校生存与可持续发展的生命线，也是社会与家长最关注的问题。民办高校应当在提高质量上下功夫。"[①] 质量立校是高等教育发展的内在规律，纵观世界上能够基业长青的私立高等学校，无一不是因为其注重加强学校内涵建设，拥有高水平的办学质量和良好的社会声誉，办学特色明显，受到社会公众高度的认可和信任。在当前国家加快推进"双一流"建设、全面开启建设高等教育强国、将实现高等教育内涵式发展作为国家战略的今天，民办高校也必须改变历史发展的惯性，从注重规模发展转向注重内涵式发展，研究和细分市场定位，在复杂的市场需求中寻求自己可能的竞争区，调整、改造和优化专业设置，进行课程体系改革，占领行业或产业链中的某一点，集中发力，培育特色，以特色带动学校整体办学质量的提升。提升内涵和质量，追求特色发展，在能够使学校获得更广泛的社会认同和资源支持的同时，也能够有效规避因生源减少所导致的教育运行失稳，甚至学校倒闭的风险。

（三）健全内部管理，提高决策水平

科学合理的管理决策推动民办高校事业的良性发展。管理决策失误影响民办高校的发展，甚至威胁民办高校的生存。民办高校决策团体应从以下四个方面着力，提升管理决策水平。

一是管理决策者应不断提升自己的素质与能力。只有素

[①] 潘懋元：《如何奠定未来民办高教发展的现实基础》，载《中国教育报》2007年1月26日第7版。

质高与能力强的决策者才能审时度势，做出正确决策，抓住发展机遇，并有效化解办学风险。素质低与能力弱的决策者往往因误判形势，盲目冒进或因循守旧，不断制造决策失误，使学校深陷困境而不断丧失发展机遇。因此，民办高校在甄选管理者时，必须严格考核程序，健全考核标准，对候选人进行全面综合的考察，切忌因用人的随意性而造成人为的风险。

二是优化民办高校的治理结构。董事会成员的构成应具有独立性和广泛性。独立性指选取成员应避免亲属关系或连带关系。广泛性指成员构成应有多样性，由举办者或其代表、校长、党组织领导、教师代表、学生代表和校外独立董事等构成。多元主体之间权力的相互制衡可以改变决策的"一言堂"或"家族化"倾向，提高决策的民主化与科学化水平，从而防止因错误决策导致的风险。

三是建立有效的风险预警机制。缺少有效的风险预警机制和快速反应机制就不能将风险防范于未然，容易出现匆忙应对的局面，错失处理风险的最佳时机，酿成或扩大风险的危机。

四是健全民办高校管理制度。健全的制度有利于遏制管理决策者的独断专行，盲目取舍，从而防范管理决策失误的发生。

（四）强化质量管理，健全教育质量建设体系

产生教育质量风险的主要原因是培养目标错位、规模盲目扩张、师资结构失衡与水平欠缺、专业课程设置不合理、教学管理不够规范等。对此，民办高校应确定办学定位，保持适度规模，加强师资建设，加强专业内涵建设，规范教学

管理。民办高校首先应根据社会需求，调整办学定位和发展目标，使学校的办学与学生全面发展的需要相适应，与当地经济社会发展对人才的需求相适应，与自身的办学条件和能力相适应。民办高校年轻教师多，中年骨干教师严重缺乏，必须重视中青年教师的培养，为中青年教师的成长创造条件，搭建平台，拓展青年教师职业成长的空间，增强中青年教师对民办高校的认同感，降低教师大量流失的风险，为民办高校提高教学质量集聚人才。民办高校要针对区域的产业链、产品链和技术链，进行专业和课程的调整、改造和优化，使专业人才培养与地方经济社会发展的需求紧密相连。同时，也要根据自身的专业优势，与地方企业紧密合作，建立产业学院，增强人才培养的针对性与适切性，降低教育质量风险和学生的就业风险。总之，民办高校要强化学校管理的系统性，建立健全有效的教学质量管理、监督与评估等机制，充分调动教与学双方的积极性，向管理要质量，以切实降低民办高校办学的质量风险。

（五）完善相关政策，加强政府的扶持与监管

民办高等教育是社会主义公益事业，因其办学的公益性，理应得到政府财政资金的资助。在私立高等教育发达的国家中，美国私立高校经费结构中一般有10%到30%的经费来源于政府财政经费。而我国民办高校能得到的政府资助则微乎其微，这其中当然有历史原因。在分类管理制度实施前，我国民办高校由于法人属性不清，产权制度缺损，政府财政资助民办高校存在制度性障碍。新《民促法》的颁布，使民办教育分类管理制度从法律层面得以确立，民办学校的举办者可自主选择设立非营利性或营利性

学校,这为政府财政资助民办高校清除了制度上的障碍。在此背景下,对于非营利性民办高校,政府应该加大财政资助力度,健全资助体系,除了土地、税费等按公办高校同等政策外,尤其是在生均拨款、教师社会保障等方面的扶持政策应该进一步完善,支持创建一批具有示范和引领作用的非营利性高水平民办高校,以带动民办高校整体向高质量发展,充分发挥民办高校在高等教育体制中的"鲶鱼"效应,推动整个高等教育进一步释放活力,将教育领域的综合改革推向深入。

建立有利于民办高校内涵提升的评估标准。我国民办高等教育经过近40年的发展,各民办高校的基本办学条件已可满足日常教育教学的需要。目前的问题是,国家对高校办学条件和办学水平的评估标准从教育部认定的高水平大学到一般的地方院校,从公办高校到民办高校,都采用同一评估标准。单一的标准不符合我国地域广阔,各个地方、各个高校发展参差不齐、发展需求多样的现实。对民办高校来说,国家应该有针对性地制定评估标准,降低对民办高校办学的硬性要求,如土地、校舍面积和图书数量的要求,加强对民办高校办学历史、社会声誉、教学与科技成果等软性因素的考核,让民办高校把有限的资金用在刀刃上,花在最迫切需要提升的内涵建设方面,如引进高水平的师资和建设高水平的教学研究和科技开发平台等,办人民满意和愿意选择的教育,降低民办高校发展中可能遭遇的各类风险。

强化民办高校财务监控的力度。政府应加强对民办高校财务的监管,完善大额贷款的备案与监控制度,尤其要

第六章 民办高校风险管理

限制民办高校的过度贷款行为，以防民办高校债务风险的发生。值得特别提醒的是，为防止举办者随意挪用资金，对民办高校资金流向的监管也同样重要，在资金流向监管和过度贷款监管的基础上建立风险预警机制。同时，政府也要适当为民办高校化解前期扩张所产生的合理债务，避免民办高校因此发生财务危机，以免影响学校的正常运行和人才培养质量。

二、实施民办高校的全面风险管理

20世纪90年代以来，社会经济环境发生了巨大的变化，在此变化中，发生了巴林银行、爱尔兰联合银行、长期资本管理公司倒闭的事件，并相继导致墨西哥金融危机、亚洲金融危机、拉美地区部分国家金融动荡等系列事件。这些事件昭示着经济损失不再是由单一风险造成的，而是由市场风险、信用风险和金融操作风险等多种因素交织而成的。这一系列事件的启示是，必须建立基于整体层面的全面风险管理的防范机制。

（一）全面风险管理的含义

风险管理指企业或项目在一个肯定有风险的环境里将风险可能造成的不良影响减少到最低限度。风险管理可分为两种，传统风险管理与全面风险管理。传统风险管理基于"风险是坏事"的原初认识，进而将风险管理视为管理产品在生产或交易中产生的某一财务风险或公害风险，通常使用金融衍生工具、保险政策和免责合同等手段来消除或减少这种风险，以避免风险事件带来的多面影响。而全面风险管理可再分为纯粹风险（可能性损失）管理和机会风险（损失和盈利并存的可能性）管理，将风险管理行为与企业战略管理、业务流程管理结合起来，并在管理的各个环节执行风险管理，从而培育良好的风险管理文化，建立完整的风险管理体系，以实现企业总体的管理目标。

（二）全面风险管理的特点

全面风险管理强调风险与管理的结合，力求改变单一、局部或分离的风险防控方式，并在企业整体层面上对风险进行管理。全面风险管理有以下五个特征。

（1）战略性策略。尽管风险管理渗透到组织管理的各项工作和各个环节中，但全面风险管理注重的是将风险与战略风险管理紧密联系起来，其目的不仅是转移或避免风险，而且是从战略层面整合和优化风险。

（2）全员参与。全面风险管理如同一个由治理群体协同作战的战术方案，管理层和全体成员参与其中，共同应对所有风险并进行管理，其目的是将风险控制在最小化的风险容量之内。全员参与旨在将风险转化为全体人员的共同意识和自觉行为，确保风险管理目标的顺利实现。

（3）专业化程度。全面风险管理要求专业人才实施专业化管理，具体实施包括事前风险防范，事中风险预警并及时处理，以及事后风险报告并给予评估及备案。

（4）连续发生。全面风险管理并不是管理层在认为必要时才进行的事后反应式活动，而是一项系统的、有针对性的、有重点的、持续的专业性风险管理行为。

（5）系统解决。实现风险管理必须有一套系统的、规范的方法来进行，用以确保所有风险都能得到识别，而且，所有的风险都能得到恰当处理。颇具系统和规范化的管理方法可用以使所有利益相关者确信，所有的风险都能被识别，且处理风险的措施能够有效实施。

（三）全面风险管理的目标设定

高等学校风险管理所涉风险和机会可以影响到高校价值的创造或保持，它是从战略制定到日常经营过程中对待风险的一系列态度与行为，目的在于确定可能影响高校目标实现的潜在事项并加以管理。民办高校开展全面风险管理工作，应努力实现以下目标。

（1）确保将风险控制在与学校总体目标相适应并且能够承受的范围之内。

（2）确保各方面的利益相关者，尤其是管理者和股东之间保持信息沟通流畅。

（3）确保学校的各项管理决策都能遵守国家相关法律法规，严防违法乱纪行为的发生。

（4）确保学校设立的有关规章制度和总体目标、重大决策能够得到全面贯彻，从而提高管理的效率，降低目标的不确定性。

（5）确保学校事先建立的各项措施在重大风险发生后能按处理计划执行，保证学校不因灾害性风险或人为失误而遭受重大经济损失。

（6）除防范和控制纯粹风险可能给学校造成的损失和危害外，还应将机会风险视为一种特殊资源，通过对其施以恰当的识别与管理，从而能够转危为机，使规避危机中产生的机会为学校创造价值并促进学校总体目标的实现。

（四）全面风险管理的流程设计

民办高校的风险要素与一般企业有着较大差异，因此，民办高校风险管理的流程设计具有一定的独特性。参照李钊（2012）① 提出的风险管理八要素，我们将这一流程的设计划分为基本活动与支持活动（如图 6-2 所示）。其中，基本活动意指风险管理的实质性活动，支持活动是指用以支持基本活动而且内部诸要素之间又相互支持的活动。

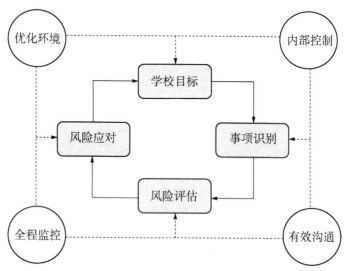

图 6-2　民办高校全面风险管理流程

1. 基本活动的具体内容

（1）设定学校目标任务。设立目标是风险管理的前提。管理层应采取适当的程序去设定目标，确保所定目标能支持

---

① 李钊：《民办高校风险管理：理论与实践》，教育科学出版社 2012 年版，第 54 页。

第六章 民办高校风险管理

和切合学校的使命,并与学校的风险容量相协调。

(2) 建立风险事项识别机制。风险事项指源于企业(学校)内部或外部的影响学校目标实现的事故或事件。风险事项具有不确定性,可能给学校带来正面或负面的影响,或者正负影响兼而有之。民办高校要建立相关事项或潜在事项的识别机制,形成一套独立应对内外风险的运作程序,及时应对可能的风险。

(3) 建立风险评估机制。民办高校建立风险评估机制时,应将事项评估作为一项持续和重复的活动,为基于成本效益原则做出决策时提供切合实际的支撑。在风险发生后,民办高校应对风险的成因进行分析,对风险的程度进行评估,修正产生风险的决策,总结经验教训,避免重蹈覆辙。

(4) 确定风险应对方案。在对学校风险进行相关分析和评估后,管理层及成员应确定如何将风险控制在学校设立的风险限度和容量以内,并提供应对方案。经对项目风险的识别与评估,对项目风险发生的概率、损失程度进行综合评估,得出发生项目风险的可能性及其危害程度的结论,以此与学校设立的安全指标相比较,确定项目风险的等级,从而决定应采取的措施,确保学校目标的实现。

2. 支持活动的具体内容

(1) 优化学校内部环境。内部环境受到学校的历史和文化的影响。对于民办高校而言,当务之急应将风险管理理念与有效的组织架构放在突出的位置。一是确立良好的风险管理理念,强化全体员工的风险管理意识。二是建立有效的组织架构,合理配置权力与责任。三是树立诚信与道德价值观,提高高层领导的综合素质、处理危机事件的能力,履行风险监控、引导的责任。

（2）开展内部控制活动。内部控制是学校管理层制定和执行的政策程序，以帮助或确保所采用的风险应对措施得以有效实施。内部控制贯穿整个企业，遍及各个层级和各个职能部门。在高校中采用的控制管理的内容一般包括业绩考核、职能评估、实物使用控制、信息利用、分层管理和高层复核等。

（3）有效的信息沟通机制能为民办高校的管理层管理风险和做出与控制风险相关的决策提供服务。对此，民办高校应建立信息采集与甄别机制，要特别关注信息的质量，包括信息内容的深度、信息处理的及时性和信息来源的可靠性。

（4）定期实施全程监控。高校全程监控主要指两方面的内容：一是学校应对相关职能部门的风险管理职责予以明确；二是为有效实施风险管理监督，学校各部门有关人员和业务单位应定期对风险管理进行自查和互检，及时发现缺陷并采取处理措施。

全面风险管理的基本活动各要素与支持活动各要素紧密联系，基本活动因学校目标的设定而启动，因学校目标的实现而终止，为学校目标的如期实现保驾护航。支持活动为基本活动的开展提供了环境保障，是各项基本活动顺利实施的基础与前提。

结　　语

在新时代，民办高校要持续推进以提高办学质量为核心的内涵式发展，既需要国家层面进行制度建构以提供政策支持，同时也需要院校层面进行管理创新以构筑适宜的内部发展环境。鉴于民办高校特殊的办学历史和现实，以及本人的实践和探索，民办高校实现内涵式发展的管理创新议题或应聚焦于本书已阐述的六个方面。为进一步梳理和加深对问题的认识与理解，现对本书所论及的内容概述如下。

一、民办高校分类管理制度的实施对民办高校未来的发展产生重大影响

2017年9月1日，新《民促法》开始实施。新法允许民办学校的举办者自主设立非营利性或营利性民办学校，并对两类民办学校实行差异化的扶持政策，这意味着我国民办教育的发展进入分类管理的新格局。民办教育分类管理制度是我国民办教育发展及其制度演进的必然结果。从旧《民促法》中的"合理回报"到《国家中长期教育改革和发展规划纲要（2010—2020年）》中的"积极探索营利性和非营利性民办学校分类管理"，再到2016年11月《关于修改〈中华人民共和国民办教育促进法〉的决定》中分类管理制度的

正式确立，伴随着民办教育发展的理论和实践探索，民办教育发展的政策理论逐步清晰，尤其是分类管理制度的实施，使民办学校法人属性不清、产权制度缺损、合理回报"不合理"等一些长期制约民办教育发展的问题从根本上得以破解，民办教育发展空间更为广阔。

分类管理改革对于有着特殊发展轨迹的我国民办教育来说，是一次史无前例的制度创新，无可供模仿的现成经验和做法。在分类管理制度下，作为民办高校，面对创新环境与创新资源的不足，如何采取行动以实现可持续发展，是一个非常紧迫的问题。在这一背景下，民办高校的行动指南是：要深刻理解国家分类管理的目标价值是维护教育的公益性。公益性是教育的根本属性，法律虽然允许民办学校的举办者可以设立营利性民办学校，但其目的仅是为了拓宽民办教育的发展空间，丰富民办教育的发展形式，最终目的仍然是要实现和维护教育的公益性。在此基础上，民办高校需要对国家和地方政策供给进行审慎的思考和反复的权衡，以便对学校的法人类型做出正确的选择。在对法人类型做出选择后，为了实现法人设立的目的，需要建构与法人设立目的相适应的法人治理结构。需要指出的是，为了实现教育的公益性，无论是非营利性还是营利性民办高校，其法人治理都必须要遵循高等教育规律，尊重和维护广大师生的合法权益，建立利益相关者协同共治的治理结构。最后，民办高校要在激烈的市场竞争中立于不败之地，关键还要明晰办学定位，凝练办学特色，打造自己的办学优势。

民办高等教育是我国高等教育的重要组成部分，伴随国家分类管理制度实施的推进，民办高校未来发展的趋向必然

结 语

是对高等教育发展规律的诠释和展现：发展方式从规模扩张的外延式发展走向注重质量的内涵式发展，办学目的从营利性走向非营利性，办学的价值目标从私益性走向公益性。

二、民办高校必须走内涵式发展的道路

实现高等教育内涵式发展是新时代党和国家就我国高等教育发展做出的重大战略部署。在此背景下，民办高校走内涵式发展道路有其历史的必然性和现实的必要性。"内涵"就其本义来说，一是指事物的本质，二是指事物的内容。"高等学校内涵式发展"，就是指以充实或加强高等学校本质内容（内部诸因素）的方式发展。高等学校的本质内容或内部诸因素即高等教育的人才培养活动、科学研究活动、社会服务活动、教师队伍建设活动、管理机制创新活动等。内涵式发展的动力源于高等学校内部诸因素的增强，核心目标是提高高等教育质量，表现形态是质量、规模、结构、效益的协调统一。民办高校办学基础薄弱，相较公办高校，在内涵式发展方面有其独特的诉求。在发展内容上，内部诸因素的发展程度、发展目标、发展侧重有所不同。在发展形态上，由于一定的学生规模意味着一定的办学经费，因而在质量与规模的协调发展方面，更强调规模对质量的保障作用。

由于创新环境和创新资源的不足，民办高校实现内涵式发展面临诸多挑战。主要表现为：发展的历史积淀不厚；发展的基础条件薄弱；发展资源的供给不足，如生源下滑的危机，人才培养模式改革的滞后，办学资金的短缺，教师队伍整体水平偏低，尤其是领导班子年龄结构老化，中层管理队伍成长缓慢等；国家关于分类管理的制度供给不足，财政资

助民办高校发展的长效机制尚未建立等。

　　为了更好地应对挑战，民办高校首先应更新办学理念，深刻理解和把握高等教育办学规律，主动服务国家需求，把提高人才培养质量作为办学治校的永恒追求。其次要把教师队伍建设纳入学校发展战略，通过建设高水平的师资队伍来增强学校的办学实力。再次是要以服务地方的办学理念来引领人才培养模式的改革，增强学校服务地方的能力。最后是完善内部治理机制，加强管理队伍建设，加快推动领导班子年轻化和中层管理人员快速成长。值得一提的是，在国家层面，还需要完善政府扶持民办高等教育的政策，逐步建立财政资助民办高校的长效机制。

三、民办高校须构建特色鲜明的应用型人才培养目标、培养方案和实现路径

　　人才培养是高等学校的根本任务。人才培养活动通过构成人才培养体系的诸因素的加强、完善及其之间的相互支撑、相互促进来实现，因而人才培养体系的建构成为民办高校实现内涵式发展的核心内容。民办高校在高等教育系统中的功能定位属于应用型高校，根据其应用型人才培养活动的实际，应用型人才培养体系的建构应重点关注人才培养目标、人才培养方案的设计以及应用型人才培养的实现路径。

　　人才培养目标是人才培养活动的起点和归旨。目前，民办高校应用型人才培养目标普遍存在表述随意空泛、趋同度高、特色不鲜明、课程设置与人才培养目标的关联不紧密的现象，亟待改进和完善。在形成应用型人才培养目标时，应主动反映地方社会的发展需求和学生的发展需求，对学校的

结　语

办学条件和办学能力进行主动的辨识和理性的思考，建构切合民办高校特点的个性化的人才培养目标。要从理论上对不同层次的应用型人才素质进行研究。民办本科院校和高职院校虽然都是培养应用型人才，但培养的人才素质定位有所不同。依据解决实际问题时对理论知识和操作技能两者的需求程度，民办本科院校培养知识和技能复合型人才，强调掌握一定广度和深度的理论知识，在解决实际问题时强调运用知识来解决实际问题，对于操作技能的熟练程度则相对要求不高，其应用侧重对知识的应用，并要求学生具有一定的沟通协调和管理能力。高职院校培养技术操作型或技能型人才，要求掌握必要的理论知识，强调掌握某一岗位所需要的熟练的技术或拥有高超的技艺，其应用侧重对技能或技艺的应用，并要求学生具有能按生产过程中的图纸做出具体的产品的能力，能力的广泛性方面逊于本科层次的应用型人才。

人才培养方案是进行人才培养活动的"母法"。人才培养方案的设计首先要注重人才培养目标和培养规格的系统性、完整性和逻辑性，要对人才培养规格中学生应达到的知识、能力和素质进行细化分解，并与专业课程的教学内容进行关联，形成知识、能力和素质要求与课程的映射关系结构。其次要树立文理相通、博专兼取的课程观，建立基础课与专业课、必修课与选修课、课内课与课外课、隐性课与显性课之间逻辑清晰、结构得当的课程框架。在此基础上，要注重构建基于能力培养的实践教学体系，尤其重要的是要严把出口关，保证毕业生的质量标准。

应用型人才培养体系的建构不仅需要理论层面的探讨，还需要有一个行动层面的执行机制。要形成人才需求端和供给端多方位考虑、企业和学校等多主体参与的人才培养方案的制定机制，构建与人才培养目标和培养规格相对应的课程体系，以及课程教学目标、课程大纲与课程教学相统一的课程实施体系，建立基于课程教学大纲的课程教学评价机制，并积极推进以产业学院为重点的校企合作平台建设。

四、民办高校教师的专业发展与民办高校组织的内涵式发展相互促进，共为一体

民办高校教师是学校内涵建设任务的承担者，其专业发展为学校内涵建设提供动力。民办高校教师专业发展的内涵既包含高校教师专业发展内涵的共性，又具有其特性表达。就共性而言，学界对高校教师专业发展内涵界定的角度不一，有从大学组织功能、大学教师职业身份、高校教师个体心理成长等多个角度，但无论何种角度，其对高校教师专业发展内涵的阐释都须围绕大学组织功能的实现进行。细言之，大学组织承担人才培养、科学研究和社会服务的职能，实现这一职能需要大学教师具有教学能力、研究能力和社会服务能力，依此也就决定了大学教师既是教师又是研究者的双重身份，而与此双重身份相适应，大学教师不仅要具有教学的专业知识、能力和职业道德，而且还要具有研究者的专业水平和学术素养。在从事教学、研究和服务的活动中，教师的专业知能和素养不断得以完善，其自我价值不断得以提升，与此同时，大学组织的功能亦得以增强，目标得以实现。

民办高校内涵式发展的要求及其教师队伍的心理需求特征，决定了民办高校教师专业发展内涵的特殊性。主要表现

结　语

在：因学校科研基础薄弱以及办学定位的地方性和应用性特征，教学研究能力的提升成为教师专业知能进阶的重点；由于其"民办"特性，强化教师对民办高等教育深刻认同的专业情感成为教师专业发展的又一重要方面；教师缺乏专业发展的自我意识，专业自我发展的主动性和积极性不高，专业自我发展意识的唤醒和维持是其专业发展内涵的重要向度；专业发展动力显现出较为强烈的外部性或功利性，要求其专业发展的价值取向从外部动机向内部动机转换，为专业发展持续提供动力源泉；依次以职业保障需求、职业成就需求、职业尊重需求和职业安全感需求为递进特征的专业需求结构，使提升专业研究能力成为在满足教师职业保障需求后教师专业发展应重点关注的方面。

民办高校教师专业发展有其自身的逻辑。满足个体需要，实现组织功能是专业发展的目标指向。发展的阶段性、内在性和生态性是其发展规律的表征。由知能建构进升文化塑造展现其专业发展的进阶过程，这一过程具体为：专业知能建构夯实专业发展的能力基础，专业情意激发专业发展的内生动力，专业自我实现使谋生倾向的职业上升为精神追求的事业，使专业发展实现了价值驱动，专业文化塑造凝聚了专业发展的精神引领。

教师专业发展是教师与学校组织相互作用、相互促进、共同实践的过程及结果。教师作为其专业发展的实践者，要正确理解专业发展困境，主动寻求发展，主动进行专业反思。民办高校作为教师专业发展的组织主体，对教师专业发展起主导作用，主要表现为：要在待遇提升、文化氛围营造、发展平台搭建、职业规划教育等方面着力，以改善教师专业发展的组织支持系统,进而强化教师专业的合理认同;完善教师学术能力提升机制,促进教师教学学术成长;构建具有激励性的教师评价制度,提升教师基于自我实现的专业发展目标;重视文化创新,以卓越文化引领教师专业发展。

需要强调的是,教师专业发展不仅仅体现在其专业知识的丰富和能力的增强方面,更深层次的意义在于,伴随专业发展的过程,教师对生命意义的探寻及其精神世界的丰富、重塑和升华,即教师专业发展究其根本是教师生命创造的过程。

五、民办高校必须加强组织文化建设

民办高校组织文化反映学校的组织哲学、价值观念、道德规范和组织精神,是民办高校发展的软实力。民办高校发展上的差异究其根本是文化差异所致。民办高校组织文化具有大学文化的一般性,如追求教育理想、探索真理、崇尚学术、守护教育本真等。同时,民办高校组织文化又因其组织特性而展现出文化上的特殊性:为国分忧、艰苦创业、团结拼搏、勇于开拓的创校精神是其组织文化的滥觞;大学文化与企业文化的碰撞与冲突、融合与互补催生了民办高校组织文化的优势,焕发了其组织文化的生命力;贯彻"以人为本"的办学理念,为学生提供高质量的教育,让作为教育消费者的学生满意,尊重和关心教师生活和职业发展的需求,让教师满意,是民办高校组织文化得以传续的重要基石。

民办高校加强组织文化建设是建设社会主义大学的需要,是提高人才培养质量的需要,是增强组织核心竞争力的需要。目前,民办高校进行组织文化建设依然面临诸多困

结　语

境，主要表现为：其一，由于举办者过度逐利以及管理上简单移植公办高校的运作模式，民办高校的创新精神面临流失的风险；其二，家族化管理加重导致举办者独裁，学校控制权被举办者滥用，民主决策机制缺失，中青年管理骨干成长缓慢等，使民办高校组织的行动力逐渐被削弱；其三，教师队伍和管理队伍不稳定、结构不合理，缺乏中青年骨干人员，文化建设的主体乏力等，这些使民办高校组织文化的传续遭遇危机；其四，由于办学者的质量观念难以建立，质量文化的创新基础不实，创新主体的创新能力较弱，民办高校组织文化的创新面临严峻挑战。

要破解民办高校组织文化建设的诸多困境，需要加强民办高校组织文化建设的实践。首先，要充分发挥党组织的作用，发挥党组织的政治核心作用，以社会主义核心价值观引领校园文化建设；发挥党组织对民办高校办学的监督作用，保证民办高校办学不偏离公益性；加强党组织对教职工代表大会的领导作用，完善学校的民主决策机制。其次，要坚持公益性办学，清晰组织使命，统一组织发展目标和教师成长需要，变"用人工作"为"工作育人"，以此来强化教职工对民办高校组织价值观的认同，增强组织凝聚力。再次，要构建富有"民办"特性的制度体系，凭借制度彰显的激励和约束作用来提升组织的行动力，具体为，重视学校章程建设，强化章程的权威性；完善治理结构，建立科学的民主决策机制；以科学的制度建设理念引领制度建设，建立具有适应性、系统性、完整性和周密性的学校管理制度体系。从次，要在构建应用型人才成长环境、专业建设、质量管理、队伍建设等方面培育和凝练特色文化，提高学校的竞争力。

最后，要重视加强民办高等教育的理论研究和院校研究，以此探索民办高校文化传承与创新的新路径。

六、民办高校内涵式发展必须防控各类风险

我国民办高校是一个特殊的高等教育机构。办学经费高度依赖生源，政府长效资助机制尚未建立，办学历史较短，办学基础薄弱，分类管理制度实施带来的外部发展环境的不确定性等，多种因素的叠加使民办高校办学处处藏匿风险。民办高校办学风险管理与实现学校内涵式发展关系密切，办学风险的有效化解和防范为持续推进学校内涵建设提供安全稳定的内部环境，同时，学校内涵建设的加强会进一步提升学校抵御办学风险的能力。

民办高校办学面临的主要风险有以下五点。第一，战略决策风险。战略决策对学校办学具有全局性、战略性和长远性的影响，尤其是在分类管理制度下，举办者无论是选择非营利性办学还是选择营利性办学都会产生战略决策风险，但选择后者的风险似乎更大。因为选择营利性办学与国家的鼓励方向不符；选择营利性办学容易偏离公益性的教育价值目标；选择营利性办学享受不到国家相应的优惠和扶持政策，相关税费增加从而使办学成本大大提高，加之举办者强烈的营利诉求，不仅会致使学费提高、生源基数减少，而且会影响教师待遇提升的力度，影响教育教学条件的投入，并进而导致诸多办学风险的产生，如教育质量风险、招生就业风险等。第二，教育质量风险。由于受发展理念、生源素质、师资状况、办学历史、办学条件、管理水平、发展环境等多种不利因素的制约，民办高校提升办学质量的难度大、困境

结 语

多，其办学存在着较高的教育质量风险。第三，招生风险。民办高校的招生风险由外部因素和内部因素共同诱致。外部因素主要是社会对民办高校办学目的和办学质量存在一定的质疑，社会公众认可度低；近些年，国家对公办高校的投入力度不断加大，公办高校的办学条件得到极大改善，招生规模持续扩大，抢占了民办高校的生源；入学适龄人口的下降也成为民办高校生源减少的诱因。内部因素主要是个别民办高校虚假宣传招生造成民办高校声誉受损，以及民办高校较高的收费标准、较低的学生优质就业率等，这些因素导致民办高校成为众多学生和家长在没有更好的选择下的选择。第四，就业风险。就业风险的产生主要是外部人才市场需求的不稳定、学校就业指导工作滞后、专业设置与市场对人才的需求发生错位、毕业生素质较低等因素导致的。第五，财务风险。财务风险是影响民办高校办学稳定性最直接的因素，民办高校办学其他方面的风险最终都会反映在财务状况中。导致民办高校财务风险的人的因素主要是决策者基于对举债办学风险的认识而做出的决策的水平，学校对贷款的管理能力，学校内部财务控制力，债务规模、债务结构、借款时机、资金使用分配的结构等。

民办高校要有效规避办学风险，为学校内涵建设筑起稳定的办学环境，需要实施风险防控方略。第一，端正办学动机，坚守办学的公益性是有效防范办学风险的重要基础和前提。回归公益性的教育本质，是民办高校基业长青的重要保障。在分类管理制度下，选择非营利性办学的民办高校应忌以非营利之名行营利之实，营利性民办高校在营利的同时不能失却公益性，即要保证教学投入，维护师生正当权益，遏制因过度逐利给学校带来的办学风险。第二，提升办学质量，注重特色发展，提高社会公众对民办高校的认可度和信任度，为学校争取更多更好的优质生源。第三，健全和完善内部治理机制，遵循利益相关者协同共治的原则，提高决策的民主性和科学性，防范决策风险。第四，建立健全有效的教学质量建设、管理、监督与评价机制，为教育教学质量的提高提供制度和机制保障。第五，在国家层面，要完善并细化相关制度政策，加强对民办高校的扶持与监管。第六，在风险防控方面，民办高校还应借鉴企业全面风险管理的理念和措施，实施民办高校的全面风险管理。

在新的时代背景下，民办高校走内涵式发展道路面临诸多困境和挑战，如何实现管理创新以获得突围？显然，上述六个方面的拙见也仅为问题的解决提供了点滴的参考。未来还需要相关领域的研究者持续不断地在更深、更广的层面进行理论研究和实践探索，为民办高校的内涵建设和创新发展提供更多、更好的理论依据和实践支撑。

参考文献

Andrews, K. *The Concept of Corporate Strategy* [M]. Homewood, IL: Irwin, 1971.

北京市习近平新时代中国特色社会主义思想研究中心. 找准高校意识形态工作着力点 [N]. 光明日报, 2019-09-03 (5).

别敦荣. 论高等教育内涵式发展 [J]. 中国高教研究, 2018 (6).

蔡瑞林, 徐伟. 培养产权: 校企共同体产业学院建设的关键 [J]. 现代教育管理, 2018 (2).

曹勇安. 中国民办高等教育问题 [R]. 厦门大学教育研究院, 2006-04-24.

陈碧祥. 我国大学教师升等制度与教师专业成长及学校发展定位关系之探究 [J]. 台北师范学院学报, 2001 (14).

陈梦然. 高校教师专业发展的基本标准 [J]. 高校教育管理, 2013 (2).

陈时见, 周虹. 高校教师教学发展的内涵特征与实践路径 [J]. 高等教育研究, 2016 (8).

成迎富. 影响我国民办高校内部决策科学化的原因与对策 [J]. 经济研究导刊, 2014 (11).

德鲁克, 柯林斯, 科特勒, 等. 组织生存力 [M]. 刘祥亚, 译. 重庆: 重庆出版社, 2009.

邓莉, 施芳婷, 彭正梅. 全球竞争力教育指标国际比较及政策建议: 基于世界经济论坛《2018 年全球竞争力报告》数据 [J]. 开放教育研究, 2019 (1).

邸燕茹. 大学文化的内涵、特征和功能 [J]. 思想教育研究, 2013 (4).

董圣足, 等. 关于民办高校法人财产权的思考: 基于 45 所民办院校法人财产状况的调查分析 [J]. 教育发展研究, 2007 (2).

董圣足. 民办高校特色发展与机制创新: 理论、实践及上海探索 [M]. 北京: 科学出版社, 2018.

董圣足. 我国民办高校法人治理问题研究 [D]. 上海: 华东师范大学, 2010.

董婷. 我国民办高等教育发展历程回顾及发展趋势展望 [J]. 宿州教育学院学报, 2013 (6).

杜连森. 浅析"职业带"理论对构建现代职业教育体系的启示 [J]. 中国职业技术教育, 2013 (15).

方芳. 政府"为何"和"如何"资助民办高等教育: 来自美国的经验与启示 [J]. 国家教育行政学院学报, 2017 (3).

耿加进. 高校组织文化建设的意义及其策略 [J]. 黑龙江高教研究, 2016 (6).

郭贵春. 创新和丰富大学文化 提高核心竞争力 [J]. 中国高等教育, 2005 (8).

赫钦斯. 美国高等教育 [M]. 汪利兵, 译. 杭州: 浙江教育出版社，2001.

侯长林，罗静，叶丹. 应用型大学视域下新建本科院校办学定位选择［J］. 教育研究，2015（4）.

胡黄卿，陈菲莉. 高校应用型人才培养的研究［J］. 硅谷，2008（11）.

黄海涛. 民办高校新教师专业发展需求特征与策略选择：基于与公办高校的比较［J］. 高等教育研究，2019（5）.

蒋桂仙. 美国大学董事会的运作及特点：以芝加哥大学为例［J］. 董事会，2007（8）.

教育部高等学校教学指导委员会. 普通高等学校本科专业类教学质量国家标准［M］. 北京：高等教育出版社，2018.

金劲彪. 科研工作：民办高校内涵式发展的抓手［J］. 教育发展研究，2018（23）.

靳晓光. 基于"国务院三十条"省级配套政策的民办高校分类管理研究［J］. 黄河科技学院学报，2019（1）.

靳晓光. 论转型高校人才培养方案的修订：基于10所转型高校人才培养方案的调查［J］. 北京城市学院学报，2019（3）.

李宝银，汤凤莲，郑细鸣. 产业学院的功能设计与运行模式［J］. 教育评论，2015（11）.

李海，张勉，李博. 组织凝聚力结构与影响因素：案例研究及理论建构［J］. 北京师范大学学报（社会科学版），2009（6）.

李维民. 陕西民办高校营利性、非营利性选择研究

[J]. 黄河科技大学学报, 2018 (2).

李文章. 改革开放 40 年我国民办高等教育发展: 成就、经验与展望 [J]. 黑龙江高教研究, 2018 (10).

李新仓. 高校突发事件的防范体系及防范机制的实证研究 [M]. 北京: 人民日报出版社, 2014.

李钊. 民办高校风险管理: 理论与实践 [M]. 北京: 教育科学出版社, 2012.

李忠波. 对高校师资队伍建设运行机制的理性思考 [J]. 中国高教研究, 2005 (11).

梁健惠. 现代高校德育理念与行为实现的生态化思考 [J]. 现代教育科学, 2016 (6).

刘焕阳, 韩延伦. 地方本科高校应用型人才培养定位及其体系建设 [J]. 教育研究, 2012 (12).

刘莉莉. 中国民办高等教育发展的研究 [M]. 长春: 吉林人民出版社, 2002.

刘彦博. 行业类大学特色发展的文化取向与策略 [J]. 中国高教研究, 2014 (11).

刘耀中. 高校教师组织承诺结构维度及其测量 [J]. 心理科学, 2009 (4).

鲁克. 高等教育公司: 营利性大学的崛起 [M]. 于培文, 译. 北京: 北京大学出版社, 2006.

卢文忠, 蒋洪池. 文化化人: 构建和谐大学文化的真谛 [J]. 黑龙江高教研究, 2008 (2).

卢晓东. 论学习量 [J]. 中国高教研究, 2015 (6).

吕春燕. 民办高校教师专业发展的现状与问题分析 [J]. 教育与职业, 2011 (33).

参考文献

马陆亭,冯厚植,邱莞华. 关于普通高等学校分类问题的思考 [J]. 上海高教研究,1996 (6).

马勇,魏婉东. 适应需求 着力建设高校教师专业发展的平台体系 [J]. 中国高等教育,2013 (24).

冒荣,张焱. 改革开放 40 年高等教育的规模扩张与当前的"两极失衡":冒荣教授专访 [J]. 苏州大学学报(教育科学版),2019 (1).

潘懋元,贺祖斌. 关于地方高校内涵式发展的对话 [J]. 高等教育研究,2019 (2).

潘懋元. 大学教师发展论纲 [J]. 高等教育研究,2017 (1).

潘懋元. 如何奠定未来民办高教发展的现实基础 [N]. 中国教育报,2007-01-26 (7).

潘懋元. 教育的基本规律及其相互关系 [J]. 高等教育研究,1988 (3).

潘懋元. 应用型人才培养的理论与实践 [M]. 厦门:厦门大学出版社,2011.

潘懋元,吴华,王文源,等. 中国民办教育四十年专题笔谈 [J]. 华南师范大学学报(社会科学版),2018 (6).

潘奇,董圣足. VIE 架构在教育领域的应用、问题及其对策 [J]. 教育发展研究,2018 (5).

彭福扬,邱跃华. 生态化理念与高等教育生态化发展 [J]. 高等教育研究,2011 (14).

秦立栓,宋哲. 社会资本视角下民办高校教师专业发展影响机制研究 [J]. 高等农业教育,2013 (11).

瞿振元. 高等教育内涵式发展:从"推动"到"实现" [N]. 人民日报,2017-12-21 (3).

眭依凡. 大学使命：大学的定位理念及实践意义［J］. 教育发展研究，2000（9）.

眭依凡. 引领高等教育内涵式发展：高等教育研究适逢其时的责任［J］. 中国高教研究，2018（8）.

孙二军. 教师专业发展中的自我认同［D］. 西安：陕西师范大学，2009.

王和强，李文国，王玉兰. 内涵发展是民办高校的必然选择［J］. 中国高等教育，2016（8）.

王雪燕，戴士权. 美国私立高校经费筹措及其对我国民办高等教育的启示［J］. 现代教育科学，2010（2）.

王一涛，高飞，邱昆树，等. 2017年中国民办本科高校及独立学院科研竞争力评价研究报告［J］. 浙江树人大学学报，2018（1）.

王一涛. 民办学校财务风险及其防范：由华茂学校资金链断裂所引发的思考［J］. 教育发展研究，2008（24）.

王义宁. 民办高校教师组织承诺研究：基于广东民办高校的实证［J］. 黄河科技学院学报，2019（4）.

王义宁，徐学绥. 民办高校教师职业发展需求研究：基于广东省的调查分析［J］. 高教探索，2018（1）.

王义宁. 非营利性与营利性民办高校法人治理结构比较［J］. 浙江树人大学学报，2018（6）.

王义宁. 价值观认同在增强民办高校凝聚力中的作用及实现路径［J］. 中国成人教育，2013（24）.

王义宁. 民办高校教师专业发展自我评价的实证研究：以广东为例［J］. 高教探索，2019（5）.

韦骋峰. 分类管理背景下陕西民办高校发展的特点、困境和出路［J］. 浙江树人大学学报，2019（3）.

魏宏聚. 厄内斯特·博耶"教学学术"思想的内涵与启示［J］. 全球教育展望，2009（9）.

文东茅. 论民办教育公益性与可营利性的非矛盾性［J］. 北京大学教育评论，2004（1）.

文辅相. 中国高等教育目标论［M］. 武汉：华中理工大学出版社，1995.

沃克. 牛津法律大辞典［M］. 北京社会与科技发展研究所，译. 北京：光明日报出版社，1988.

吴美华. 技术本科院校教师专业发展研究［D］. 上海：华东师范大学，2013.

吴倬. 人的社会责任与自我实现：论自我实现的动力机制和实现形式［J］. 清华大学学报（哲学社会科学版），2000（1）.

武力. 一以贯之坚持走自己的路［N］. 经济日报，2019-5-20（12）.

习近平. 在中国科学院第十九次院士大会、中国工程院第十四次院士大会上的讲话［N］. 人民日报，2018-5-28（1）.

肖俊茹，王一涛，石猛. 民办高校办学风险的根源探析及防范对策：基于32所民办高校办学风险的案例［J］. 中国成人教育，2017（15）.

谢莉花，余小娟，尚美华. 国际职业与教育分类标准视野下我国职业体系与教育体系之间的关系［J］. 职业技术教育，2017（28）.

徐小洲，辛越优，倪好. 论经济转型升级背景下我国高等教育结构改革［J］. 教育研究，2017（8）.

徐雄伟. 民办高校教师专业发展影响因素的实证研究：以上海为例［J］. 教育发展研究，2017（7）.

徐绪卿，金劲彪，周朝成. 行业学院：概念内涵、组织特征与实践路径：兼论民办本科高校应用型人才培养［J］. 浙江树人大学学报，2018（1）.

徐绪卿. 贯彻落实《民办教育促进法》的若干思考［J］. 复旦教育论坛，2017（2）.

阎凤桥. 民办教育政策推进为何缓慢？——基于组织行为决策视角的考察［J］. 华东师范大学学报（教育科学版），2017（6）.

杨福家. 大学的使命与文化内涵［J］. 现代教育论丛，2008（2）.

杨如安. 教育生态视域下的区域文化与特色大学建设［J］. 教育研究，2013（3）.

杨秀英，甘国华. 民办高等学校办学行为博弈分析［J］. 教育学术月刊，2009（1）.

叶泽滨. 专业文化：本科专业建设的一项内容［J］. 江苏高教，2010（6）.

袁靖宇. 高校人才培养方案修订的若干问题［J］. 中国高教研究，2019（2）.

翟媛丽. 人的文化生成［D］. 北京：北京交通大学，2017年.

张德祥，林杰. "高等教育内涵式发展"本质的历史变迁与当代意蕴［J］. 国家教育行政学院学报，2014（11）.

张荣琳，霍国庆. 企业战略风险的类型、成因与对策分析［J］. 中国软科学，2007（6）.

张艳芳，雷世平. 论混合所有制产业学院的内涵、地位及属性［J］. 中国职业技术教育，2018（34）.

赵明仁. 论教师专业发展的再概念化［J］. 教师教育研究，2006（4）.

赵宇宏，王义宁. 结构功能主义视角下两类民办高校董事会制度的差异化设计［J］. 浙江树人大学学报，2018（5）.

郑晓梅. 应用型人才与技术型人才之辨析：兼谈我国高等职业教育的培养目标［J］. 现代教育科学（高教研究），2005（1）.

中华人民共和国教育部发展规划司. 中国教育统计年鉴：2015［M］. 北京：中国统计出版社，2016.

钟秉林. 人才培养模式改革是高等学校内涵建设的核心［J］. 高等教育研究，2013（11）.

周国平，谢作栩. 我国民办高校倒闭问题之思考［J］. 高等教育研究，2006（5）.

庄丽君. 美国高校董事会制度的特点研究［J］. 重庆高教研究，2016（4）.

后　　记

　　20世纪90年代，那是一个激情燃烧、放飞梦想的年代，走出北京师范大学校园不久的我满怀着对民办教育的热忱和憧憬，毅然决然地离开了公办体制，投身到一项全新的事业——民办学校的建校工作中去。在叶念乔先生的带领下，一共八人组成了团队，开始了艰辛的民办教育探索之路。"筚路蓝缕，以启山林"，八人团队以"逢山开路，遇水架桥"的开拓精神，历经艰难困苦，创办了肇庆科技培训学校——一所当时还不具备颁发学历教育资格的培训学校，那是1995年。时至2001年，学校摆脱了租校舍办学的窘境，开始拥有自己的土地和校舍，在政府和社会的支持下，学校被批准为肇庆科技中等职业学校，获中专学历教育资格。2004年，学校已有一定的办学积累，在国家实施高等教育大众化政策的助推下，学校在中职教育的基础上升格为专科层次的学历教育，更名为肇庆科技职业技术学院。之后的10年，学校锐意改革，不断进取，加大投资和建设力度，办学条件不断改善，办学水平不断提升，2014年，学校发展再上新台阶，升格为普通本科学历教育，更名为广东理工学院。

　　广东理工学院的发展历程是改革开放后中国民办教育发展的一个缩影，是中国民办教育办学人为国分忧、自力更

后 记

生、艰苦创业、砥砺奋进、勇于创新的生动写照。作为这一历程的见证者和创造者，我用二十余年的美好韶华亲历了一所民办学校发展过程中的每一个困境和每一步艰辛，体验了民办学校教职工为克服重重困难所展现的拼搏精神和生命韧性。在这一历程中，我的工作职位也历经副校长、教务处处长、人事处处长，再到副校长的三次转换。

当时间的指针指向 2016 年 11 月 7 日时，民办教育发展迎来了历史性的转折，第十二届全国人大常委会第二十四次会议审议通过了《关于修改〈中华人民共和国民办教育促进法〉的决定》，正式宣告民办教育发展进入分类管理的新时代。

作为一个热爱民办教育事业，自觉自愿在民办学校管理岗位上无私奉献的民办教育工作者，面对民办教育发展历史上这一重大的制度变革，我心潮澎湃，一个意念在我的内心升腾并渐渐清晰为一种使命：如果能把自己二十余年来在民办高校管理岗位上的理性思考和实践探索转化凝练成文字，与民办高校的管理者和相关领域的研究人员共享，为其工作实践以及理论研究提供些许启发和参考，加快探索分类管理制度下民办高校实现内涵式发展，进行管理创新所面临的机遇和挑战、困境与突围，将是一件颇具意义的事情，于是萌发了撰写本书的想法。

本书于 2018 年 10 月起笔。因忙于繁杂的行政工作，撰写工作只能在非工作时间里间断进行，投入了整整一年的寒暑假、双休日和节假日，终近付梓。值此些许兴奋之时，回望本书化思成文、集节成章的过程，对相关同人满怀感激之情。感谢潘利锋、王建军、曾葡初、王康华几位教授的勉励和指导，感谢周建庆、张勇、梁乔、吴爱萍、唐建宁、赵宇宏、黄志华、陈洪超、程巧婵等老师的支持和帮助，由衷感谢叶念乔董事长和张湘伟校长的肯定和支持，特别感谢教育部长江学者特聘教授、华南师范大学粤港澳大湾区高等研究院院长卢晓中教授拨冗通读全稿，并赐序言。

最应感激的是中山大学出版社人文编辑部熊锡源主任为本书面世三审其稿、精心编辑，其精益求精的工作作风，令人印象深刻。

需特别说明的是，本人虽长期从事民办高校管理工作，或似有较为丰富的民办高校管理工作的实践经验，但这并不能弥补本人理论研究不足的缺陷。为让书中所论达到一定的深度和广度，本书参考和引用了相关领域专家学者的成果，由于时间仓促，恐有引文在标识时存在疏漏，为此，谨向本书所引文献的作者表达由衷的谢忱！

初生之物，其形也丑。由于受时间、条件以及个人水平所限，本书难免存有舛误错漏，还恳请方家不吝赐正！

王义宁
2019 年 10 月